서울대 권장도서로
인문고전 100선 읽기

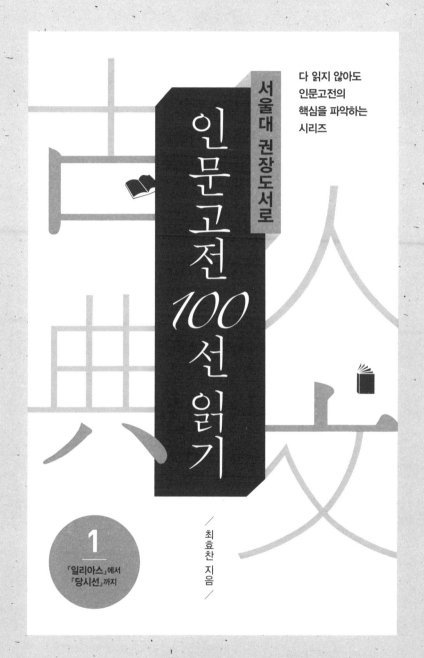

서울대 권장도서로

인문고전 100선 읽기

다 읽지 않아도
인문고전의
핵심을 파악하는
시리즈

1

『일리아스』에서
『당시선』까지

/ 최효찬 지음 /

위즈덤하우스

'서울대 권장도서 100선' 시리즈를 시작하며

인류의 지혜는 '축의 시대'에서
한 발짝도 더 나아가지 못했다!

인문고전의 시대라지만 실제 인문고전을 정독하는 사람은 별로 없다. 한창 스펀지처럼 지식을 흡수해야 할 학생들도 인문고전을 제대로 읽지 않기는 마찬가지다. 수험생, 대학생, 직장인 누구라 할 것 없이 입시나 취업, 직장에서 살아남기에 급급해 책 한 권을 읽을 여유조차 없다. 당장 영어 공부를 해야 하고 눈앞에 떨어진 일을 하다 보면 책은 늘 뒤로 밀려나기 마련이다.

이에 서울대가 '서울대 권장도서 100선'이라는 이름으로 오늘을 사는 젊은이라면 꼭 읽어야 할 인문고전 목록 100선을 내놓았다. 하지만 이 또한 목록에 그칠 뿐이다. 지식인이라는 이들조차 100선을 제대로 읽은 사람이 과연 몇 명이나 될지 의구심이 든다.

이러한 상황에서 이 책은 인문고전을 읽고 싶은 독자들에게 길을 터 주는 작은 오솔길과 같은 역할을 하고 싶다. 오솔길을 걷다 보면 주변의 다양한 사물에 눈길이 가고 미처 보지 못한 온갖 자연의 아름다움을 만 날 수 있다. 그것은 오솔길을 걷는 자만이 보고 느끼고 생각하고 경험할 수 있는 특권이다. 이 특별한 산책을 통해 지금껏 가보지 못한 미지의 세계에 도달할 수 있다.

서울대 권장도서는 이른바 '문사철'(문학, 역사, 철학)을 두루 포괄하며 고전뿐만 아니라 현대의 고전까지 망라한다.

독일 철학자 칼 야스퍼스(1883~1969)는 인류가 정신적으로 성장하는 데 중심축을 이룬 시기를 '축의 시대'Axial Age라고 부른다. 대략 기원전 900년부터 기원전 200년까지 700여 년 동안 세계의 네 지역을 기점으 로 인류의 정신에 자양분이 될 위대한 전통이 탄생했다는 것이다. 중국 의 유교와 도교, 인도의 힌두교와 불교, 이스라엘의 유일신교, 그리스의 철학적 합리주의가 그것이다.

축의 시대는 붓다, 공자, 소크라테스, 예레미야, 우파니샤드의 신비주 의자들과 맹자, 에우리피데스의 전성시대였다. 이 뜨거운 창조의 시기 에 영적이고 철학적인 천재들은 완전히 새로운 종류의 인간 경험을 개 척해나갔다. 동서양에 걸쳐 위대한 성인이 나타나 종족 이기주의에 빠 져 있던 인류에게 보편적인 사랑과 깊이 있는 정신문명을 설파했다. 즉 축의 시대는 기록된 역사 가운데 지적·심리적·철학적·종교적 변화가 가장 생산적으로 이루어진 시대로 꼽힌다.

이 시리즈 1권은 바로 축의 시대를 이끈 고전들을 다룬다. 호메로스 의 작품부터 『주역』이나 『우파니샤드』 등은 이른바 축의 시대를 뒷받침 하는 위대한 고전들이다. 달리 말하자면 이 책은 인류의 지혜이자 진리 의 원형을 담고 있다.

현대인은 과연 2, 3천 년 전 인간보다 지혜로울까? 위대한 고전들을 읽다 보면 문득 이런 상념에 잠기곤 한다. 물질문명의 번영을 누리는 현대인들은 다만 물질세계의 환영에 사로잡혀 수천 년 전의 사람들보다 '우월하다'는 착각 속에서 살아가고 있다는 생각마저 든다. 카렌 암스트롱은 『축의 시대』(교양인, 2010)라는 책에서 "인간은 축의 시대에 이르러 신화의 세계에서 벗어나 인간 자신에게 집중하기 시작하면서 인간 심리, 개인의 자아, 도덕과 윤리의 문제가 제기되었다"면서 "인류는 한 번도 축의 시대의 통찰을 뛰어넘지 못했다"고 강조하기도 했다.

오늘날 상상력에서 나오는 창의교육은 아무리 강조해도 지나치지 않는다. 2001년 미국에서 '9.11 테러'가 발생한 뒤에 미국 행정부는 9.11에 대한 보고서를 만들었다. 보고서의 결론은 의외였다. 누구도 상상하지 못한 '상상력의 부족'이었다. 테러전쟁을 담당하는 공무원들은 한 번도 항공기를 무기로 사용해 건물에 충돌하리라는 상상을 하지 못했다. 결국 상상력 부족이 정책적 대응과 방지책을 세우지 못한 요인이었다는 것이다.

서울대 권장도서는 그리스 비극을 포함한다. 필자는 대학원 재학 시절에 그리스 비극을 접하고 크나큰 충격을 받았다. 그리스 비극에는 이미 오늘날 사회면을 장식하는 온갖 종류의 범죄 행위가 담겨 있었기 때문이다. 권력자들은 고대 그리스 시대에도 권력에 취하고 오만에 빠져 범법을 일삼았으며, 결국 그 오만으로 인해 몰락했다. 오만을 뜻하는 영어 휴브리스hubris는 그리스어로 오만을 뜻하는 휘브리스hybris에서 나왔다. 그리스 비극의 주인공들은 바로 휘브리스로 말미암아 몰락한 것이다. 권력에 도취되어 절제력을 잃은 모습은 오늘날 우리 사회에 재현된 권력집단의 초상이기도 하다.

이 시리즈는 청소년과 대학생, 일반 독자에 이르기까지 인문고전을 통해 현재의 초상을 더듬어보고 지혜와 각성을 통해 미래 비전을 전망해볼 수 있는 기회를 제공하려고 한다. 고등학생에게는 대입 논술에, 대학생에게는 취업 논술에 도움이 되고 대학원을 준비하는 수험생이라면 다양한 상식을 얻으리라 기대한다. 그들에게 도움이 된다면 저자로서 더는 바랄 게 없다. 아울러 직장인에게는 인문학을 통해 잃어가는 꿈을 되찾고, 꿈을 이룬 사람이라면 그 꿈에 도취되지 않게 하는 장을 제공하고자 한다. 당신이 리더라면 독서를 통해 리더십을 한층 성숙하게 하는 계기가 될 수 있을 것이다.

서울대 권장도서 100선을 소개하면서 이 내용만으로도 인문고전의 핵심을 이해할 수 있게 구성에 만전을 기했다. 시리즈는 서양사상과 동양사상, 외국문학과 한국문학, 과학기술 등으로 분류되는데 이 책에서는 고대와 중세, 근대, 현대에 이르기까지 시대 순으로 소개한다. 인문고전이 발전한 역사의 흐름을 읽고 지적 전통과 계보를 통찰할 수 있도록 도움을 주고자 한다.

『서울대 권장도서로 인문고전 100선 읽기』는 인문학에 대한 통찰의 맛을 보여줌으로써 독자들이 삶의 격을 더욱 높일 수 있을 것이라 확신한다. 이 시리즈를 연재한 〈매경이코노미〉의 전호림 주간국장과 김소연 편집장 등 관계자 분들과 이 시리즈를 기획한 위즈덤하우스에 다시 한번 감사의 말씀을 드린다.

『일리아스』와 『오디세이아』

—

호메로스를 제대로 읽으면
인류의 속살이 보인다

—

서울대 권장도서 · 전

1

『일리아스』 편

서양 최초의 문학이
분노를 노래한 까닭은

〈아킬레우스의 분노〉(1737), 샤를 앙투안 쿠아펠Charles Antoine Coypel(1694～1752)
트로이 전쟁에서 맹활약을 보인 그리스 전사 아킬레우스는 수많은 예술 작품의 소재가 되었다. 인류의 고전으로
손꼽히는 호메로스의 일리아스는 전쟁 영웅 아킬레우스가 왜 분노하며, 그 분노가 어떻게 해소되는지에 따라 전개
되는 흥미로운 서사시이다.

위기의 순간,
분노하는 영웅이 필요하다

작가는 작품으로 평가해야 한다는 관점에서 보면 빅토르 위고(1802 ~1885)만큼 시대정신을 대변하는 이도 드물다. 약자와 소외된 이웃에 대한 따뜻한 시선이 녹아 있는 문학 작품, 권력에 맞선 항거의 정신은 그를 이상주의적인 작가이자 정치인으로 자리 잡게 했다.

반면 위고의 결혼 생활은 불륜으로 얼룩져 있다. 위고가 스무 살 때 결혼한 부인 아델 푸셰(1803~1868)는 어린 시절부터 소꿉친구였는데 원래 형의 애인이었다. 형은 동생에게 애인을 빼앗기자 그만 미치고 만다. 위고의 형을 미치게 한 것은 모욕감이 아니었을까. 동생에게 애인을 빼앗겼다는 모욕감은 동생을 죽이고 싶은 분노를 일으켰을 테지만 그 분노를 어찌할 수 없었던 형은 그만 미쳐버리고 말았을 것이다. 미치지 않았다면 끔찍한 '형제 살해'를 불러왔을지도 모른다.

인간이 인간에게 받는 치명적인 상처 가운데 하나는 자신의 명예나 자존심이 유린당한 데서 오는 '모욕'일 것이다. 특히 경쟁자나 상관이 지위에 따른 권력을 이용해 부당하게 명예를 손상시키거나 자존심을 짓밟을 경우 모욕감에 치를 떨게 되고 이는 곧 분노로 바뀐다. 분노는 거대한 복수심의 원동력이 된다.

서구 문학의 원형으로 꼽히는 호메로스(기원전 800~750?)의 서사시 『일리아스』Ilias의 주제는 바로 분노이다. 인류의 영원한 테마인 사랑이나 정의 등과 같은 보편적인 가치를 주제로 삼지 않고 뜻밖에도 무시무시한 '분노로 인한 복수'를 주제로 삼았다. 어쩌면 여기서 서구 정복 역사의 정신적 기원이 비롯되었다는 생각마저 든다.

'일리아스'라는 말은 트로이(현재 터키의 북동쪽 헬레스폰투스 해협의 히살리크 일대)의 성을 의미하는 '일리오스'Ilios에서 유래한 것으로 '일리오스의 이야기'라는 뜻이다. 기원전 8세기경에 구전으로 성립되고, 기원전 6세기경에 문자로 기록되었다고 추정돼 서양 최초이자 최고의 문학 작품으로 꼽힌다.

그리스 영웅들이 10년간의 전쟁 끝에 트로이 성을 함락시킨다는 전설적인 이야기 '트로이 전쟁'을 배경으로 한다. 말하자면 당시 구전으로 내려오는 영웅 신화와 전설을 바탕으로 호메로스가 상상력을 가미해 『일리아스』를 지은 것이다. 트로이 전쟁은 고대에 세계 제패를 둘러싼 동서양의 첫 세계대전이라 할 수 있다.

위대한 걸작 가운데 전설이나 신화를 바탕으로 만들어진 이야기가 많다. 셰익스피어의 『로미오와 줄리엣』은 시리아의 전설 '퓌라모스와 티스베'에 상상력을 가미한 것이다. 괴테의 『파우스트』 또한 15세기 독일의 연금술사 파우스트의 전설을 괴테의 상상력으로 빚어낸 것이다.

『일리아스』는 트로이 전쟁의 전설과 신화를 배경으로 영웅 전사의 상징인 그리스의 무장 아킬레우스의 분노와 복수를 중심축으로 10년에 걸친 트로이 전쟁 중에서 마지막 50일 동안의 이야기를 다룬다.

트로이 전쟁은 한 여인의 '납치'가 발단이었다. 트로이 전쟁 당시 지중해는 그리스의 미케네와 소아시아의 트로이가 패권을 겨루고 있었다. 미케네의 왕 아가멤논의 아우이자 스파르타의 왕 메넬레오스에게는 미모의 아내 헬레네가 있었다. 그런데 헬레네가 트로이의 왕자 파리스에게 납치(그리스에서는 납치라고 하지만 트로이에서는 헬레네가 미남인 파리스에게 반해 사랑의 도피를 했다고 주장한다)되자 이에 분노한 그리스가 동맹군을 이끌고 복수하기 위해 거대 함선을 앞세워 트로이 원정길에 오른다.

이때 그리스 군의 용맹스러운 전사인 주인공 아킬레우스가 그리스 군 총사령관 아가멤논에게 자신의 여종을 부당하게 빼앗기자 이에 분노하고 복수를 다짐하면서 돌연 전투 참여를 거부한다. 말하자면 내분이 일어난 셈이다. 『일리아스』(숲, 2007, 이하 인용은 모두 같은 책)의 첫 문장은 이렇게 시작한다.

노래하소서. 여신이여! 펠레우스의 아들 아킬레우스의 분노를.

여기서 보듯이 『일리아스』는 분노를 주제로 크게 세 단계로 전개된다. 먼저 아가멤논에 대한 아킬레우스의 분노가 어떤 연유로 일어났고, 왜 아킬레우스의 분노가 아가멤논에서 적장 헥토르에게로 향했는지, 그리고 어떻게 아킬레우스의 분노가 해소되면서[1] 전쟁이 그리스의 승리로 끝났는지가 이야기의 중심 내용이다.

첫 번째 단계에서는 그리스의 용맹스러운 전사 아킬레우스가 왜 분노하게 되는지를 밝힌다. 이는 두 번의 회의를 통해 드러난다. 한 번은 그리스 영웅들이 모인 인간의 회의이고, 다른 한 번은 신들의 회의이다. 인간의 회의는 아킬레우스가 소집한다. 당시 그리스 군 진영은 태양신 아폴론의 노여움으로 9일 동안 화살이 날아와 역병이 퍼진 상황이었다. 회의에서 예언자 칼카스는 아폴론의 노여움을 산 까닭은 아폴론의 사제 딸인 크뤼세이스를 차지한 아가멤논 때문이며 크뤼세이스를 아버지에게 돌려주라고 권유한다. 아가멤논은 테베를 폐허로 만들고 그 전리품으로 크뤼세이스를 분배받았다. 아킬레우스가 크뤼세이스를 아폴론의 사제에게 돌려주도록 설득하지만 오히려 자신의 여종 브리세이스를 아가멤논에게 빼앗기고 만다. 아가멤논은 브리세이스를 빼앗아 그의 기를 꺾어 고분고분하게 만들 심산이었다.

여종을 빼앗기자 분노한 아킬레우스는 아가멤논을 살해하려고 칼을 뽑는다. 그 순간 아테네 여신이 몸소 개입해 아킬레우스를 만류한다.

> 나는 그대의 분노를 가라앉히려고 하늘에서 내려왔다. (중략) 그러니 자, 말다툼을 중지하고 칼을 빼지 말도록 하라. (중략) 우리에게 복종하도록 하라.

이에 아킬레우스는 이런 말로 대답한다.

> 여신이여! 마음속으로 아무리 화가 나더라도 복종해야 되겠지요. 신들에게 복종하는 자의 기도는 신들께서도 기꺼이 들어주시는 법이지요.

아테네 여신의 개입으로 아가멤논이 살해되는 일은 일어나지 않았다. 하지만 아킬레우스의 분노는 가라앉지 않아 더 이상 전투에 나서지 않겠다고 선언한다.

이처럼 『일리아스』는 신의 세계와 인간의 세계가 뒤섞여 있다. 호메로스의 작품에서는 결정적인 순간에 신들이 나타나 인간의 행위에 개입한다. 말하자면 인간의 운명은 신에 의해 예정된 것이다. 아테네 여신이 아킬레우스의 칼을 거두게 한 것처럼 『일리아스』에서 인간의 문제는 인간의 의지가 아니라 신의 의지로 해결된다. 말하자면 신들의 아버지인 제우스를 정점으로 신이 일종의 '보이지 않는 손'으로 등장한다. 그래서 인간 영웅은 자신이 내린 결정을 신에 의한 결정으로 돌리기도 한다. 아킬레우스의 여종 브리세이스를 빼앗은 아가멤논은 이를 신의 의지가 개입한 것으로 변명한다.

> 아킬레우스에게서 내가 손수 명예의 선물을 빼앗던 그날 바로 그분(신)들이 회의장에서 내 마음속에 사나운 광기ate를 보내셨기 때문이오. 신이 모든 일을 이루어 놓으셨는데 난들 어쩌겠소?

두 번째 단계에서는 아킬레우스의 분노가 아가멤논에서 적장 헥토르로 향하는 과정을 그린다. 아가멤논은 아킬레우스에게 화해를 제안하지만 거부당한다. 여종을 부당하게 빼앗긴 아킬레우스는 여전히 아가멤논에게 분노를 거두지 않았다. 아가멤논은 트로이 군의 공세로 위기에 처하고 부상을 당한다. 이때 그리스 군이 위기에 처한 까닭은 아킬레우스가 어머니인 여신 테티스에게 아가멤논에 대한 복수를 요청했기 때문이다. 테티스는 아들의 기도를 듣고 한때 연인이었던 제우스에게 달려가 아들의 복수를 간청했다(여기서 영웅 아킬레우스는 '마마보이'를 연상시킨다). 결국 아가멤논은 트로이 성을 공격하다 오히려 궁지에 몰리고 큰 부상을 당한다.

아가멤논은 마지못해 다시 한 번 아킬레우스에게 화해를 청한다. 아가멤논은 아킬레우스의 환심을 사려 분노의 씨앗이 된 브리세이스를 돌려줄 뿐만 아니라 선물을 보낸다. 아가멤논이 아킬레우스에게 "브리세이스의 침상에 오르거나 그녀를 가까이 한 적이 없음을 엄숙히 맹세할 것이오"라고 말하는 대목에서는 실소마저 자아낸다. 그래도 아킬레우스는 아가멤논의 화해 제안을 거절한다.

아킬레우스가 아가멤논에 대한 분노를 풀게 된 것은 아가멤논과 화해를 해서가 아니다. 자신의 심복인 파트로클로스가 전투에 나가 트로이 장군 헥토르에게 살해되면서 아킬레우스의 분노는 아가멤논에서 적장 헥토르로 옮겨가게 된다.

여기서부터 『일리아스』의 마지막 단계로 아킬레우스의 분노가 어떻게 해소되었는지를 그린다. 아킬레우스가 아가멤논의 화해 제의를 거절하고 트로이 전쟁에 참전하지 않자 그리스 군은 점점 위기로 치닫는다. 이를 보다 못한 아킬레우스의 심복 파트로클로스는 그리스 군을 위기에서 구하고자 아킬레우스의 무구를 입고 참전한다. 그런데 그만 파트로클로스를 아킬레우스로 착각한 적장 헥토르에게 죽임을 당한다. 이 사건으로 아킬레우스의 분노가 적장 헥토르에게로 향하면서 아가멤논에 대한 분노를 푸는 계기가 된다. 그리고 일대 반전이 일어난다. 이때부터 전쟁은 그리스 군에게 유리하게 전개된다. 결국 아킬레우스가 헥토르를 죽임으로써 그리스 군이 승리하고 그의 분노는 해소된다.

그런데 헥토르의 죽음에도 제우스가 개입한 '신의 한 수'가 적용된다. 제우스는 헥토르를 고비마다 돕지만 마지막에는 아킬레우스의 무공을 드러내고자 그의 복수를 위해 헥토르를 죽음으로 내몬다.

아아! 내가 사랑하는 인간이 성벽 주위로 쫓기는 꼴을 내 두 눈으로 보아야 하다니. 헥토르 때문에 나는 마음이 아프구나. 지금 그를 고귀한 아킬레우스가 빠른 걸음으로 뒤쫓아 프리아모스의 도성을 돌고 있구나. 그러니 여러 신들이여! 그대들은 잘 생각해서 결정하시오. 우리가 그를 죽음에서 구할 것인지 아니면 그가 비록 용감해도 아킬레우스의 손에 쓰러지게 할 것인지 말이오.

즉 헥토르는 '영웅적인 인간' 아킬레우스를 돋보이게 하기 위한 희생양이 된 셈이다.

협상과 설득으로 완성되는
영웅의 전략

복수에 성공한 영웅, 그런데 그 승리의 끝은 오히려 자신의 파멸과 죽음이다. 이는 『일리아스』에 비극성을 더해 전율을 불러일으킨다. 자신의 영웅성이 빛날수록 그로 인해 죽음을 맞이하는 운명이기 때문이다. 영웅은 단지 적장을 쓰러지게 한 것만으로는 영웅이 되지 못한다. 이순신 또한 최후에 자신마저 장렬히 전사했기에 그의 영웅성이 더욱 위대하게 빛난 것이다.

'분노의 왕'이라고 불러도 좋을 아킬레우스는 거만하고 툭하면 말다툼을 벌여 늘 아버지의 근심거리였다. 일찍이 그의 아버지 펠레우스는 아들의 이런 성격을 알았다.

내 아들아! 너는 거만한 마음을 가슴속에서 억누르도록 하라. 그리고 재앙을 꾀하는 말다툼을 피하도록 하라.

그러나 아버지의 당부에도 아킬레우스는 아가멤논에 대한 거만한 마음을 드러냈고 그의 분노를 샀다. 또한 끝내 그의 화해 제안도 거절한다.

아킬레우스는 심복 파트로클로스를 죽인 적장 헥토르를 죽임으로써 복수와 동시에 자신의 가치를 드높인다. 그러나 완전한 승리를 취하는 듯하지만 영웅 헥토르의 죽음은 영웅 아킬레우스에게도 죽음의 전조를 드리운다. 적장 헥토르가 죽었으니 다음 차례는 아킬레우스 자신이었던 것이다. 이는 '불멸하는 신'들이 '필멸하는 인간' 영웅들에게 부과한 운명이다. 『일리아스』에는 아킬레우스의 단명하는 운명이 어머니 테티스의 말에 예언되어 있다.

나의 어머니 은족의 여신 테티스께서 내게 말씀하시기를, 두 가지 상반된 죽음의 운명이 나를 죽음의 종말로 인도할 것이라고 하셨소. 내가 이곳에 머물러 트로이아인들의 도시를 포위한다면 고향으로 돌아가는 길은 막힐 것이나 내 명성은 불멸할 것이오. 하나 내가 사랑하는 고향땅으로 돌아간다면 나의 높은 명성은 사라질 것이나 내 수명은 길어지고 죽음의 종말이 나를 일찍 찾아오지도 않을 것이오.

신에 의해 정해진 운명 가운데 용맹한 아킬레우스는 죽음과 불멸의 명성을 택한다. 그것은 트로이 성에서의 죽음이었다.

그런데 호메로스는 거만하고 때로 잔혹한 아킬레우스에게도 따뜻한 모습을 보여준다. 아킬레우스는 적장 헥토르의 시신을 전차에 매달아 트로이아인들이 보는 앞에서 모욕을 가한다. 헥토르의 아버지인 트로이 왕 프리아모스는 아들 헥토르의 시신을 찾으러 단신으로 적지의 아킬레우스를 방문한다. 이때 아들을 잃고 슬퍼하는 프리아모스가 아킬레우스를 만나는 대목은 『일리아스』의 명장면 가운데 하나이다.

> 위대한 프리아모스는 그들(그리스 군 막사) 몰래 안으로 들어가서는 가까이 다가가 두 손으로 아킬레우스의 무릎을 잡고 자기 아들들을 수없이 죽인, 남자를 죽이는 그 무시무시한 두 손에 입 맞추었다. (중략) 아킬레우스는 신과 같은 프리아모스를 보고 깜짝 놀랐고 다른 사람들도 놀라서 얼굴만 쳐다보았다. 그에게 프리아모스는 이런 말로 애원했다. '신과 같은 아킬레우스여, 그대의 아버지를 생각하시오!'

프리아모스는 아킬레우스에게 자식의 생사를 늘 걱정하며 집으로 무사히 돌아올 것을 바라는 '아버지의 마음'을 거론하며 자비를 베풀 것을 호소한다. 그리고 아킬레우스에게 무릎을 꿇고 아들의 시신을 돌려달라고 간청한다. 아킬레우스는 아버지를 생각하면서 결국 헥토르의 시신을 내어준다.

여기서 약자가 강자에게 행하는 간청의 기술을 배울 수 있다. 아킬레우스는 아들을 죽인 적장의 손에 입을 맞춘 프리아모스의 참담한 부정父情에 연민을 느꼈고 그만 함께 소리내어 울고 만다.

> 아킬레우스는 자신의 아버지를 위해 때로는 파트로클로스를 위해 울었다. 그리하여 그들의 울음소리가 온 집 안에 가득 찼다.

나아가 아킬레우스는 헥토르의 시신을 정성스럽게 수습해서 프리아모스에게 넘겨준다. 적이지만 인간에 대한 예의가 느껴진다.

그리고 아킬레우스는 프리아모스에게 이런 이야기를 들려준다. 제우스의 궁전 마룻바닥에는 두 개의 항아리가 있는데 하나는 나쁜 선물이, 다른 하나는 좋은 선물이 가득 들어 있다고 한다. 제우스가 이 두 가지를 섞어주는 사람은 때로는 궂은일을 만나기도 하고 때로는 좋은 일을 만나기도 한다. 제우스가 나쁜 것만 주는 자는 멸시의 대상이 되고 인간이나 신들에게 존경받지 못하며 심한 궁핍에 쫓겨 대지 위를 정처 없이 떠돌아다닌다. 제우스는 그의 아버지 펠레우스에게 나쁜 것을 주었다. 외아들인 자신이 요절할 운명을 타고난 것은 그 때문이라는 것이다.

> 늙어가시는 그분(아버지)을 나는 돌보아드리지 못해요. 고향에서 멀리 떨어져 여기 트로이아에서 앉아 나는 그대와 그대의 자식들을 괴롭히고 있으니까요.

『일리아스』는 트로이 성에서 헥토르의 장례를 치르는 것으로 끝난다. 아킬레우스는 장례가 치러지는 12일 동안 휴전을 선언한다. 그런데 우리에게 잘 알려진 전설 속 '트로이 목마'와 아킬레우스가 트로이 성에서 화살에 아킬레스건을 맞아 죽는 장면은 『일리아스』에는 나오지 않는다.

『일리아스』에서 영웅들은 모두 죽음을 맞이하는 운명이다. 그리고 영웅들의 죽음은 인간의 우연한 죽음이 아니라 신들의 의지가 개입된 죽음이다. 인간의 운명은 신에 의해 결정된다. 먼저 헥토르가 아킬레우스에게 죽임을 당하고 결국 아킬레우스도 죽게 된다. 전쟁에서 살아남은 아가멤논은 귀국하자마자 아내와 정부에게 살해된다. 즉 아가멤논은 트로이 성을 함락하고 승전보를 올리며 10년 만에 고국으로 돌아가지만 귀국하는 날 아내 클뤼타임네스트라와 정부 아이기스토스의 음모로 살해될 운명이다.

아가멤논의 이 이야기는 이후 그리스 비극으로 이어진다. 아이스킬로스의 '오레스테이아 3부작'은 아가멤논의 살해와 그 자녀 오레스테스, 엘렉트라의 싸움을 묘사한 내용이다. 즉 『일리아스』는 이후 그리스 비극과 수많은 문학 작품의 소재가 되어 서구문학의 원형으로 불린다.

호메로스는 『일리아스』에 등장하는 수많은 인물을 통해 인간의 '원형'을 만들어낸다. 아킬레우스와 헥토르가 불굴의 영웅을 나타내는 원형이라면 트로이 전쟁의 원인인 파리스는 전투를 주저하는 나약한 영웅의 원형이다.

또한 네스트로는 갈등을 중재하는 원로로서 '중재자의 원형'이 되었다. 네스트로는 때마다 눈부신 조정능력을 발휘한다. 아가멤논이 아킬레우스의 여종인 브리세이스를 빼앗으려 하자 이때도 네스트로가 중재에 나선다. 네스트로는 아가멤논에게는 아킬레우스의 여인을 빼앗지 말기를, 아킬레우스에게는 왕에게 대항하지 말기를 설득한다. 물론 중재가 늘 성공하는 것은 아니다. 여기서도 아가멤논은 네스트로의 중재를 받아들이지 않는다.

호메로스는 『일리아스』를 통해 말하기와 설득의 중요성을 들려주려는 것이다. 이는 훗날 그리스 민주정치에서 공적인 토론과 논쟁의 문화로 이어진다고 할 수 있다. 『일리아스』에 등장하는 영웅들은 전쟁에만 뛰어난 것이 아니라 언변도 뛰어났다. 특히 아킬레우스와 아가멤논을 비롯한 영웅들은 어두운 데서 음모를 꾸미는 것이 아니라 동료 영웅들과 전사들인 대중 앞에서 공식적인 발언을 통해 자신의 의사를 가감 없이 표현한다. 『일리아스』에는 사실 영웅들이 전투하는 장면보다 '말'을 하는 장면이 더 많이 나온다. 연설하는 장면이 내용의 절반에 가깝다. 그들은 수시로 모여 회의를 열고 회의에서는 상당한 규칙을 지켜가며 연사로서 공적인 발언을 하는 모습을 보여준다.[2] 말하자면 『일리아스』는 연설과 설득, 논쟁의 실전 교과서로 손색이 없다.

대표적인 사례로 아킬레우스의 아버지 펠레우스가 어린 아들을 스승 포이닉스에게 보내서 가르침을 청하는 장면이 그려진다. 포이닉스는 아킬레우스에게 아가멤논의 화해 신청을 받아들이도록 설득하며 이렇게 말한다.

> 그대의 아버지 펠레우스께서 그대를 프티아에서 아가멤논에게 보내시던 그날 나를 보내 그대와 동행하게 하셨소. 그때 그대는 어린아이에 불과했고 전쟁이나 남자들이 자신을 돋보이게 하는 회의에 관해서는 아직 알지 못했소. 그래서 그분께서 나를 보내 그대에게 이 모든 것을 가르치게 하셨소. 그대가 말도 잘 하고 일도 잘 처리하는 인물이 되도록 말이오.

스승이 어린 아킬레우스에게 가르친 핵심 교육 가운데 하나는 바로 '말공부'였다.

『일리아스』의 전쟁 영웅들이 설득에 능한 사람으로 그려진다는 사실은 주목할 만하다. 하지만 영웅들이 완벽한 존재는 아니었다. 분노하고 거만했으며 언제나 훌륭한 추론을 펴는 것도 아니었다. 다만 끊임없이 상대를 설득하려는 진지한 태도를 가지고 있다. 『일리아스』는 문학적인 가치뿐만 아니라 합리적인 토론과 논쟁을 중시하는 그리스의 민주정치와 나아가 서구식 토론문화의 기원을 엿볼 수 있다.

그리고 영웅이 불멸하기 위해 반드시 필요한 법칙을 보여준다. 바로 극적이고 급작스러운 죽음이다. 이에 대해 장 보드리야르(1929~2007)는 『유혹에 대하여』(백의출판사, 2002)라는 책에서 이렇게 말한다.

> 현대 우상들의 유혹은 차가운 유혹이다. 그들은 사람들을 열광케 하는

동시에 실망시킨다. 그리고 그들은 갑작스러운 출현과 절박한 사라짐으로 사람들을 매혹시킨다. 유혹하는 위대한 여자나 위대한 여자 스타는 자신의 재능이나 지성 때문에 빛나는 것이 아니라, 자신의 부재 때문에 빛난다.

그래서 대중 스타들은 의도적으로 방송이나 언론 출연을 기피하면서 이른바 '신비주의 마케팅'으로 인기 관리를 하기도 한다. 방송에 자주 등장하다 보면 신비로운 매력이 사라져 인기가 떨어진다는 것이다. 오히려 방송에 얼굴을 내비치지 않을 때 더 인기를 얻을 수 있다. 보드리야르의 표현을 빌면 '부재'가 오히려 인기를 얻을 수 있는 유혹의 마케팅이라는 것이다. 즉 영웅은 부재로 인해 더욱 빛난다.

호메로스의 『일리아스』 읽는 법

호메로스의 『일리아스』는 수많은 번역본이 출간되었다. 전문가들은 그리스어 고전 번역가인 천병희(단국대 명예교수)가 라틴어 원전을 번역해 출간한 『일리아스』(숲, 2007)를 추천한다. 모두 24권의 서사시로 이루어져 있다. '일리아드'로도 번역되는데 같은 말이다.

참고 논문으로는 손윤락의 「호메로스의 『일리아스』에서 왕과 영웅들의 수사」(외국문학연구, 제47호), 김은중의 「고대 그리스 초기사상에서 자유와 명예−호메로스의 작품에 등장하는 신화적 영웅들의 행위 분석을 중심으로」(동서철학연구, 제60호) 등을 읽으면 호메로스의 작품을 이해하기가 한결 쉽다.

『오디세이아』 편

인류의 모험과 지혜를 담은
최초의 서사시

〈페넬로페와 구혼자들〉(1912), 존 워터하우스 John William Waterhouse (1849~1917)

전쟁에서 돌아오지 않는 남편 오디세우스를 기다리는 동안 페넬로페는 수많은 구혼자에게 시달렸다. 그래서 페넬로페는 베틀로 옷을 다 짜면 한 명을 택해 결혼하겠다고 꾀를 내어 낮에는 베를 짜고 밤에는 풀면서 시간을 끌었다. 이 묘책으로 결국 오디세우스와 재회했다. 이를 통해 페넬로페는 정조와 지혜의 여인으로 묘사된다.

오디세우스,
지혜로운 사람의 원형이 되다

　호메로스의 『일리아스』와 『오디세이아』보다 조금 앞선 시기에 중국에서는 『시경』이 쓰였다. 호메로스의 작품이 서구 문학의 원형이라면 『시경』은 중국 최초의 시가 총집이자, 동아시아 시가문학의 원형으로 꼽힌다. 공자는 주나라 이후 3,000여 편의 시를 305편으로 간추려 『시경』을 펴냈다. 말하자면 『시경』과 호메로스의 작품은 인류의 가장 오래된 속살을 담은 텍스트이다.

　『오디세이아』는 주인공 오디세우스가 트로이 전쟁 이후 10년 동안 고향 이타케로 향하는 여정에서 겪는 모험과 부인 페넬로페를 다시 만나는 과정을 그린다. 그런데 『시경』에도 전쟁으로 고향을 떠난 이들의 마음이 애절하게 담겨 있다.

동산에 끌려가 오래도록 돌아오지 못했지.

내가 동쪽에서 돌아오던 날은 부슬부슬 비가 내렸지.

동산에서도 돌아갈 날만 생각하다

서쪽 고향 생각에 슬프기만 했지.

황새가 개미둔덕에서 울고 아내는 방안에서 탄식하며

쓸고 닦고 쥐구멍 막고 있을 때 내 마침 돌아왔지.

둥글둥글 쪽박이 밤나무 장작 위에 뒹굴고 있었지.

이것저것 내 못 본 지가 어느 새 삼년이나 지났구나.

『시경』(청아출판사, 1999) 「빈풍」에 나오는 「동산」東山이라는 시로 주나라 때 동쪽의 전쟁터에서 서쪽의 고향을 그리워하는 어느 병사의 노래이다. 사랑하는 여인을 두고 전쟁터에 나간 남자의 가장 큰 고민이자 불안은 어쩌면 여인의 변심이 아닐까. 건장한 한국 남자라면 피할 수 없는 군대에서 군인들의 가장 큰 위안이자 고민은 아마 두고 온 여인일 것이다.

오디세이아는 '오디세우스의 노래'라는 뜻이다. 그리스 신화에 따르면 오디세우스는 트로이 전쟁 출진을 앞두고 처음에는 미친 척 거부하였으나 전쟁에 참가한 뒤에는 그리스 군의 패주를 저지하는 등 무장으로서 활약했다. 아킬레우스가 아가멤논에게 분노해 참전하지 않자 그를 설득하는가 하면 디오메데스와 함께 트로이 군의 일리오스를 정탐하기도 했다. 특히 오디세우스는 호메로스의 표현처럼 신들도 인정하는 '지혜로운 사람'의 원형이 되었다. '오디세이'odyssey는 경험이 가득한 긴 여정을 뜻하는 명사가 되었고 그 주인공 오디세우스는 지혜로운 자를 상징하게 된 것이다.

그렇다고 그가 완벽한 영웅은 아니었다. 때로는 잔인한 영웅이었다. 트로이 군을 정탐하기 위해 트로이 성으로 향하다 역시나 정탐 나온 트로이 병사 들론을 발견하고 트로이의 정세를 알아낸 뒤 일말의 주저함도 없이 그를 살해한다. 그런가 하면 어린 아들을 두고 전쟁터로 떠날 수 없어 미친 척을 하다가 팔라메데스에게 발각되어 결국 출진하게 되자, 오디세우스는 훗날 팔라메데스를 트로이와 내통한 첩자로 만들어 그를 죽게 만든다.

『일리아스』가 아킬레우스를 주인공으로 트로이 전쟁의 경과와 그리스군의 승리를 노래한다면 『오디세이아』는 오디세우스를 주인공으로 트로이 전쟁이 끝난 뒤 귀향하기까지 겪은 온갖 모험과 재회의 여정을 그린다. 즉, 『오디세이아』는 『일리아스』의 후속편이라고 할 수 있다.

먼저 『오디세이아』는 『일리아스』와 마찬가지로 24권의 서사시로 구성되어 있다. 이야기는 오디세우스의 아들 텔레마코스가 아버지의 귀향 소식을 찾아 떠나는 것으로 시작한다.

> 들어주소서, 무사 여신이여! 트로이아의 신성한 도시를 파괴한 뒤 많이도 떠돌아다녔던 임기응변에 능한 그 사람의 이야기를.
> – 이하 『오디세이아』(숲, 2007)

신들이 회의를 소집해 오디세우스가 귀향할 수 있도록 돕자는 제안에 따라 여신 아테네는 텔레마코스를 찾아가 격려하고 용기를 준다. 아테네 여신은 트로이 전쟁에서도 오디세우스가 살아서 귀향할 수 있도록 도왔으며 그 아들에게도 후원자를 자처한다. 이어 텔레마코스는 아버지의 귀향 소식을 알아보러 길을 떠났을 때 트로이 전쟁에 참전한 네스트로와 메넬라오스를 만나 아버지 이야기를 듣는다.

주인공 오디세우스는 전체 24권 중에서 5권에서야 처음 등장한다. 트로이를 떠나 귀향길에 오른 오디세우스가 님프 칼립소의 동굴에서 7년 동안 지낸 이야기이다. 칼립소는 오디세우스에게 자신과 같은 불사의 몸과 재물, 권력을 주겠다고 구애를 한다.

> 진실로 나는 몸매와 체격에서 그녀(오디세우스의 아내 페넬로페) 못지않다고 자부해요.

칼립소는 끊임없이 오디세우스를 유혹하지만 끝내 집으로 향하는 그의 마음을 돌리지 못한다. 칼립소는 결국 뗏목을 마련하여 오디세우스가 떠날 수 있도록 한다. 물론 이때도 제우스가 개입해 칼립소에게 전령 헤르메스를 보내 오디세우스를 고향으로 보내라는 지시를 내린다.

9권부터 12권은 오디세우스가 그동안의 여정을 회상하는 방식으로 전개된다. 그동안 3인칭으로 언급되던 오디세우스가 트로이를 떠나 귀향길에 올라 칼립소의 동굴에 오기까지 자신이 겪은 여정을 1인칭 화법으로 들려준다. 이때 포세이돈의 아들 폴리페모스의 눈을 멀게 해 포세이돈의 노여움을 산 이야기가 나온다. 오디세우스가 귀향을 못하는 이유가 바로 포세이돈의 노여움을 샀기 때문임을 알 수 있는 대목이다.

또 그리스 신화의 유명한 이야기 아이올로스의 '바람을 다스리는 가죽자루'도 나온다. 바람의 신 아이올로스는 황소 가죽을 벗겨내 만든 자루에 울부짖는 바람을 담아 오디세우스에게 줬다. 덕분에 오디세우스는 무사히 바람을 길들여 고향인 이타케 앞바다에 당도했다. 이때 전우들은 오디세우스가 잠든 사이 가죽자루에 금은보화가 들었다는 생각에 욕심에 눈이 멀어 그만 자루를 풀고 만다. 그러자 격렬한 바람이 터져 나와 폭풍이 몰아치면서 그들을 다시 먼 바다로, 아이올리에 섬으로 보내버렸다.

또한 오디세우스는 저승에서 만난 아킬레우스에게 "그대는 죽었다고 해서 슬퍼하지 마시오"라고 위로하자 이에 아킬레우스는 이렇게 말한다.

> 죽음에 대해 내게 그럴싸하게 말하지 마시오. 영광스런 오디세우스여!
> 나는 세상을 떠난 모든 사자들을 통치하느니 차라리 지상에서 머슴이 되
> 어 농토도 없고 재산도 많지 않은 가난한 사람 밑에서 품이라도 팔고 싶
> 소이다.

3,000년 전에도 현세의 삶을 중요하게 생각한 인간의 욕망을 읽을 수 있다. 이어 오디세우스는 사이렌 자매의 유혹을 물리치고 무시무시한 스퀼라와 카뤼브디스 괴물에게 부하들을 모조리 잡아먹히고 자신은 구사일생으로 살아난 과정을 회고한다.

마침내 오디세우스는 해양 부족인 파이아케스 인에게 값진 선물을 받고 길을 떠나 이타케에 도착한다. 지옥에서 만난 아가멤논의 조언대로 오디세우스는 아들 텔레마코스에게만 자신의 신분을 알리고 아내 페넬로페에게는 거지 행세를 한다. 오디세우스는 남편의 귀향을 의심하는 아내가 서운하기도 하지만 결국 아내의 구혼자들을 물리치고 재회한다.

마지막 대목은 제우스가 아테네 여신을 지상으로 보내 오디세우스가 언제까지나 이타케의 왕이 되도록 해주겠다는 신들의 다짐을 전한다. 이때 이타케에서는 전쟁이 벌어지는데 페넬로페의 구혼자 가운데 한 사람이었던 안티노오스의 아버지 에우페이테스가 아들의 복수에 나섰기 때문이다. 결국 에우페이테스는 오디세우스의 아들 텔레마코스의 창에 쓰러지면서『오디세이아』는 대단원의 막을 내린다.

호메로스는『일리아스』에서 아킬레우스의 뛰어난 힘과 용기, 목숨을 불사하는 영웅의 명예심을 다루고『오디세이아』에서는 오디세우스의

지략과 고향에서의 안식을 추구하는 인간의 본능을 다룬다. 이렇게 해서 『일리아스』의 주제인 분노와 『오디세이아』의 주제인 고향 혹은 귀향은 3천여 년 동안 서양 사상에 영향을 끼치며 면면히 내려온 주제가 되었다.

남자의 사랑과 불안의 양면을
지혜로 극복하다

오디세우스는 10년이라는 귀향의 여정에서 많은 여인의 구애를 받고 님프의 요정 칼립소와 동거를 하고 마녀 키르케의 유혹을 받기도 한다. 하지만 귀향을 멈추지 않고 모든 난관을 물리치며 모험 끝에 고향에 당도한다. 그가 고향에 가야만 하는 이유는 바로 사랑하는 아내와 떠날 때 갓 태어난 아들을 만나기 위해서다.

그런데 호메로스는 오디세우스의 굳건한 아내 사랑을 전하면서 한편 아내 페넬로페를 의심하는 이중성을 드러낸다. 페넬로페에 대한 오디세우스의 혼란은 저승에서 만난 아가멤논에 의해 구체화되고 이야기의 중반부터 핵심 내용을 이룬다. 오디세우스는 저승에서 아가멤논의 혼백을 만나는데 그가 들려준 이야기는 오디세우스의 심리에 결정타를 가한다. 아가멤논은 트로이에서 귀향하자마자 자신이 아내와 정부에 의해 살해된 이야기를 들려주면서 오디세우스에게 이타케에 당도했을 때 어떻게 처신해야 할지 일러준다. 한마디로 '아내를 믿지 말라'는 조언이다. 아내와 정부에게 살해당한 아가멤논의 조언이 오디세우스에게 '혹시 아내가 변심하지 않았을까'라는 의심을 불러일으킨 것이다.

호메로스는 사랑하는 여인에 대한 남자의 불안 심리를 그리기 위해 처음부터 곧바로 오디세우스의 귀환을 이야기하지 않고 아가멤논의 비극을 등장시킨다. 아가멤논 이야기는 1권과 3권, 4권에서 반복하여 언급되고 그 후에도 11권, 24권에서 다시 강조된다. 아가멤논 이야기는 제우스 신에 의해 처음 거론된다. 이어 아버지 소식을 찾아나선 텔레마코스가 필로스에서 만난 네트로로와 이야기를 나눌 때 자세히 거론되며 스파르타의 왕 메넬레오스는 자신의 형 아가멤논이 어떻게 간악한 아내에게 살해되었는지 텔레마코스에게 들려준다.

오디세우스와 아가멤논의 만남을 자세히 들여다보자. 오디세우스는 어떻게 무사히 고향으로 돌아갈 수 있을지 지략을 듣기 위해 맹인 예언자 테이레시아스가 있는 하데스 궁으로 찾아간다. 하데스는 죽은 자를 지배하는 신으로 하데스 궁은 죽은 자의 영혼이 머무는 지하 세계를 이른다. 이곳에서 오디세우스는 아가멤논의 영혼을 만나고 아가멤논은 자신의 비극적인 결말을 들려준다.

> 그녀가 결혼한 남편에게 죽음을 안겨주며 수치스런 짓을 생각해낸 것처럼, 마음속으로 그런 짓들을 꾀하는 여인보다 더 무섭고 더 파렴치한 것은 달리 아무것도 없을 것이오. (중략) 그러니 그대도 앞으로 아내에게 너무 상냥하게 대하지 마시오. 그대가 잘 알고 있는 이야기라도 아내에게 다 알려주지 말고 어떤 것은 말하되 어떤 것은 숨기도록 하시오. 그러나 오디세우스여! 그대는 아내의 손에 죽지 않을 것이오. 사려 깊은 페넬로

폐는 매우 지혜롭고 마음속으로 좋은 생각들을 잘 알고 있기 때문이오.

아가멤논의 말을 보면 처음에 그는 아내 클뤼타임네스트라의 행위를 사악한 일로 강조하면서 그녀와 대립되는 여인으로 페넬로페를 언급한다. 그러나 잘 살펴보면 대립되어 보이는 두 여인의 관계는 아가멤논의 계속되는 언급에서 대립의 관계가 전복되고 또 전복된다. 한편으로는 페넬로페를 정숙한 여인으로 칭찬하고 다른 한편으로는 페넬로페에 대한 의심과 경고를 반복하면서 두 여자 간의 대립(남편을 살해한 아내와 정조를 지키는 아내)을 모호하게 만들기 때문이다. 결국 아내를 믿지 말라는 충고의 말에서 페넬로페에 대한 불신이 드러난다.

그리고 한 가지 조언을 덧붙이며 명심하라고 말한다. 고국에 당도하면 해안에 배를 드러내놓지 말고 숨긴 채 몰래 상륙하라 이른다.

그대는 그대의 배를 사랑하는 고향 땅에 몰래 대고 남들이 보지 못하게 하시오. 여인들은 더 이상 믿을 수 없기 때문이오.

아가멤논의 의심과 경고는 오디세우스의 귀향 후 태도에서 현실화된다. 결코 페넬로페에게 모든 비밀을 털어놓지 말라는 아가멤논의 말처럼 오디세우스는 진짜 모습을 아들에게만 드러내고 거지 행세를 하며 진실을 아무에게도 알리지 말 것을 당부한다.

네가 진실로 내 아들이고 우리 핏줄이라면 어느 누구도 오디세우스가 집에 와 있다는 말을 들어서는 안 된다. 페넬로페 자신도 그것을 알아서는 안 된다. (중략) 오직 너와 나, 우리 둘만이 여인들의 의도를 알아내도록 하자꾸나.

여기서 여인들은 페넬로페를 비롯해 궁 안의 시녀를 모두 포함한다. 충실한 유모 에우리클레이아는 궁 안의 시녀 50명 가운데 열두 명은 방자하여 페넬로페에게조차 공손하게 굴지 않으며 더구나 "파렴치한 길로 들어서서" 행실이 나쁜 여자들이라 말한다. 시녀들은 억제할 수 없는 욕망으로 가득 차 페넬로페의 구혼자들과 간음을 저질렀기 때문이다.

오디세우스는 의도적으로 페넬로페를 간음을 저지른 시녀들과 동등한 여인으로 간주한 셈이다. 달리 말하자면 '나쁜 여자'의 원형인 아가멤논의 아내 클뤼타임네스트라와 대립하는 '좋은 여자'의 원형인 페넬로페에 대한 인식을 스스로 뒤집는 것이다.

아테네 여신은 오디세우스를 '지혜와 계략에 있어 인간 중에 제일인자'로 명명한다. 페넬로페에 대해서 구혼자 가운데 한 사람인 안티노오스는 '여자들 가운데 책략에 가장 능한 여자'라고 칭한다. 부부가 지혜와 책략에 모두 뛰어나다는 말이다. 사실 페넬로페를 유명하게 만든 것은 바로 그녀의 '옷감 짜기' 책략 때문이다.[3] 페넬로페는 3년 동안 베틀로 옷을 짜고 다시 풀면서 남편 오디세우스의 귀향을 기다리며 구혼자들을 물리치기 위한 시간을 벌었다. 이 일화로 페넬로페는 '정조의 여자'로 불리게 되었다. 그러나 호메로스는 페넬로페의 정조를 끝까지 의심하며 이야기를 전개한다.

페넬로페는 구혼자들의 공세로 마음이 흔들려서인지 꿈에 등장한 예시마저 거부한다. 페넬로페는 '손님' 오디세우스에게 그녀가 꾼 꿈을 들려준다. 꿈의 내용은 열두 마리 거위가 물에서 나와 밀을 먹고 있는데 하늘에서 커다란 독수리가 날아와 거위들의 목을 쪼아 모조리 죽이고는 다시 날아가 버렸다. 독수리가 다시 내려오더니 페넬로페에게 "거위들은 구혼자이고 나는 잠시 전에는 독수리였으나 지금은 그대의 남편으로 돌아온 것이며 모든 구원자들에게 수치스러운 운명을 지울 것이오"[4]라고 했다는 것이다. 그런데 페넬로페는 꿈의 예언마저 거부하며 화살로 열두 개의 도끼를 모두 꿰뚫는 자에게 시집을 갈 것이라며 구혼자들에게 시합을 제안한다. 이 말을 들은 오디세우스의 마음은 얼마나 쓸쓸했을까. 이에 오디세우스는 시합에 참여한다.

오디세우스는 시합에서 구혼자들을 모두 물리친다. 유모 에우리클레이아는 기쁨과 감격에 넘친 채 페넬로페에게 달려와 오디세우스가 돌아온 소식과 함께 구혼자들을 소탕한 사실을 알려준다. 이에 페넬로페는 처음에는 유모의 말이 거짓이며 꾸며낸 이야기라 단정한다. 결국 오디세우스는 귀향하면서 줄곧 마음에 남았던 불안의 실체를 확인한 듯 "저 여인의 가슴에는 무쇠 같은 마음이 들어 있다"고 불평한다. 심지어 유모가 오디세우스의 흉터(전에 멧돼지의 엄니에 당한 부상)를 확인했다고 해도 페넬로페는 믿지 않는다.

마침내 오디세우스는 페넬로페에게 자신이 직접 만든 침상에 대한 이야기를 꺼낸다. 그제야 페넬로페는 오디세우스에게 달려가 입을 맞춘다. 페넬로페가 오디세우스를 알아보지 못하고 바로 환대하지 않은 것은 감정적인 차원에서의 배반이라고 할 것이다.[5] 결국 호메로스는 '정조의 여인' 페넬로페와 '살부의 여인' 클뤼타임네스트라를 같은 선상에 배치한 것이다.

이로써 사랑하는 여인을 남겨두고 집을 떠난 남자의 불안한 심리를 담은 이야기의 원형이 바로 『오디세이아』라고 할 수 있다.

호메로스의 『오디세이아』 읽는 법

앞서 『일리아스』와 함께 천병희가 라틴어 원전으로 번역한 『오디세이아』
(숲, 2007)를 추천한다. 트로이 전쟁의 전설과 오디세우스 신화의 이해를
돕기 위해 찰스 로완 베이가 쓴 『오디세우스 : 신화가 된 트로이 전쟁의
영웅』(달팽이, 2007)을 참고할 만하다.

참고 논문으로는 전광식의 「귀향 : 그 철학적 의미」(대동철학, 제2호)와 변난
수의 「호메로스의 페넬로페와 그녀의 여성성」(한국카프카학회, 제19호)을 곁들
이면 페넬로페에 대한 흥미로운 관점을 엿볼 수 있다.

호메로스의 『일리아스』와 『오디세이아』는 서구 문학과 문화, 예술, 음악,
그리고 그림에 이르기까지 마르지 않는 영감을 제공해왔다. 수험생뿐만
아니라 창의적인 영감을 얻고자 하는 이들에게는 성경과 『그리스 로마
신화』, 오비디우스의 『변신 이야기』와 함께 4대 필독서라고 할 수 있다.

※ 표기의 경우 이 책에서는 '오뒷세이아'는 오디세이아로, '오뒷세우스'는 오디세우스
로 통일한다.

헤로도토스의 『역사』

—

기록을 통한 역사 탐구의
서막을 열다

—

2

서울대 권장도서 · 2권

페르시아와 마케도니아의 이수스 전투를 그린 모자이크 대벽화

역사는 흥하면 쇠하는 법이다. 고대 세계에 패권을 쥐었던 페르시아 제국은 기원전 480년 3차 그리스 원정에서 그리스에 패했으며, 페르시아 원정을 시작한 마케도니아의 젊은 왕 알렉산드로스에게 기원전 333년 이수스 전투에서 크게 패한다. 벽화 왼쪽에 말을 타고 달려오는 이가 젊은 알렉산드로스이며 오른쪽 전차 위에서 겁에 질린 얼굴을 한 이가 다리우스 3세이다. 그 후 기원전 331년 알렉산드로스는 페르시아를 완전히 정복했고 기원전 330년 다리우스 3세가 자신의 부하 베수스에게 암살당하며 페르시아 제국은 멸망하고 말았다.

'여인 납치'가
동서양 최초의 전쟁을 불러왔다

페르시아의 학자들은 그리스와 페르시아의 전쟁이 일어난 원인은 페니키아인에 있었다고 보고 있다. 페니키아 상인들이 아르고스에서 '이오'라는 공주가 포함된 여성들을 납치해 이집트로 데려갔는데 이게 페르시아와 그리스 간 재난의 발단이 되었다. 그 후 그리스인이 페니키아의 티로스에 상륙해 왕의 딸 에우로페를 납치해 갔다고 한다. 그 후 4, 50년이 지났을 때 프리아모스의 아들 알렉산드로스(파리스)가 위의 이야기를 듣고 그리스인들이 보상하지 않았으므로 자신도 하지 않아도 되리라 확신하고 그리스로부터 자신의 아내가 될 여자를 납치해 오리라 생각했다고 페르시아인들은 전하고 있다.

– 『헤로도토스 역사 – 상』(범우사, 2001)

고대 그리스 세계에서 이야기꾼으로 명성이 자자한 헤로도토스(기원전 484~404)는 최초의 역사서인 『역사』의 첫 단락을 이와 같이 시작한다. 뜻밖에도 거대한 동서 전쟁의 발단이 여인의 납치로 시작되었다는 이야기가 흥미를 사로잡는다. 즉 페니키아인이 여인들을 납치해 페르시아와 그리스 사이에 미움과 증오가 싹텄고 이로 인해 알력 다툼이 발생했으며 급기야 페르시아 전쟁의 발단이 되었다. 보복과 맞보복으로 얼룩진 여성 납치사의 전모를 헤로도토스는 이렇게 기록한다.

> 페르시아인들의 말에 따르면 그리스 측은 납치당한 여자 한 명 때문에 대군을 이끌고 아시아에 침입해 프리아모스의 나라를 멸망시켜 버렸다는 것이다. 요컨대 페르시아인들이 그리스인을 적으로 간주하게 된 것은 이때부터라고 한다.
> — 『역사』(풀빛, 2009)

여인 납치는 아시아에서 먼저 했지만 전쟁은 그리스에서 일으켰으며 이를 계기로 아시아와 그리스는 적이 되었다.

호메로스의 대서사시 『일리아스』에 트로이 전쟁의 원인으로 지목된 헬레네의 납치도 그 연장선에서 바라본다. 트로이 전쟁은 트로이의 왕자 파리스가 스파르타의 왕 메넬라오스의 왕비 헬레네를 납치한 사건에서 비롯된다. 이렇듯 『일리아스』는 헤로도토스의 『역사』로 이어진다. 다시 말해 『역사』는 전설과 신화의 시대에서 역사의 시대로 넘어가는 서막과도 같은 작품이다.

헤로도토스는 또한 그리스와 페르시아 간 전쟁의 역사, 즉 동서 분쟁의 발단을 리디아(터키의 이즈미르와 마니사 주)의 크로이소스라는 인물에서 찾는다. 크로이소스는 아시아에 사는 이오니아인, 아이올리스인, 그리고 도리아인을 정복한 인물이다. 그는 리디아 최초로 그리스인이 사는 식민 도시에서 리디아에 조공을 바치게 했다. 헤로도토스는 "크로이소스는 우리가 아는 한 그리스인을 정복하고 공물을 바치게 하거나 자기편으로 끌어들여 우호 관계를 맺은 최초의 이방인이었다"[6]고 적었다. 리디아는 후에 페르시아를 통합한 키루스에 의해 멸망한다.

헤로도토스는 『역사』에서 페르시아 제국의 팽창과 정복에 관한 사실적인 기록을 다룬다. 크로이소스에서 시작해 키루스와 다리우스(혹은 다레이우스)를 거쳐 대제국의 정점을 이룬 크세르크세스 때까지 80년(기원전 559~479)의 역사를 다룬다. 이야기의 절정은 페르시아 전쟁이다.

페르시아 전쟁은 기원전 492년, 490년, 480년의 3차에 걸친 그리스 원정을 말한다. 역사는 흥하면 쇠하는 법이다. 페르시아는 기원전 330년 다리우스 3세가 자신의 부하 베수스에게 암살당하자 아케메네스 왕조가 멸망하고 마케도니아의 알렉산드로스 대왕에 의해 정복된다. 헤로도토스는 페르시아 전쟁을 서술하기에 앞서 그리스인과 페르시아인의 대립과 전쟁의 역사를 그 시원부터 밝혀낸다.

고대 페르시아는 키루스가 기원전 7세기에 처음으로 페르시아인을 통합한 이후 다리우스를 거쳐 제국으로 팽창하면서 그리스의 식민 도시들을 차례로 정복했다. 기원전 546년부터 시작해 소아시아의 거의 모든 지역을 정복했다. 페르시아는 다리우스와 그의 아들 크세르크세스 때 전성기를 이루며 페르시아 전쟁(기원전 492~448)이 시작되었다.

기원전 492년에는 다리우스가 트라키아(그리스 북쪽인 테살리아 북쪽 지역)를 정벌했다. 트라키아 원정이 바로 페르시아 군의 1차 그리스 원정에 해당한다. 헤로도토스의 기록에 따르면 300척의 전함과 2만 명의 군사를 잃었지만 트라키아를 페르시아의 세력권에 넣는 데 성공했다. 이로써 그리스의 패배였다.

그리고 기원전 490년, 다리우스는 페르시아에 복속된 이오니아(소아시아 서해안 지역)의 그리스 도시국가들이 반란을 일으키자 신흥 강국 아테네가 반란을 도왔다는 이유로 아티카(아테네 등이 포함된 지역)로 출정했다. 싸움도 옆에서 부추기는 사람이 더 미운 법이다. 다리우스는 반란을 도운 아테네가 괘씸했다. 그는 시종에게 하루에 세 번 "왕이시여, 아테네를 잊지 마십시오"라고 말하도록 명령했다. 이것이 2차 그리스 원정이다. 위기에 처한 아테네는 스파르타에 지원을 요청했다. 이때 마라톤의 기원으로 알려진 장거리 주자 '필리피데스'가 등장한다. 신화에는 그리스 병사 필리피데스가 마라톤 전장에서 아테네까지 42km를 달려 "우리가 이겼노라" 승전보를 전한 뒤 숨을 거두었다는 전설이 전해지지만 헤로도토스의 『역사』에는 마라톤 경주의 유래를 담은 내용은 없다. 다만 헤로도토스는 이렇게 기록한다.

> 아테네 사령관들은 먼저 필리피데스를 전령으로 삼아 (구원병 요청을 위해) 스파르타로 보냈다. 역시 이 남자는 직업적인 장거리 주자였다. 그는 테게아 부근에 솟아 있는 파르테니온 산에서 목신 판을 만났다고 한다. 판은 필리피데스의 이름을 부르더니, 자기는 아테네인에게 호의를 갖고 있고 여러 번 아테네인을 도와주었고 앞으로도 그럴 생각인데 아테네인은 조금도 자신에게 신경을 쓰지 않으니 어찌 된 셈인가 묻더라고……. 아테네인은 그 말을 믿고 아크로폴리스의 기슭에 판의 신전을 건립하고 필리피데스의 전언에 기초하여 매년 희생을 바치고 횃불 경주 대회를 개최하여 신의를 받들었다.
>   – 『헤로도토스 역사 – 하』(범우사, 2002)

말하자면 마라톤은 알려진 유래와는 전혀 다른 셈이다. 필리피데스는 사령관들의 명을 받아 아테네로 출발한 뒤 이틀째 되는 날 스파르타에 도착해 구원을 간청했다.

필리피데스의 전언을 들은 스파르타는 아테네를 구원하기로 결정했지만 '보름달이 뜰 때까지는 출발할 수 없다'는 종교 규정으로 지원군이 출정할 수 없었다. 그러나 아테네 군은 밀티아데스의 지휘 아래 페르시아의 대군과 맞서게 되었고 결국 마라톤 전투에서 승리했다.

10년 후 다시 그리스 원정을 준비하던 다리우스가 죽자 그의 아들 크세르크세스는 반란을 일으킨 그리스의 도시국가들을 진압한다는 명목으로 3차 원정에 나선다. 헤로도토스에 따르면 이때 페르시아 군은 보병 170만 명, 기병 8만 명에 삼단노선(3층으로 170명이 노를 젓도록 설계)만 1,207척으로 육해군이 총동원된 병력이 264만 1,610명이나 되었다고 한다. 여기에 원정군의 수행인원을 추가하면 528만 3,220명이 된다고 기록했다. 헤로도토스는 마지막 끝자리 병력 수까지 구체적으로 기록했는데 역사가들은 500만이 넘는 것은 과장이라고 본다. 100만 대군 정도라는 게 정설이다. 테르모필라이 전투에서는 300만 명이라고 기록한다.

크세르크세스는 천문학적인 대군을 이끌고 원정길에 올라 스스로 자신의 행운을 축복하다가 이윽고 눈물을 흘리며 이렇게 말했다고 한다.

> 저렇게 사람이 많은데도 누구 한 사람 100세까지 살 수 없다는 생각이 들자, 사람 목숨이라는 것이 얼마나 덧없이 짧은 것인가 하는 슬픈 느낌이 절로 들었소.
> — 『역사』(풀빛, 2009)

이는 크세르크세스가 그리스 원정에 나서 헬레스폰투스의 해수면이 온통 페르시아 함선으로 뒤덮이고 해안과 아비도스의 평지가 군사들로 가득 찬 광경을 지켜보며 한 말이다. 그러고 보면 대제국을 호령한 그 역시 덧없이 짧게 살다 간 나약한 인간일 뿐이다.

현대인도 꿈과 점성술에서
자유로울 수 있을까

    페르시아 군의 2차 그리스 원정으로 마라톤 전투에 관한 전설이 만들어졌다면 3차 그리스 원정은 동서양의 역사를 바꾼 최초의 사건으로 기록된다. 3차 그리스 원정은 잭 스나이더 감독의 영화 〈300〉(2006)으로 재현되기도 했다. 영화는 그리스 군의 승리를 불러온 지략과 무공을 과장했다는 비평도 있다. "역사는 승자의 기록"이라는 말이 떠오른다.

    페르시아 군이 3차 원정에 올라 그리스 군과 처음 격전을 치른 곳은 테르모필라이다. 테르모필라이는 마케도니아 해안에 위치한 좁은 골짜기로 그리스로 가자면 꼭 통과해야 하는 지역이다. 동시에 많은 군사들이 진격해오는 것을 막을 수 있는 장소다. 그리스 연합군은 스파르타의 왕 레오니다스(재위 기원전 487~480)를 총지휘관으로 올림포스 산의 진입로인 테르모필라이 지역으로 파견된다. 페르시아 군은 이를 정면으로 공격하다 그리스 군의 저항이 완강하자 우회로를 통해 배후에서 그리스 군을 공격했다. 결국 레오니다스와 스파르타 정예병 300명 등 1,000여 명이 끝까지 버텼으나 모두 전사했다. 그들은 마지막 한 명이 전사할 때까지 한 걸음도 뒤로 물러나지 않고 싸웠다. 그들이 쓰러진 장소에는 다음과 같은 비명이 새겨져 있다.

> 나그네여, 스파르타에 가거든 전해주오.
> 우리가 그들의 명을 수행하고 여기에 누워 있다고.
> ─『페르시아 전쟁사』(시그마북스, 2008)

헤로도토스는『역사』곳곳에 당시의 관습을 소개한다. 테르모필라이 전투에서 스파르타 군의 이상 행동을 기록했는데 병사들이 머리를 빗고 손질하는 장면이다. 이 광경을 본 데마라토스(스파르타에서 쫓겨나 크세르크세스의 조언자로 그리스 침입을 도운 전 스파르타의 왕)는 이렇게 말한다.

> 스파르타인들은 테르모필라이 통로를 놓고 우리와 싸우기 위해 왔고 지금 그 준비를 하고 있는 것입니다. 그들은 바야흐로 목숨을 걸고 위험을 무릅쓰려 할 경우에는 머리를 손질하는 관습이 있기 때문입니다.
> ─『역사』(풀빛, 2009)

이를 보고 페르시아의 크세르크세스 왕은 그들의 행동을 가소롭게 여긴다. 영화〈300〉은 테르모필라이 전투의 상황을 이렇게 묘사했다.

> 스파르타여, 아침을 준비하라. 마음껏 먹어라…… 저녁은 지옥에서 먹는다!

레오디나스 왕의 이 말은 명대사로 회자된다. 이 전투에서 100만 대군의 페르시아 군은 2만 명이 전사했다. 페르시아 군은 곧바로 아테네로 진격했다. 잔인한 살육 끝에 신전을 약탈한 뒤 아크로폴리스 전체에 불을 질렀다.

하지만 페르시아 군은 살라미스 해전에서 테미스토클레스가 이끈 그리스 해군에 참패하고 만다. 승리의 원동력은 테미스토클레스의 지략 덕분이었다. 그리스 군은 페르시아 대군에 대한 공포에 사로잡혀 있었고 동맹군 내부에서 분열을 일으켰다. 이에 테미스토클레스는 위기를 느끼고 계략을 이용한다. 하인 시킨노스를 불러 페르시아 군 진영으로 가서 그의 계략이 담긴 밀명을 전하라는 비밀 지시를 내렸다. 『역사』(풀빛, 2009)에는 다음과 같이 기록한다.

> 저는 아테네의 장군 테미스토클레스의 비밀 전갈을 가져왔습니다. 그분은 그리스 군보다 오히려 귀국 군대의 승리를 바라고 계십니다. 그분이 제게 그리스 군이 두려움을 이기지 못해 도망치려 하고 있다는 말을 전하라 하셨습니다. 그리스 군이 빠져나가지 못하게 가로막기만 하십시오.

테미스토클레스의 이 전언을 믿은 페르시아 군 지휘관들은 살라미스를 향해 전진했다. 페르시아 함대는 대혼란에 빠졌고 대패하고 말았다.

크세르크세스 왕의 숙부 아르타바노스는 이미 원정길에서 바다를 가득 메운 함선들을 보고 왕에게 머나먼 원정길의 위험을 경고한 바 있다. 즉 폭풍이 불어와도 거대 함선들이 안전하게 정박할 항구가 어느 바다에도 없고 우발적인 사건을 당하면 함대들을 제어할 수 없다. 또 나날이 늘어나는 원정 거리 때문에 반드시 식량난에 봉착하게 되리라는 지적이었다. 결국 첫 번째 경고가 살라미스 해전에서 현실이 되었다. 그리스 군의 역공에 페르시아의 거대 함대는 속수무책으로 당했다.

크세르크세스는 해전에서 패하자 마르도니오스에게 전쟁을 떠넘기고 본국으로 돌아가 동생의 부인과 또 동생 아들의 부인을 빼앗고 이들을 처참하게 살해하는 등 패륜을 저지른다. 이듬해인 기원전 479년, 그리스 군은 페르시아 군을 플라타이아이 전투와 미칼레 전투에서 격퇴하고 승리를 거머쥔다.

역사가들은 살라미스 해전의 승리를 계기로 고대 그리스가 발전했다고 주장한다. 결국 살라미스 해전이 세계 역사를 바꾸었다는 말이다. 즉 페르시아 전쟁은 고대 세계의 지배자였던 페르시아가 동서의 대결에서 처음으로 서양에 패배한 사건이다. 이는 고대 페르시아의 후예인 이란의 핵무기 제조를 둘러싸고 미국 등 서구 세계가 이란을 옥죄는 형국과 묘하게 겹친다. 동서 대립으로 점철된 역사의 반복이 지금도 이어지는 셈이다.

헤로도토스가 기원전 5세기에 새로운 역사 책을 쓸 수 있었던 것은 각지를 여행한 덕분이다. 『역사』에는 그가 그리스인이 사는 국가들뿐만 아니라 이집트, 페니키아, 트라키아 등 해외를 방문했음을 보여주는 언급이 나온다. 이집트는 2권에서 자세하게 소개한다. 이는 당시에 페르시아가 이집트를 정복했기 때문이다. 한 가지 흥미로운 점은 그가 이집트 사제에게 들은 이야기라며 트로이 전쟁의 원인이 된 헬레네를 소개한 대목이다. 그는 헬레네가 트로이로 간 게 아니라 이집트에 억류되었다고 소개한다.

내가 트로이 전쟁에 관한 그리스인의 전승이 사실인지 아닌지 사제들에게 물어보자, 그들이 메넬라오스로부터 직접 들어 잘 알고 있다며 다음과 같이 이야기해주었다. 사제에 따르면 그리스 군이 트로이로 쳐들어가 그곳에 상륙하고 진지를 구축한 뒤 사자를 보내 헬레네와 알렉산드로스가 훔쳐 간 재물을 반환할 것과 죄과에 대한 보상을 요구하자, 트로이 측이 헬레네와 재물 모두 이집트에 있으며, 따라서 이집트 왕 프로테우스가 억류해놓고 있는 것을 자신들이 보상할 이유가 없다고 대답했다.

－『헤로도토스 역사－하』(범우사, 2002)

이 말이 사실이라면 헬레네가 트로이의 성에 머물고 있다는 호메로스의 『일리아스』나 트로이 전쟁의 전설은 오류인 셈이다. 헤로도토스는 여행을 하면서 그가 들은 대로 기록했다며 위와 같이 적었다. 이 역시 오늘날의 역사 책 서술 방식과는 거리가 있다.

헤로도토스 가문은 그리스의 식민 도시인 할리카르나소스(현재 터키 보드룸)에서 페르시아의 보수 세력이라고 할 수 있는 참주에 맞서 정치적 대립을 벌인 상류 계층이었다. 결국 참주와의 대립으로 추방되었다가 고향으로 돌아왔지만 다시 고향을 떠나게 된다. 헤로도토스의 여행은 추방 등 개인적인 고난의 시기에 이루어졌는데 메소포타미아와 이집트, 흑해 북안까지 여행하면서 제도, 종교, 신화, 문화, 풍습, 지리 등에 대한 견문을 『역사』에 풍부하게 담아냈다. 인류 최초의 역사 책인 '히스토리아이'는 자의 반 타의 반 여행이 낳은 걸작이다.

이야기꾼답게 헤로도토스는 신탁이나 꿈과 같은 흥미로운 요소를 곳곳에 등장시킨다. 대표적으로 그리스의 델포이 신탁과 페르시아 왕이 꾼 예시몽이다. 헤로도토스는 그리스 쪽으로 전세를 역전시킨 살라미스 해전의 승리는 아테네 인의 용기, 테미스토클레스의 지략과 함께 델포이 신탁이 결정적인 역할을 했다고 높게 평가했다.

헤로도토스는 기원전 480년 봄 페르시아의 크세르크세스 왕이 3차 그리스 원정에 앞서 아테네 인들이 델포이의 여사제 퓌티아로부터 받은 두 개의 신탁(7권 140~141장)을 전한다. 그리스의 자유가 위협당하고 있을 때 신탁은 아테네의 장래에 관해 매우 절망적인 예언을 한다. "집과 도시를 버리고 땅 끝으로 도망쳐라"는 예언이 그것이다. 이는 그리스가 페르시아 군에 무참하게 패배할 것이니 도망치라는 뜻이다. 이어 재차 요구한 두 번째 신탁에서는 '나무로 만든 벽' 안에 들어가 있으면 무사하리라는 내용이었다. 이 신탁에 대해 아크로폴리스로 피신해야 한다는 입장과 '나무로 만든 벽'이란 배를 의미한다고 보는 입장으로 나뉘어 설전이 이어졌다. 이 설전에서 테미스토클레스의 견해가 받아들여져 해전을 준비했다.[7] 결국 살라미스 해전에서 그리스가 승리했다.

헤로도토스는 예시몽의 역할로 3차 그리스 원정을 앞둔 크세르크세스 왕의 꿈을 흥미롭게 다룬다. 그 꿈이 그리스 원정에 오르는 결정적인 역할을 한다. 크세르크세스는 신하들과 그리스 원정에 대해 논의한 뒤 아르타바노스의 의견에 따라 그리스 원정을 중지하기로 마음먹고 밤에 잠이 들었다. 그런데 꿈에 키가 크고 잘생긴 남자가 나타나 원정을 진행하라고 촉구한다. 다음 날 회의에서도 여전히 원정을 중지하기로 결정하자 크세르크세스는 그날 밤에 다시 꿈을 꾼다. 이번에는 앞선 꿈처럼 단순히 원정을 계속하라는 재촉이 아니라 권좌에서 밀려날 것이라고 위협한다. 이 내용은 『역사』(풀빛, 2009)에 자세히 나온다.

> 다레이오스의 아들이여, 그대는 페르시아인 앞에서 공공연히 원정 중지를 선언하고 내가 말한 것을 무시해버렸소. 그러나 알아두시오. 즉시 원정에 착수하지 않으면 그대는 짧은 시간 내에 권좌에 오른 만큼 빨리 몰락하게 될 것이오.

이 꿈에 대해 부왕의 형제, 즉 숙부인 아르타바노스를 불러 상의하자 그는 왕의 꿈 이야기가 쓸데없는 걱정이라며 마치 현대인이 심리학적으로 꿈을 풀이하듯 이렇게 말한다.

> 전하, 그 꿈은 신과는 관련이 없습니다. 요컨대 꿈이라는 것은 낮에 생각했던 것이 잠잘 때 환영이 되어 나타나는 것에 지나지 않습니다.

크세르크세스는 숙부의 말을 믿지 못하고 이번에는 아르타바노스에게 왕의 옷을 입고 옥좌에 앉아 있다가 왕의 침소에서 잠을 자기를 권유했다. 그리스 원정이 신의 뜻이라면 아르타브노스에게도 같은 꿈과 환영이 나타나리라고 생각했다. 왕의 옷을 입고 왕의 침소에서 잠을 청한 아르타바노스는 꿈속에서 크세르크세스 왕이 꾼 꿈을 그대로 꾸게 된다. 그가 잠들자 크세르크세스를 찾아온 환영이 침상에 나타난 것이다.

> 크세르크세스를 걱정하는 체하며 그리스 원정을 중지시키려는 자가 그대인가? 장래의 일이든 현재의 일이든 운명의 흐름을 바꾸려 한다면 천벌을 면치 못할 것이다.

그러면서 빨갛게 달아오른 쇠로 아르타바노스의 눈을 찌르려 했다. 그는 큰소리를 지르며 벌떡 일어난 뒤 크세르크세스에게 달려가 꿈 이야기를 전하며 신의 뜻이 그리스를 멸망시키는 데 있다고 말한다. 크세르크세스는 날이 밝자마자 일의 전말을 페르시아인들에게 알리고 전쟁에 돌입했다. 이 꿈은 예시몽이라기보다 신의 의지가 직접 발현된 꿈이며, 마치 호메로스의 서사시에서 신들이 인간의 일에 개입하는 장면을 연상케 한다.

헤로도토스는 페르시아 왕의 그리스 원정에 대해서 꿈이라는 장치를 통해 복선을 마련해둔다. 그리스 원정을 결의한 직후 크세르크세스는 세 번째 꿈을 꾼다. 그가 꿈속에서 본 광경은 올리브 나무로 만든 왕관을 쓰고 있을 때 왕관의 가지가 세상 전체로 뻗어 나간 뒤에 이내 머리에서 왕관이 사라진 것이다.[8] 이는 곧 페르시아의 패배를 암시한다.

카렌 암스트롱은 『축의 시대』에서 고대인들은 이른바 '영속 철학'에 의지했다고 한다. 영속 철학에 따르면 지상의 모든 인간과 대상과 경험은 신성한 세계에 있는 실재의 복사물, 즉 창백한 그림자이다. 따라서 신성한 세계는 인간 존재의 원형이며 그곳은 지상의 어떤 곳보다 더 풍부하고, 더 강하고, 더 지속적이기 때문에 사람들은 그 안에 속하기를 간절히 원한다. 영속 철학은 지금도 일부 토착 부족들의 삶에서 핵심적인 요소다. 예를 들어 오스트레일리아 원주민은 '꿈꾸는 시간'의 신성한 영역을 물질세계보다 훨씬 더 현실적으로 여긴다고 한다.

끝으로 이런 물음을 던져본다. 그리스 원정을 중지하려다 꿈에 이끌려 원정을 강행한 크세르크세스처럼 현대를 살아가는 우리 또한 과연 중대한 결정을 앞두고 과학적인 사고방식이 아닌 원시적인 사고방식, 즉 꿈이나 점성술 등과 같은 신성한 힘에 이끌려 결정을 번복하거나 영향을 받은 적은 없을까. 흔히 거대한 일의 발단은 아주 사소한 것에서 시작된다고 한다. 페니키아 상인들이 벌인 '여인 납치'가 결국 거대한 동서 전쟁으로 이어진 것처럼.

헤로도토스의 『역사』 읽는 법

『역사』의 원제는 그리스어 '히스토리아'다. '히스토리아'는 '탐구'라는 의미인데 그래서 이 책은 역사 탐구서라 할 수 있다. 말하자면 인류 최초의 역사 책은 역사 기술이라기보다 새로운 글쓰기의 시도로 만들어진 셈이다. 즉 헤로도토스의 『역사』는 우리가 흔히 아는 딱딱하고 일목요연하게 사건을 정리한 역사 책이 아니라 탐구 정신이 담긴 텍스트이다.

핵심을 정리한 박수진 번역의 『역사』(풀빛, 2009)와 강은영이 옮긴 『페르시아 전쟁사』(시그마북스, 2008)를 추천한다. 완역서로는 박광순이 옮긴 『헤로도토스 역사-상, 하』(범우사, 2001~2002)와 천병희가 옮긴 『역사』(숲, 2009)가 읽을 만하다. 핵심을 정리한 책을 위주로 보면서 상세 내용은 완역서를 참고하는 순으로 읽으면 더 이해하기 쉽다.

참고 논문으로는 김경현의 「그리스 역사(서술)의 기원」(서양고전학연구, 제25호), 윤진의 「헤로도토스의 『역사』에 나타난 문학적 장치로서의 신탁과 꿈」(서양고대사연구, 제17호), 김봉철의 「지중해세계 최초의 역사서, 헤로도토스의 『역사』」(서양사론, 제109호), 변정심의 「살라미스 해전에서 '나무 성벽' 신탁의 역할」(역사와 경계, 제59호) 등이다.

『주역』

—

주어진 운명을 읽고
행운의 길 앞에 서자

—

3

태극 문양의 기원

태극기를 상징하는 '태극'이라는 말은 『주역』의 「계사」 편에 나오는 말이다. 태극 문양은 송나라 사람 주돈이(周敦頤)(1017~1073)가 고안했으며 절대 평등과 음양의 조화를 나타낸다. 우주에서 벌어지는 자연 현상을 한마디로 하면 한 번 양하고 한 번 음하는 과정의 순환이라고 할 수 있다. 낮이 가면 밤이 오고 흥하면 쇠하는 것과 같이 이를 연구하여 과거와 현재 그리고 미래를 읽어 우주와 상생하고자 하는 것이 주역을 배우는 목적이다.

나를 돌보고 나라를 살피는
동양 최초의 처세서

　과거 주술로 미래를 점치던 사람들뿐만 아니라 현대인도 불안을 달래기 위해 점과 같은 비과학적인 요인에 마음을 의지한다. 중요한 결정을 내릴 때면 역술인을 찾기도 한다. 오늘날의 점ㅏ은 기원전 12세기경에 주나라에서 만들어진 고대 중국의 '역', 즉 『주역』에서 출발한다.

　『주역』은 점서에서 시작했지만 주희(중국 송나라의 유학자. 주자라고도 한다)의 표현을 빌면 경전 중의 경전으로 꼽힌다. 『주역』은 경經과 전傳으로 구분된다. 경은 괘사와 효사, 전은 경을 보충한 해설서로 「십익」十翼(단전 상하, 상사 상하, 계사전 상하, 설괘전, 문언전, 서괘전, 잡괘전)으로 구성된다. 이 중에서 64괘의 괘사와 384효의 효사가 담긴 경문을 비롯해 64괘사를 부연 설명하는 「단전」, 괘의 상과 효의 상을 부연하는 「상사」, 공자가 『주역』을 해석한 「계사전」 등이 핵심이다.

『주역』을 지은 사람은 먼저 복희씨가 주역의 기초가 되는 팔괘를 만들고 복희씨 또는 신농씨가 이를 64괘로 나누었다고 한다. 팔괘는 구체적인 자연 현상을 여덟 가지로 구분한 것인데 하늘乾, 못兌, 불離, 우레震, 바람巽, 물坎, 산艮, 땅坤 등이며 각각 자연과 숫자(1~8)를 상징한다. 주나라 문왕이 64괘에 괘사卦辭를 붙여 마침내 『주역』이 만들어졌다.

즉 『주역』이란 주나라 문왕(기원전 12~11세기)이 만든 점성술이라는 의미이기도 하다. 이어 문왕의 아들 주공이 64괘에 따라 구체적인 운명을 예측하는 384효사爻辭를 지었다. 여기에 문왕보다 600여 년 후의 인물인 공자가 경문을 보완하는 '십익'을 붙였다고 한다. 이것이 『주역』이 체계를 갖추기까지 통설이다. 『주역』은 기원전 12세기부터 기원전 5세기에 걸쳐 복희, 문왕, 무왕, 공자가 공동으로 만든 것이라 할 수 있다.

『주역』은 인간사를 비롯해 세상만사가 변하는 것을 이렇게 표현한다.

천도지사연天道之使然 : 하늘의 도가 그렇게 시킨 것이다.

그러니까 세상 일이란 인간의 자유의지에 따라 인위적으로 일어나고 변화하는 것 같지만 사실은 천도의 운행 원리에 따라 인간도 그렇게 변화해간다는 것이다. 고대 그리스에서 인간의 자유의지에 선행하는 원리를 최고신인 제우스를 비롯한 신의 의지라 여겼다면 고대 중국에서는 우주 삼라만상의 지배자인 하늘의 도리라 여긴 것이다. 다시 말하면 하늘의 도를 통해 64가지 괘로 인간의 운명을 설명할 수 있다는 것이 『주역』이다.

『주역』은 점술서로서의 예언적인 기능을 주로 했지만 인생을 성찰하는 책으로 더욱 가치를 지녔다. 『주역』은 인간의 경륜과 지혜를 총망라하고 이를 64개 유형으로 집대성한 인문학의 최고 텍스트이다. 공자 이

전의 사람들에게는 달리 인문학 책이나 지침서가 없었으므로『주역』이야말로 좋은 수양과 학문의 교재였다. 특히『주역』은 많은 부분이 통치자의 도리와 통치 방법에 대한 기술인데『주역』을 쓸 당시 통치 행위의 기준으로 삼을 만한 도덕적인 가르침이 없던 터라『군주론』과 같은 통치 텍스트의 역할을 했다. 그래서 500년 전 주공의 이상 사회를 실현하기 위해 통치의 도를 연구한 공자는 '위편삼절'韋編三絶(가죽으로 맨 책 끈이 세 번이나 닳아 끊어졌다는 뜻으로 학문에 대한 열의와 노력을 말함)이라는 고사처럼『주역』의 가죽 끈이 닳고 닳도록 읽었을 터이다.

공자가 치세의 책으로『주역』을 읽은 것처럼 책은 읽는 사람의 눈, 즉 관점과 입장이 중요하다. 어떤 눈으로 읽느냐에 따라 마음에 달리 다가온다. 역술가의 눈으로 읽으면 역술서, 정치가에게는 나라를 다스리는 지침서, 기업인은 경영서, 일반인에게는 처세를 위한 교양서로 읽을 수 있는 게『주역』이다.

때를 기다리고
도전을 두려워하지 마라

『주역』은 시간과 변화에 중점을 둔다. 하늘과 땅, 해와 달, 계절 등 시간에 따라 변화하는 현상을 관찰하여 그를 본떠 괘효에 반영했다. 『주역』의 「계사전」에서 '역자상야'易者象也라고 한 데서 알 수 있듯이 모든 현상은 '상'(모양)에서 출발한다. 그런데 상 그 자체를 보는 것이 아니라 상을 매개로 변화하는 인생에 방향타가 될 수 있는 지혜, 즉 인생의 의미를 구하는 것이다.

모든 일에는 때가 있는데『주역』만큼 때를 강조하는 책도 드물다. 책의 첫 문장부터 때에 대한 괘로 시작한다. 64괘 가운데 첫 괘는 건괘乾卦로 다음과 같다.

건乾은 원형이정元亨利貞 하니라.

'건'은 크게는 천지 창조에서 세상의 종말에 이르기까지, 작게는 한 생명의 잉태, 성장, 왕성한 활동, 죽음의 단계에 이르기까지 모든 시간에 관한 괘이다. 건은 한마디로 시간의 절대성을 상징한다. 시간의 절대성 이야말로 하늘의 첫 번째 운행 원리이며 우주 만물과 모든 인생사는 시간의 절대성에서 결코 벗어날 수 없다.

'원형이정'이란 하늘이 갖추고 있는 네 가지 덕 또는 사물의 근본 원리로 원元은 만물이 창조되기 이전의 혼돈의 시간, 형亨은 천지 창조로부터 성장 단계의 시간, 이利는 결실과 수확의 시간, 정貞은 왕성하던 것이 소멸하는 쇠퇴의 시간을 나타낸다. 계절로는 봄, 여름, 가을, 겨울의 사계에 해당하며 사람에게는 임신 기간, 청소년기, 중장년기, 죽음에 이르는 시기에 해당할 것이다.

흔히 사람은 어릴 때에는 색을 경계해야 한다고 말한다. 청소년기에는 연애 이야기를 가장 좋아하는 때이기도 하다. 중년에 이르면 다툼을 경계해야 한다. 사업이든 어떤 일에서든 남과 경쟁하기를 좋아하는 때이다. 만년에 이르러서는 이미 얻은 것을 경계해야 한다. 얻은 것은 뭐든 쥐고 놓지 않으려 한다. 이와 같이 때에 따라 사람은 처신도 달리해야 한다.

특히 사람은 때를 잘 알고 움직여야 한다. 아무리 조건이 좋아도 때가 맞지 않으면 일이 성사될 수 없고, 아무리 좋은 때가 되었어도 잘못된 곳에서 잘못된 선택을 하면 일은 어그러지게 마련이다. 건괘에 따르면 너무 일찍 뜻을 펼쳐서는 안 된다. 이를 '잠룡물용'潛龍勿用이라 한다. 조용히 때를 기다리라는 말로 설령 때를 만나 실제로 일을 도모하더라도 조력자(인맥)가 있어야 이利, 즉 결실을 얻을 수 있다. 『주역』에서 '대인'으로 묘사되는 조력자는 하늘의 도를 얻으려는 사람에게 필수이다.

현룡재전 이견대인見龍在田 利見大人

여기서 현룡은 시간, 재전은 환경, 대인은 인맥의 중요성을 뜻한다.

현룡에 이어 물위에서 뛰노는 약룡躍龍, 하늘을 날아다니는 비룡飛龍, 그리고 마지막이 항룡亢龍의 단계다. 항룡은 하늘까지 올라간 용이므로 이미 정상의 자리에 올라섰다. 이런 자리에 있는 사람은 내려올 일만 남았다. 즉, 항룡은 물러날 때를 거부하고 계속 자리에 연연하는 인간을 비유한다.

항룡유회亢龍有悔 : 높은 곳에 있으면 곧 정점을 지나 내리막길이 기다리고 있다.

높은 자리를 고집했다가는 좋지 않은 일만 당할 뿐이다. 그래서 이 점괘는 권력의 정점에 서 있는 굳센 항룡도 이내 '여윈 돼지'로 변할 수 있다는 것을 경계하라는 뜻을 지닌다. 그러므로 행동을 조심하고 경솔함을 삼가야 한다. 여기서 『주역』이 단순히 점으로 운명을 예언하는 데 그치지 않고 물러날 때를 아는 처신에 대한 심오한 의미가 내포되어 있다는 것을 알 수 있다.

이섭대천利涉大川 : 큰 내를 건넘이 이롭다.

'이섭대천'은 기다림에 대한 수괘需卦에 나오는 말로 흔히 세상을 이롭게 하기 위해 모험에 나서거나 도전을 할 때 '성공하려면 모험을 감행해야 한다'는 의미로 읽는다. 주역에서 성공의 첫 번째 열쇠는 '때'이고 여기서 다루는 핵심은 '기다림'이다. 이때 가만히 앉아서 기다리는 게 아니라 정보를 수집하고 시기를 저울질하는 '적극적인 기다림'의 자세가 중요하다. 그리고 시기가 오면 머뭇거리지 말고 모험 정신을 발휘해야 성공의 기회를 잡을 수 있다. 그러나 대과괘大過卦에서 지적하듯이 의욕이 앞선 나머지 무모한 모험을 감행해서는 안 된다고 경고한다.

과섭멸정過涉滅頂 : 지나치게 무리해서 건너면 반드시 파멸한다.

『주역』에 많이 언급된 리더의 덕목에서도 가장 중요한 것은 역시 물러남의 시기라고 할 수 있다. 물러남의 지혜는 둔괘遯卦에 나온다. 합당하게 물러나는 형태로 세 가지를 드는데 먼저 '호둔' 好遯은 때를 잘 알아서 스스로 물러나는 것이다. '가둔' 嘉遯은 주위의 칭찬을 받으면서 물러나는 것으로 흔히 정상에 있을 때 또는 사람들에게 아쉬운 마음이 들 때 물러나는 것이다. '비둔' 肥遯은 준비를 마친 뒤에 물러나는 것이다. 이와 달리 '둔미' 遯尾는 물러날 때를 전혀 알지 못한 상태에서 아무런 준비 없이 어느 날 갑자기 물러나는 것이다. 적당한 때를 읽지 못해서, 또는 때를 알았다 해도 당장의 직위나 이익 때문에 물러날 때를 놓친 경우다. '계둔' 係遯은 집단적으로 물러나게 되는 것으로 정치인들이 사건에 휘말려 단체로 물러나거나 회사가 망해 사원들이 모두 퇴직하는 경우다.[9]

주변에 보면 학식이나 지혜가 풍부하지만 사회적인 지위를 얻지 못하는 이들이 있다. 이를 뜻하는 명이괘明夷卦는 밝은 기운이 상처를 입은 모습이니, 지혜는 있으나 하늘의 때를 얻지 못한 군자의 형상이다. 이러한 사람을 '명이지자'明夷之者라고 한다. 때를 얻지 못한 현자, 지혜를 갖추었으나 이를 세상에 나아가 펼치지 못하는 군자다. 반면 '진지자'晉之者는 천시를 얻어 자신의 경륜과 사상을 충분히 펼칠 수 있는 군자다. 『주역』은 아무리 현자라도 때를 얻지 못하면 만 가지 지혜가 무용지물이라고 강조한다.

『주역』에서는 부와 성공은 때와 기다림을 거쳐 적극적인 도전으로 성취해야 길하다고 강조한다. 누구나 부자가 되고 싶은 마음이 인지상정이다. 하지만 재물은 손에 넣을 수 있을 것 같아도 쉽게 손에 들어오지 않는다. 『주역』에서는 이 상태를 '밀운불우'密雲不雨로 표현한다. 이는 구름이 빽빽하지만 비가 오지 않는다는 뜻이다. 소축괘小畜卦는 이를 금방 달성될 것처럼 쉬워 보여도 결코 쉽지 않은 상황으로 풀이한다.

『주역』은 부인이나 참모가 자신이 벌이는 일에 대해 부정적이라면 이때는 일을 도모할 시간이 되었다고 생각돼도 거듭 숙고해야 한다고 조언한다. '월기망'月幾望은 달이 거의 보름에 가까워졌다는 뜻으로, 일을 도모할 시간이 되었다는 말이지만 곁에 있는 이가 도모하려는 일을 부정적으로 본다면 최종적으로는 흉한 결과를 낳는다는 것이다. 부인이나 참모는 당사자가 아니기 때문에 상황을 객관적으로 바라볼 수 있기 때문이다.

『주역』은 개인이 성장과 발전을 위해서는 무엇보다 '견대인'見大人, 즉 군자나 현자를 만나야 길하다고 누누이 강조한다. 승괘升卦에서도 위대한 성장의 기틀은 바로 '용견대인'用見大人에 달려 있다고 한다. 즉 스승을 만나 지도와 편달을 받아야 성장의 기틀을 다질 수 있다는 말이다. 또한 '중부'中孚, 즉 믿음에 대해 자주 거론한다.

신급돈어信及豚魚 : 미련한 돼지나 하잘것없는 물고기에까지도 그 믿음이 미쳐야 큰일이 이루어진다.

여기서 '돈어'豚漁를 복어라고 부르기도 한다. 즉 믿음은 독이 든 복어를 다루듯 신중하게 다루어야 지켜질 수 있다는 의미로 해석할 수 있다.

그런 조심성이 있다면 믿음이 있는 친구와 더불어 '이섭대천'利涉大川, 즉 큰 모험을 해도 이롭다고 했다.

주역은 '사랑학개론'으로도 읽을 수 있다. 둔괘에는 사랑과 결혼에 대해 여러 괘가 나온다. 이를 상징하는 문구는 '승마반여'乘馬班如와 '즉록무우'卽鹿无虞이다. 승마반여는 젊은이가 말을 타고 멋을 부리며 여기저기 기웃거리는 형상을 표현한 것이다. 젊은 시절 첫사랑은 대개 마음이나 환경이 무르익지 않아 헤어지게 된다. 하지만 사랑에 빠지면 쉽게 헤어나지 못하는데 이것이 '즉록무우'이다. 즉, 숲 속에서 사슴(여인)을 발견하고 욕심을 내어 숲에 들어가지만 사슴을 잡지 못하고 고생만 한다. 철부지의 욕망으로 중요한 시기를 허비하고 때를 놓치니 뒤에 이를 깨닫고 피눈물을 흘리는 것을 비유한다. 이는 욕망에만 이끌리는 사랑을 경계하는 말이기도 하다. 어린 나이일수록 욕망에 집착하기 쉬워 오래가면 흉하다고 강조한다. 그러므로 주역은 청소년기에 뜻을 세우는 일이 중요하다고 말한다. 이를 '이건후'利建候, 즉 젊은 시절에는 장차 제후가 될 큰 뜻을 세워야 한다는 뜻이다.

주역은 결혼에 대한 경계의 말도 전한다. 대표적으로 몽괘蒙卦의 '견금부'見金夫이다. 즉 '여자는 사내를 돈으로 본다'는 표현이 나온다. 여인은 돈이 없으면 변심해버리는 속성이 있고 그럴 때 제자리를 지키지 않는다는 것이다. 또한 남자에 대해서도 음의 기운, 즉 여자에 기대어 세상을 살아가려는 이른바 '음기陰氣 경영'을 경계한다. 결혼으로 한몫 잡고 덕을 보려는 것은 요즘의 세태만이 아니다. 필자 주변을 봐도 남자가 결혼으로 아내 덕 좀 보려다 흉한 꼴을 면치 못한다.

『주역』의 마지막 두 괘는 기제괘旣濟卦(목표를 이룬 사람)와 미제괘未濟卦(목표를 이루지 못한 사람)이다. 기제괘에서 목표를 이룬 사람은 '나누어야 더욱 넘치고 행복해진다'고 강조한다. 목표를 이룬 사람은 큰일을 도모하더라도 소인들과 손을 잡아서는 안 된다. 소인을 쓴다는 말은 사사로운 이익을 끌어당기고 중부를 잃어버린다는 말이다. 저명인사가 더러 추락하기도 하는데 이때는 소인과 손을 잡고 삿된 이익을 취했기 때문이다.

미제괘를 풀이하면 '아직 가지 못한 사람'이다. 목표를 달성하지 못한 사람, 아직 도전하지 못한 사람으로 젊은이들이 여기에 해당한다. 이 괘는 한마디로 '두드려라, 그러면 열릴 것이다'이다. 『주역』의 강한 도전정신을 엿볼 수 있다. 단, 늘 적극적인 자세를 주문하면서도 결코 서두르지 말고 때를 기다려 나아가야 한다고 전한다. 또 목표를 이루기 위해 나아갈 때 서로 믿음을 갖고 술을 마시면 허물이 없지만 술을 너무 많이 마셔 주사酒邪를 부리면 믿음이 깨지고 목표를 이룰 수 없다고 한다. 주사를 부리는 모습을 다음과 같이 비유한다.

유기수濡其首 : 물에 빠진 여우가 머리를 적시는 상태

『주역』은 이처럼 '술을 마시려면 믿음이 있는 사람과 마시되 술을 조심하라'는 말로 끝맺는데 마지막 구절에도 '유부'有孚, 즉 믿음의 중요성을 강조한다. 주역의 마지막 문장은 거창하게 하늘의 도를 말하지 않고 인간의 운명에 관한 대단한 예언을 내놓지도 않았다. 믿음을 가지고 인간을 대하고 또 목표를 정해 적극적으로 도전하면 누구나 운명을 뛰어넘어 성취를 이룰 수 있다고 말한다.

하늘은 스스로
돕는 자를 돕는다

『주역』을 읽으며 마음에 담아둔 구절을 자주 되새겨보곤 한다. 그 중에 하나는 바로 이것이다.

> 일음일양지위도一陰一陽之謂道 : 우주 안에서 벌어지는 변화상은 한 번 양이 되고 한 번 음이 되는 과정의 순환이다.

주역의 기본 이론 체계는 '음양론'이다. 음양론에 따르면 대자연에서는 모든 것이 상호작용을 한다. 하늘의 기운은 땅에 영향을 주고, 땅은 하늘의 영향을 받아 자신을 변화시키는 동시에 하늘에 영향을 준다. 하늘은 이를 받아들여 변화하고, 그 변화를 다시 땅에게 주는 순환의 연속이다. 그 가운데 사람으로 대표되는 만물이 하늘과 땅의 교감 작용을 받아 다시 자연에 영향을 미친다. 이러한 상호 교감 작용을 끊임없이 되풀이하는 것이 자연의 도이며, 그 과정을 64괘라는 틀에 넣은 것이 『주역』이다.

음양론의 변화 이치를 설명하는 '일음일양지위도'는 하루로 치면 낮이 가면 밤이 오는 것, 사람으로 치면 번성기가 가면 쇠퇴기가 오는 것과 같다.[10] 즉 우리가 흔히 말하는 도란 거창한 것이 아니라 이런 이치에서 출발한다.

『주역』을 관통하는 음양의 논리는 대대對待와 교감의 논리라고 한다. 「계사전」에서 "강과 유가 서로 미루어 변화가 일어난다" 하고 "음과 양의 전환에 대해서 한 번 음하고 한 번 양하는 것을 일러 도라고 한다"고 강조한다. 대대의 관계는 서로 달라서 맞서고, 다르기 때문에 기대는 관계다. 음과 양이 분명히 반대의 관계에 있지만 서로 배척하고 용납할 수 없는 모순 관계가 아니라 서로 끌어당기는 관계, 즉 서로 상대가 존재함으로써 자기가 존재할 수 있는 관계이다.[11] 단적으로 부부의 관계가 여기에 해당한다.

주역의 구괘姤卦에서는 배우자의 조건에 대해 말한다. 무엇보다 부부 관계에서 여장女壯, 즉 양의 기운이 지나치게 강한 여성은 배우자로 삼지 말라고 강조한다.[12] 실제로 주변에서 여성 배우자의 기세가 강하면 남자들이 좀 초라해지고 볼품이 없어져 매사에 자신감을 잃고 아내 뒤에 숨어 지내려는 모습을 보이곤 한다. 그래서 주변 사람들에게 배우자의 궁합은 먼저 '기'氣를 보아야 한다고 들려주기도 한다. 이때 미세하더라도 남자의 기가 여성의 기보다 센 경우가 낫다는 말이다. 여성의 기가 남성의 기보다 세면 이는 음양의 합에 어긋나는 것이다.

우스갯소리일 수 있지만 실제로 필자기 보기에 기가 센 부인을 둔 남자들은 자꾸 집 밖으로 돌려고 한다. 저녁이 되어도 집에 들어가지 않고 술친구를 찾는다. 집에 들어가면 호랑이 같은 마누라 기세에 눌리기 때문일 것이다. 달리 말하자면 기운이 강한 배우자는 배우자를 본의 아니게 밀어낸다. 이런 남자는 자칫 일을 핑계로 아예 집을 나가 떠돌이로 사는 경우도 있다.

『주역』에서는 우주 삼라만상의 기본을 기氣로 본다. 기는 실체적인 개념일 뿐만 아니라 영향을 주고받는 기능적인 매체이기도 하다. 그래서 『주역』은 '기'라는 하나의 개념으로 모든 사물을 이해하고 설명하는 '기일원론'이라고 할 수 있다.[13] 기의 작용과 변화 원리를 나타낸 구체적인 개념과 이론이 바로 '음양오행론'이다. 오행은 만상의 탄생과 소멸, 그리고 변화를 주관하는 다섯 가지 기초 원소인 '목화토금수'이다.

『주역』은 영어로 'Book of Changes'(변화의 책)이라는 말로 번역된다. 모든 것은 변화하고 있으며 그 안에 존재하는 나도 변화한다. 변화에 대응하기 위해 중요한 것은 외적인 변화에 대한 관찰보다 내면에 대한 성찰이다. 주역은 바로 자기 성찰을 통해 스스로를 재건하게 만드는 역할을 한다.

점술서이지만 결코 인간의 정해진 운명을 이야기하는 성격만을 가진 것은 아니다. 오히려 이 책이 사람들에게 말하려는 것은 주어진 상황을 잘 살피고 그 속에서 최선을 다하여 자신의 운명을 스스로 만들어 나가라는 '입명'立命을 주문한다.[14]

64괘의 384효사는 주체적으로 자신이 처한 상황의 본질을 이해하도록 하고, 자기 자신을 성찰하도록 만들어주고, 스스로 문제 해결을 찾을 수 있도록 안내하는 역할에 중심을 둔다. 바꿔 말하면 384효의 어떤 효가 나오더라도 그 속에서 자신을 되돌아보는 '자관'自觀을 발견할 수 있다는 것이다. 자관이란 자신에 대한 수동적인 반성에만 머무는 것이 아니라 적극적인 자기 반성과 스스로 해답을 찾고 해석하는 것을 의미한다.[15] 이에 대해 『주역』은 이렇게 설명한다.

> 나의 생을 살펴서 나아가고 물러난다.
>
> – 「관괘 육삼효사」

『주역』의 또 하나의 주요 논리는 '극즉반'極卽反이다. 하나의 상황이 극한에 이르면 반전이 일어난다는 상황 전환의 논리다.[16]

> 큰 변고를 만나 극도에 달한 뒤에는 통하게 된다.
>
> – 「고괘」

음이 극에 이르면 혼란은 다스려지고 간 것은 되돌아오며 흉한 것은 다시 길하고 위태로운 것은 안정을 찾는 것이 천지자연의 운행이라는 것이다. 즉 길흉이란 고정불변한 결과가 아니라 인간의 노력에 따라 극복할 수 있다고 본다. 『주역』 분야 권위자인 루 매리노프는 『철학으로 마음의 병을 치료한다』라는 책에서 이렇게 강조한다.

> 주역은 운명에 의존하는 것이 아니라 주어진 상황에서 최선을 다하도록 하는 책이다.

즉 우주의 이치를 살펴 우리가 좋은 상황에서 더 좋은 상황으로 나아가도록 도와주고 또 나쁜 상황에서 더 나쁜 상황으로 떨어지지 않도록 막아주는 역할을 한다는 것이다. 그게 『주역』이 우리에게 말하고자 하는 진정한 점괘가 아닐까.

『주역』에서는 흔히 군자나 대인은 하늘의 도움을 받는다고 한다.

자천우지 길무불리自天祐之 吉无不利 : 하늘이 도우니 오직 길할 뿐이다.

그렇다면 하늘은 어떤 사람을 도울까. 주역은 "스스로 도울 때에만 타력의 도움을 받을 수 있다"고 강조한다. 자천우지, 즉 스스로 먼저 노력을 기울이면 이에 감응해 다른 사람들이 돕는다. 이게 '하늘이 돕는다'는 의미이다. 스스로 일어서지 못하고 길에 드러누워 있다면 설사 다른 사람이 부축해준들 걸을 수 없다. 결국 인생의 운명은 모두 자기 손에 달려 있다. 외부의 힘이란 의지할 만한 것이 못 된다는 게 주역의 진정한 가르침이다. 다만 열심히 살려고 노력하면 그때 하늘은 도움을 준다고 전한다. 자천우지 길무불리, 이것이 「계사전」 상편의 결론이다.

『주역』의 점괘는 좋다고 기뻐할 것도 나쁘다고 비탄에 잠길 것도 아니라고 한다. 공자는 이를 '진무구자존호회'震无咎者存乎悔라 말한다. 가령 점을 쳐서 탈이 없다고 나왔더라도 아무 문제가 없으리라 생각하지 말고, 후회할 일이 일어날 수 있다고 생각하여 모든 것을 조심하고 스스로 반성하기를 거듭해야 비로소 탈이 없다는 것이다. 우리도 점을 볼 때 이런 마음으로 점괘를 받아들여야 하지 않을까. 점괘가 잘 나왔다고 자만해서도 안 되고 나쁘게 나왔다고 자포자기할 일이 아니라는 말이다. 다만 위험한 것을 안전한 것으로 바꾸고, 안 좋은 것을 좋은 것으로 변화시키는 것은 우리 자신의 지혜라고 공자는 강조한다.

호랑이 꼬리를 밟았으나 두려워하고 두려워하니 마침내 길하다.
－「복괘 구사효사」

이는 호랑이 꼬리를 밟는 것과 같은 위태로운 상황에서도 삼가 조심하며 노력하면 좋은 결과를 얻을 수 있다는 의미다.

이 괘는 주역을 만든 문왕의 삶을 반영한 것이다. 문왕은 개인적으로는 불운했다. 문왕이 덕을 얻자 이에 불안을 느낀 은왕 주紂는 문왕을 유리羑里라고 불리는 감옥에 가두었다. 문왕은 감옥에서 주역의 괘사를 지었다. 주역은 문왕이 7년 동안 감옥에서 곤경을 이겨내며 지은 것이라고 할 수 있다. 또한 문왕의 큰아들은 주왕에게 잡혀 가마솥에 끓여 죽이는 팽형烹刑을 당했는데 문왕은 자식을 삶은 국을 다 마셨다고 한다. 이런 극심한 고통 속에서도 문왕은 8괘를 64괘로 풀이하여 주역의 체계를 만들었다. 문왕은 이履괘에서 감옥에서의 심정을 괘사에 담았다. 그게 바로 '이호미'履虎尾, 즉 호랑이 꼬리를 밟은 격에 비유한다. 문왕은 위험한 상황을 직시하고 천리에 순종해서 나아간다면 '부질인'不咥人, 즉 호랑이에 물리지 않고 오히려 전화위복이 되며 형통하게 된다고 강조한다.

『주역』에서 점괘의 운명이 좋지 않다면 스스로의 의지로 얼마든지 바꿀 수 있다는 것을 일컬어 '신무방역무체'神无方易无體라 한다. 그렇다면 무엇으로 바꿀 수 있을까. 이에 대해 중국의 현자로 불린 남회근은 『주역계사 강의』에서 첫째는 덕이요, 둘째는 명命이요, 셋째는 풍수요, 넷째는 음덕陰德이요, 다섯째는 독서라고 풀이한다. 이 다섯 가지 가운데 무엇을 중요하게 여기는지에 따라 삶을 대하는 자세 또한 달라질 것이다.

이처럼 『주역』은 길흉을 점치는 학문을 이용해 아무리 어려운 상황에서도 올바르고 성실한 자세로 난관을 극복하도록 안내하고, 아무리 좋은 상황에서도 몸가짐을 조심하며 앞으로의 일에 대비하는 자세를 잃지 않도록 이끌어준다. 즉 수신과 경세의 도리를 담은 실천 철학의 성격을 지닌 책이다.

무엇보다 『주역』은 선을 강조한다. 성취를 이루고자 한다면 단지 가부좌를 틀고 앉아 수련하는 것만으로는 부족하며 선행과 덕을 쌓아야 비로소 가능하다는 것이다. 이를 '계지자선야'繼之者善也라고 한다. 즉 나

뻔 점괘가 나오거나 나쁜 운세를 맞아도 당당하게 선을 행하고 덕을 쌓으면 상황을 바꿀 수 있다는 말이다. 공자는 여기에 한 가지를 더한다.

노이불벌勞而不伐 : 공이 있더라도 자랑하지 말고 스스로 오만해서는 안 된다.

공자는 "공을 의식하지 않으면 크게 길하고 이롭다"고 했다. 누구든 공을 이루면 어깨에 힘이 들어간다. 그 단계를 뛰어넘기가 참 어렵다. 총 2만 4천여 자에 이르는 『주역』의 지침들은 길흉화복에 대한 예언의 기능에 머물지 않고 철학서로서 더욱 높은 가치를 지닌다.

『주역』 읽는 법

주역은 난해한 책이지만 초보자가 읽기에는 서대원이 지은 『주역강의』(을 유문화사, 2008)를 권한다. 점서의 성격을 배제하고 수신과 처세 등 지혜를 배 우는 책으로 쉽게 번역했다. 이 책의 기본 설명은 서대원의 책을 참고했다. 중국의 현자로 불린 남회근의 『주역계사 강의』(부키, 2011)는 주역의 해설서 로 주역을 현대적으로 이해하는 데 도움을 준다. 3천 년 전에 쓰인 문장 을 끊임없이 당대에 맞게 재해석함으로써 그 의미를 더욱 풍성하게 받아 들일 수 있기 때문이다. 필자는 남회근의 책을 읽고 우리에게 깊은 영향 을 미친 중국 고전에 대한 이해의 폭을 넓힐 수 있었다. 그래서 필독서로 권하고 싶다. 주역은 자신이 이해 가능한 범위 안에서 접근하면 무리 없 이 읽을 수 있다. 서울대에서 추천하는 김경탁의 『주역』(명문사, 2011)은 원 본에 충실한, 즉 점서의 기능에 충실한 번역본이다. 서대원과 남회근의 책과 함께 김경탁의 책을 읽으면 전체를 이해하는 데 도움이 될 듯싶다. 참고 논문으로는 권일찬의 「궁극적 깨달음의 학문 주역」(한국정신과학학회 지, 제15권 제2호), 최정묵의 「주역의 기본 논리에 대한 고찰」(유학연구, 제27권), 정병석의 「예언에서 조언으로 : 철학치료의 지평에서 본 『주역』」(철학연구, 제97집) 등이다.

『우파니샤드』
—
삶과 죽음에 관한
성찰의 시대를 열다
—

힌두교에서 모든 소리의 근원이자 가장 완전한 소리 '옴'aum을 상징하는 문양

인도의 정신과 문화를 지배한
죽음의 서사시

기원전 1000년경부터 기원전 500년 공자에 이르러 500년에 걸쳐 완성된 『주역』과 마찬가지로 『우파니샤드』 또한 500년에 걸쳐 완성된 수많은 현자들의 공동 작품이다. 『우파니샤드』의 작자는 대부분 미상이나 일부는 아루니, 아즈나발키야, 발라키, 스베타케투, 산딜리야 같은 인도 현자의 작품으로 여겨진다. '우파니샤드'의 어원은 '스승과 제자 사이의 비밀스러운 가르침'이라는 뜻으로 책은 현자와 제자 사이의 대화가 주 내용을 이룬다.

한국은 동양문화 중에서 중국과 교류가 많았고, 같은 문화권이지만 인도와는 동떨어진 느낌이다. 중국 고전은 대부분 인간의 도리나 자기 수양, 처세, 치세 등이 주를 이룬다. 이른바 '수신제가치국평천하'修身齊家治國平天下에 대한 담론이 중심이다. 달리 말하면 자기 수양과 덕을 실천해 마침내는 현자나 대인, 즉 군자나 성인에 이르는 길을 제시하는 내용이다. 한국 고전도 중국 고전의 영향을 받아왔고 지금도 중국의 많은 고전이 필독서로 회자된다.

반면 인도의 고대 경전을 대표하는 『우파니샤드』는 모든 내용이 죽음과 죽음 이후의 세계와 연결되어 있다. 달리 말하자면 해탈의 경지로서 모크샤moksa와 해탈에 이르는 길이 담론의 중심이다. 인간이나 축생 혹은 미물로 환생을 거듭하는 윤회의 수레바퀴는 인간의 무지에서 비롯되는데 『우파니샤드』는 그로부터 벗어날 수 있는 구원, 곧 해탈의 길을 제시하는 책이다. 말하자면 윤회의 수레바퀴에서 벗어나 자유의 영혼이 되기 위한 진리를 담고 있다고 할 수 있다.

고대 인도 초기의 종교 경전으로는 기원전 1500년에서 1000년 무렵에 형성된 『리그베다』를 비롯해 네 가지 『베다』가 있다. 기원전 800년부터 기원전 300년까지 종교 경전은 제의 중심의 『베다』였다면 이후에는 인간의 내면 세계와 결부한 『우파니샤드』가 등장했다. 『우파니샤드』는 베다의 계보를 이어받았지만 제사를 올리고 주문을 외우는 전통을 거부하며 세상의 근원을 탐구하는 형이상학으로 발전해나갔다.

『베다』를 중심으로 한 고대 힌두교의 전통에서 『우파니샤드』의 등장은 일대 충격이었다. 그래서 『베다』를 구약성서에, 『우파니샤드』를 신약성서에 비유하기도 한다. 즉 『베다』는 신화와 제의를 중심으로 한 주술의 세계관을, 『우파니샤드』는 형식과 겉치레에 종지부를 찍고 인간 내면의 각성과 탐구에 중점을 두는 세계관으로의 전환을 보여준다. 한마디로 『우파니샤드』의 주제는 자아 탐구라고 할 수 있다. '나는 누구인가?' '어디에서 왔는가?' '어디로 가는가?'와 같이 나를 둘러싼 세계에 대한 고민에서 나왔다. 『우파니샤드』는 삶의 고뇌에서 벗어날 수 있는 방법부터 세상의 근원까지 파헤친다.

『우파니샤드』에 따르면 인간의 삶은 고통의 연속이며 고통을 끊기 위해서는 윤회의 사슬에서 벗어나 해탈에 이르러야 한다고 강조한다. 그런데 『우파니샤드』는 경험으로 이해할 수 없는 형이상학적인 가정을 통해 해탈의 방정식을 제시한다. 즉 우주적 자아인 '브라흐만'Brahman과 개인적 자아인 '아트만'Atman이 하나임을 알게 되면, 세상의 근원자를 이해하고 아울러 죽음을 넘어서 윤회의 사슬을 벗어나 불멸할 수 있다는 것이다. 이를 '범아일여'梵我一如라고 한다. '범'梵은 브라흐만을 뜻하며 힌두교에서 창조의 신이자 세상 만물을 주관하는 우주적 자아를 말한다. '아'我는 개인적 자아를 일컫는 아트만을 뜻한다. 곧 범아일여는 '브라흐만과 아트만은 하나'라는 말로 '진리 또는 실재와 나는 하나다' 또는 '내가 곧 진리요, 진리가 곧 나'라는 뜻이다.

『우파니샤드』에 따르면 인간, 신, 아수라들은 모두 조물주로부터 나온 자식이다. 그리고 조물주를 만든 존재가 바로 브라흐만이다. 이때 사제 계급을 뜻하는 '브라만'과는 구별된다. 브라흐만은 인격이나 그 어떤 신도 아닐뿐더러 어떠한 방법으로도 모습을 가질 수 없는 세상의 근원 존재다. 예컨대 인간이 호흡(푸루샤)함으로써 숨으로 생명을 유지하는데 그 호흡을 처음으로 하게 해준 존재라는 것이다. 이는 「아이타레야 우파니샤드」에 나온다.

> 우리가 숭배하는 아트만은 누구인가. 그(브라흐만)로 인해 볼 수 있고, 그로 인해 들을 수 있고, 그로 인해 냄새를 맡을 수 있으며, 그로 인해 말을 할 수 있으며, 맛이 있는 것과 없는 것을 구별할 수 있도다.
> ─ 『우파니샤드 2』(한길사, 1996)

인간이 보고 듣고 말하고 맛볼 수 있는 것은 바로 브라흐만이 그런 능력을 주었기 때문이라고 여긴다.

『우파니샤드』에서 인간이 도달하는 최종 목적은 다음 생에 더 좋은 세상에서 태어나는 것이 아니라 업에 따른 윤회의 사슬에서 벗어나 참된 자유를 얻는 것이다. 그런데 인도인들이 그토록 피하고 싶어하는 윤회는 어떻게 이루어질까. 「카타 우파니샤드」에서는 이렇게 말한다.

> 무지의 인간은 그 업karma보다 그 생각하는 바에 따라 또 다시 그 자신이 모르는 육신을 입으러 세상으로 가리라.
> ―『우파니샤드 1』(한길사, 1996)

무지, 즉 해탈에 이르지 못한 사람은 죽음의 순간에 마지막으로 어떤 생각을 하느냐에 따라 축생이나 자연, 인간 등으로 변한다는 것이다. 참으로 단순한 윤회의 법칙인 셈이다.

그렇다면 어떻게 윤회에서 벗어날 수 있을까. 욕망의 끈이 생겨나지 않는 순수한 행위, 업에 얽매이지 않는 업을 '무욕의 업'이라고 한다. 브라흐만에 대한 자각을 통해서 이 모든 욕망이 부서질 때 삶과 죽음의 바퀴, 즉 윤회로부터 벗어나게 된다.

그러나 결코 쉽게 도달할 수 있는 경지가 아니다. 일반 사람들이 쾌락의 욕망을 버리기란 쉬운 일이 아니기 때문이다. 그런데 해탈을 한 사람일지라도 다시 윤회에 뛰어드는 경우가 있다. 다른 사람을 돕기 위해서 능동적으로 인간의 육체를 택하는 것이다. 이렇게 자기 의지로 태어난 영혼들을 '보디 사트바'Boddhi-Dattva라 부른다.[17] 그런데 인간이라면 누구나 해탈을 통해 더 이상 태어나지 않는 길을 택하기보다 보디 사트바가 되고 싶지 않을까.

『우파니샤드』는 세상이 고통스럽다고 삶을 무작정 버리라고 하지는 않는다. 오히려 결혼을 하고 성적性的 생활을 하면서 열심히 살라고 당부한다. 다만 세상이 환영maya과 같이 변화무쌍하다는 것을 알고 집착하지 말라는 것이다. 어쩌면 이 부분이 불교적인 세계관과 차이가 나는 지점일 것이다. 「이샤 우파니샤드」는 우리 안에 있는 아트만을 찾아 살아서 백 년의 천수를 다하라고 권한다.

> 인간이여! 항상 자신의 직무를 다하면서 마땅히 백 년을 살아갈 소망을 가져라. 인간으로서 그렇게 살고 싶으면 업보에 얽매이지 않고 사는 길 외에 다른 길이 없도다.
> — 『우파니샤드』(한길사, 2011)

현세를 살아가는 인간에게 이 말처럼 가슴을 적시는 표현이 또 있을까. 업보에 얽매이지 않고 백수를 누릴 수 있다면 무얼 더 바라겠는가.

> 이제 내 호흡은 저 불멸의 곳, 바람으로 되돌아가느니 이제 내 몸은 불 속에서 한줌의 재가 되리니 오옴(움), 내 마음이여 기억하라. 살아생전에 내가 했던 이 모든 일들을……

『우파니샤드』(일지사, 1997)에 나오는 '임종의 기도'이다. 읽는 것만으로도 삶을 겸허하게 해주는 것 같다.

보이는 것을 숭배하지 말라
보이지 않는 것을 보라

삶과 죽음에 대한 형이상학적인 사유를 담은 『우파니샤드』는 근대의 이성적인 사유 체계로는 이해할 수 없는 초월적인 사유를 요구한다. 현자가 제자나 부인 또는 아들에게 이야기하는 방식으로 우주의 근원에 대한 비유를 통해 참존재인 아트만과 세상의 근원자인 브라흐만에 대해 들려준다.

「찬도기야 우파니샤드」에는 아루나 성자가 공부를 마치고 돌아온 아들 슈베따께뚜에게 세상의 근원에 대해 들려주는 이야기가 나온다. 아루나 성자는 "한 톨의 씨앗 속에도 우주가 있다"는 비유로 아들이 세상의 근원을 이해하도록 아트만의 세계로 이끈다.

슈베따께뚜는 열두 살에 집을 떠나 스승 밑에서 공부하고 스물네 살이 되어 돌아온다. 『우파니샤드』(풀빛, 2005)에는 스승 밑에서 반드시 '12

년' 동안 공부해야 한다고 강조하는 내용이 자세히 전개된다. 아루나 성자는 아들을 반겨 맞이하면서도 일부러 어려운 문제를 낸다.

> 지금 너는 자신감에 차고 베다를 익힌 자로 당당해 보이는구나. 그래, 이런 가르침에 대해 스승께 여쭈어 보았느냐? 그것으로써 들리지 않는 것이 들리게 되고, 생각할 수 없는 것을 생각하게 되고, 알지 못하는 것을 알게 되는 바로 그것에 대해 말이다.

이에 아들은 "존경하는 아버지, 무엇을 말씀하시는 것인지요?"라며 질문이 너무 어렵다고 말한다. 아버지가 도대체 무슨 질문을 하는지조차 파악하기 힘든 것이다. 『베다』의 몇 장 몇 절을 외워보라든가, 『베다』에서 중요한 아그니 신 찬송을 암송해 보라든가 그런 흔한 질문이 아니었다. 아버지는 한술 더 떠 말했다.

> 그것으로 들리지 않는 것이 들리게 되고, 생각할 수 없는 것을 생각하게 되고, 알지 못하는 것을 알게 되는 그것에 대해 말이다. 슈베따께뚜야.

아버지는 아들에게 책을 읽고 암송한 지식이 아니라 눈에 보이지 않는 깨달음을 얻었는지를 시험해보는 것이다. 외워서 하는 공부는 많이 했지만 이런 생각은 해보지 않은 슈베따께뚜는 당황한 표정으로 고개를 떨구고만 있었다.

> 아들아, 한 줌의 흙덩어리를 알면 그 흙으로 만든 모든 것을 알게 된다. 흙의 변형으로 만들어진 모든 것들은 그것을 소리로 부르기 위하여 다른 이름을 붙인 것에 불과하다. 그 가운데 오직 흙만이 바로 참존재인 것이다.

아버지는 아들이 듣기에 점점 이해하기 어려운 말을 한다. 이는 도자기든 물병이든 또는 재떨이든 모두 흙에서 나왔다는 의미다. 아루나 성자는 보리수 열매의 씨앗을 통해 미세한 존재 곧 '아트만'이 세상 모든 것을 지탱하는 존재임을 전한다. 그는 아들에게 보리수나무에서 열매 하나를 따와 그것을 쪼개어 보고 그 안에 무엇이 들어 있느냐고 묻는다. 아들은 아무것도 보이지 않는다고 대답한다.

> 총명한 아들아, 네가 볼 수 없는 이 미세한 것, 그 미세함으로 이루어진 이 큰 나무가 서 있는 것을 보아라. 보이지 않는 것이지만 그것이 있음을 믿어라. 아주 미세한 존재인 그것을 세상 모든 것들은 아트만으로 삼고 있다. 그것이 바로 너다. 슈베따께뚜야.

계절마다 꽃을 피우고 꽃이 지면 열매를 맺는 큰 나무일지라도 그 열매에 들어 있는 씨앗이 바로 나무의 원래 모습이다. 씨앗에서 나무가 비롯되었기 때문이다. 이러한 생명의 신비가 세상에 나무가 끝없이 존재하는 방식이다. 나무처럼 사람 또한 맨 처음 '씨앗'은 미세한 정자의 씨와 난자의 결합이다. 아루나 성자는 씨앗 속에 들어 있는 씨앗의 핵심과도 같이 아트만은 눈에 보이지 않지만 모든 가능성을 품은 존재라고 말한다. 이러한 '자신의 참모습'(아트만)을 알고 그 다음에 스스로를 자기 몸뿐만 아니라 세상 전체로 느낄 수 있게 되면 모든 생명의 근원지인 '세상 전체의 참모습'(브라흐만)을 알 수 있다는 것이다.

성경에 '네게 능력 주신 자 안에서 네가 모든 것을 할 수 있느니라'(빌립보서 4-13)라는 구절이 있다. 말하자면 '네게 능력 주신 자'가 브라흐만에 해당된다.

이어 아루나 성자는 소금과 물로 브라흐만의 모습을 비유한다. 그는 아들에게 소금을 물에 풀고 그 맛을 보라고 한다. 소금물은 겉으로는 물과 마찬가지인데 그 맛은 짜다. 물의 표면이든, 가운데 물속이든, 밑바닥이든 어느 곳을 맛보아도 짜다. 짠맛을 통해 소금이 그 안에 녹아 있음을 알 수 있듯 감각으로는 알 수 없지만 세상의 근원이 늘 존재하고 있음을 일러준다. 물에 녹아 있는 소금처럼 눈에 보이지 않아도 브라흐만이 세상의 참모습이고 근원이라는 의미이다.

그것은 마치 물에 소금 덩어리를 풀어 놓았을 때 소금이 물속에 녹아드는 것과 같다. 이때 손으로는 물속에서 소금을 잡을 수 없지만 물의 어느 부분을 취해보든 그 맛이 소금 맛인 것이다. 그처럼 위대한 존재, 끝이 없고 경계가 없는 그 근원존재는 의식으로 세상 속에 녹아들어 있다.

아루나 성자는 소금물 비유를 통해 일상에서 보이는 것과 보이지 않는 것은, 눈으로 볼 수 있는 것인가 볼 수 없는 것인가 하는 것일 뿐 그것만 가지고 존재가 있는지 없는지를 판단할 수 없다고 설명한다.

아트만에 대한 다른 비유로 「문다카 우파니샤드」에서는 '강과 바다'를 든다. 강은 바다로 모여 하나가 된다. 바다에서 하나가 된 강은 개별의식, 즉 '나는 이 강' '너는 저 강'이라고 의식하지 않는다는 것이다.

> 강이 흘러 흘러 바다에 도달하면
> 강이라는 이름은 버리고 바다와 하나가 되듯
> 진리를 알게 된 사람은
> 이름과 형태의 구속에서 풀려난다.

우리는 누구나 자신을 존재하게 한 근원존재에 뿌리를 두고 있다는 것을 기억함으로써 나만 소중한 것이 아니라 '모든 나'가 소중하다는 것을 기억해야 한다고 『우파니샤드』는 강조한다. 그것이야말로 더불어 사는 세상의 지혜라고 말이다.

『우파니샤드』는 각각 본문이 시작하기 전과 끝에 스승과 제자가 함께 소리 내어 읽는 '평화를 위한 낭독'이 있다. 브라흐만을 상징하는 '옴'aum 으로 시작해 마지막에는 '옴 평온 평온 평온'으로 낭독을 마무리한다. 평온을 세 번 외치는 것은 마음의 평온, 세상의 평온, 그리고 정신의 평온을 염원하는 것이라고 한다. 전 세계인이 인도를 여행하는 것은 어쩌면 내면의 평온을 구하기 위해서일는지도 모른다.

법정 스님이 쓴 『홀로 사는 즐거움』(샘터, 2004)에는 이런 구절이 나온다. 어느 여행자에게 전해 들었다고 한다.

> 우리는 부모와 선생님, 그리고 모든 어른을 존경하며 그분들의 평안과 번영이 곧 내 행복입니다.

인도의 혼잡한 기차 안에서 소녀들이 합창하고 암송하는 내용이다. 이게 바로 인도에 뿌리내린 『우파니샤드』라는 생각이 든다. 2007년 여름, 필자는 인도의 사립학교를 취재한 적이 있다. 무엇보다 높은 교육열과 스승에 대한 권위와 존경이 뿌리내린 사실에 놀랐다. 그 이유가 궁금했는데 『우파니샤드』를 보면서 의문이 풀렸다. 인도 교육에서 제자가 스승을 존경하는 분위기는 바로 3천 년 전부터 스승에게서 제자에게로 비밀스러운 지혜를 가르쳐온 『우파니샤드』의 전통 때문이었다.

재미있는 사실이 하나 있다. 그 옛날 제자가 『우파니샤드』에 담긴 지혜를 배우러 스승에게 갈 때 장작을 가지고 갔다는 점이다. 구도자의 길을 가는 사람은 스스로가 장작이 되어야 하며 불을 지피는 데에 그 자신이 기꺼이 소용되기를 바라야 한다는 의미이다. 이는 또한 자신을 태우지 않으면 절대 진리의 길로 들어설 수 없다는 상징이 아닐까.

눈에 보이는 것만을 숭배하는 자는

깊은 어둠 속으로 들어가게 된다.

그러나 오로지 눈에 보이지 않는 영원한 것에만 빠져 있는 자는

그보다 더 깊은 어둠 속으로 들어가게 되리라.

– 『우파니샤드 1』(한길사, 1996)

『우파니샤드』 시대에도 눈에 보이는 물질, 불교적으로 말하자면 '색'을 숭배하기는 마찬가지였던 모양이다. 현대인 또한 대부분 보이는 것을 찬양하고 숭배한다. 다른 사람들과 비교해 기죽지 않기 위해, 삶의 풍요를 더욱 만끽하기 위해 물질을 숭배하다시피 살아간다. '눈에 보이지 않는 것'은 경험이나 사물과는 다른 차원 또는 현상으로만 존재한다. 명품과 같이 눈에 보이는 것은 누구나 노력하면 얻을 수 있다. 하지만 눈에 보이지 않는 것, 더욱이 세상의 근원을 밝히는 지혜를 보는 눈은 누구나 얻을 수 있는 게 아니다.

『우파니샤드』에서 절대 진리란 '부정의 부정'을 통해서만 인식된다고 한다.

네티 네티neti neti : 이것도 아니고 이것도 아니다.

해탈의 방정식이 참으로 난해한데 역설적으로 그만큼 절대 진리 혹은 해탈에 이르기가 어렵다는 뜻이 아닐까. 그래서 스승과 제자는 숲 속에 마주 앉아 '네티 네티'라는 브라흐만에 이르는 진리를 좇아 부정의 부정이 마침내 긍정에 이를 때까지 비밀스러운 대화를 이어갔을 게다.

「찬도기야 우파니샤드」에는 수행자가 절대 진리인 브라흐만에 이르는 세 가지 수행의 길이 제시된다. 먼저 제례의식과 『베다』의 연구 그리

고 나눔의 길이다. 이는 수행의 첫 번째 과정인 '가주기'家住期(그리하스타)에 해당한다. 두 번째는 스승의 집에 머물면서 거룩한 지혜를 추구하는 '학습기'(브라흐마차린)이다. 세 번째는 스승의 집에서 금욕적으로 자신의 육체를 엄격히 통제하는 '숲 속 수행기'(바나프라스타)이다. 이러한 수행 과정을 거쳐 비로소 마지막 단계인 '초탈기 또는 유행기'(파리브라자카)의 삶을 시작한다. 이때부터 인도의 성자를 상징하는 '산야신'sanyasin 즉 방랑 고행자로 불멸의 삶에 도전한다. 오늘날에도 산야신은 인도를 떠올릴 때 상징과도 같은 존재이다.

인도의 수행자들은 '태운다'는 뜻을 가진 '타파스'tapas 고행을 수년간 수행함으로써 초월적인 힘에 도달할 수 있다고 여겼다. 고행에서 오는 고통에서 벗어나기 위해 다양한 방법이 개발되었는데 대표적인 것이 요가이다. 요가는 『우파니샤드』 수행자가 고통에서 벗어나 자유의 상태로 가기 위한 자기 훈련과 제어의 기술로 발전했다.

「브리하다란야카 우파니샤드」에는 브라흐만을 깨닫기 위해 고행을 떠나는 야자발끼야 성자가 나온다. 인생의 마지막에 이르러 영원한 자유인 불멸을 얻기 위해 방랑 고행자를 자처한다. 즉 야자발끼야는 브라흐만에 이르기 위해 가주기와 학습기, 숲 속 수행기를 거쳐 마지막으로 초탈기의 삶을 위해 아내 곁을 떠난다. 초탈기에는 어디에도 거처를 두지 않고 떠돌면서 수행하며 자유로운 영혼이 되기를 목표로 삼는다.

야자발끼야에게는 두 명의 아내가 있었는데 그가 떠나려 하자 반응은 각각 달랐다. 첫째 부인 까따야니는 지혜를 얻기 위해 떠나는 남편과의 이별이 아쉽지만 남편을 존중하는 뜻에서 배분받은 재산으로 살아가기로 한다. 둘째 부인 마이뜨레이는 달랐다. 마이뜨레이는 남편이 모든 재산을 나누어주고 아무런 미련 없이 인생의 최고 목적지를 향해 출발하려고 하자 이를 계기로 자신과 세상 그리고 인생에 대해 생각하게 되었다. 그녀는 길을 떠나려는 남편에게 이렇게 말한다(이하 『우파니샤드 2』(한길사, 1996)에서 인용).

> 만일 이 세상 모든 재산이 제 것이 된다면 제가 그것으로 영원한 생명을 얻을 수 있을까요?

옛말에 부부는 서로 닮아간다는데 마이뜨레이가 남편을 닮아간 것 같다. 야자발끼야는 뜻밖의 질문에 흡족한 얼굴로 아내의 얼굴을 응시했다. 아내는 남편이 남긴 재산으로 지금보다 잘 먹고 잘 산들 언젠가는 죽을 인생에 무슨 변화가 있겠느냐고 묻는 것이었다. 야자발끼야는 영원한 생명에 대해 묻는 부인 마이뜨레이가 스스로 자신의 참모습, 즉 아트만에 대한 지식을 구함을 알고 아트만에 대해 말해주었다.

> 아내가 사랑스러운 것은 아내의 사랑스러움 때문이 아니라 그 사람의 아트만의 사랑스러움 때문에 사랑스러운 것이오. (중략) 모든 것이 사랑스러운 이유가 모든 것 자체의 사랑스러움으로 사랑스러운 것이 아니라 아트만의 사랑스러움 때문에 사랑스러운 것이오.

이 표현이 참 재미있다. 예를 들면 아내의 화장한 얼굴 때문에 사랑하는 것이 아니라 아내의 속 깊은 마음씨와 그 마음에서 우러난 행위 때문에 사랑스럽고 그 정체가 아트만이라는 것이다. 야자발끼야는 부인에게 덧붙여 말한다.

> 자손에 대한 갈망은 곧 재물에 대한 갈망이며, 재물에 대한 갈망은 곧 세상에 대한 갈망이라. 이들은 모두 갈망일 뿐이오. 그러므로 브라흐만을

아는 자는 세상에 대한 갈망이 아닌 배움으로 향하고, 어린아이와 같은
상태로 살기를 원하지요. 그는 어린이와 같은 상태, 그리고 배움을 통해
성자가 되는 것입니다.

장자도 마찬가지로 절대 경지 혹은 도의 경지에 이른 사람의 얼굴은
어린아이와 같다고 한다. 여기서도 브라흐만을 아는 자는 어린 아이와
같다고 한다. 또한 예수는 이렇게 말했다.

너희가 돌이켜 어린아이와 같이 되지 아니하면 결단코 천국에 들어갈 수
없다.   ─「마태복음」 18장 3절

중국의 양명학자 이지李贄는 인간이 근원적으로 선한 본성으로서 동
심을 회복할 때 비로소 진정한 자유인이 된다고 했다. 현자들은 이렇게
'어린아이의 얼굴'이 되라고 말하지만 살다 보면 누구나 세파에 찌든 얼
굴이 되고 만다. 그게 보통 사람의 삶이다. 재물에 대한 갈망이나 자손에
대한 갈망을 누구인들 쉽게 내려놓을 수 있을까.

야자발끼야는 지혜를 구하는 아내에게 "삶을 살아가면서 진정 큰 재
산은 아트만, 즉 자신의 참모습을 아는 것"이라고 말한다. 참모습을 제
대로 알면 다른 사람의 참모습과 세상의 참모습에도 눈을 뜨고, 다른 사
람과 세상을 귀하게 여긴다는 것이다. 벌과 꿀의 상호 의존 관계처럼 세
상 모든 것이 그 안에 깃든 본래의 참모습을 매개로 서로 의존하므로 모
두 소중하다는 것이다. 그렇게 하면 이기적인 작은 존재에서 영원하고
자유로운 존재가 되고 순간이 아닌 영원을 사는 길이며 궁극의 행복이
라는 것이다. 야자발끼야는 아내에게 지혜의 눈을 뜨게 해주고 길을 떠
났다. 인도의 브라만 사제들은 가정을 꾸리고 살다 말년에는 해탈을 위

해 집을 나선다. 수천 년을 이어온 성인의 길이자『우파니샤드』의 가르침인 것이다.

　『우파니샤드』를 흔히 인도 사상의 젖줄이라고 한다.『우파니샤드』를 해석한 상키야 철학, 요가 철학, 베단타 철학, 불교, 자이나교 등이 형성되는 바탕을 마련해주었기 때문이다.『우파니샤드』는 또한 18세기부터 서양에 알려져 무한한 상상력의 보고가 되었다. 미국의 철학자이자 시인 에머슨은 "우파니샤드는 무더운 여름밤의 바닷바람과 같다"고 하면서 "인간의 영혼에 시적 영감을 끝없이 불어넣어준다"고 말했다. 책상에 늘 라틴어로 된『우파니샤드』를 놓고 잠자기 전 읽곤 했다는 쇼펜하우어는 "우파니샤드는 내 삶의 위안이며 동시에 내 죽음의 위안이다"라는 유명한 말을 남겼다. 또한『우파니샤드』의 정신은 한국에도 불교 세계관에 깃들어 영향을 미쳤다.

　　미망으로부터 진리로 나를 인도하소서.
　　어둠으로부터 빛으로 나를 인도하소서.
　　죽음으로부터 영원으로 나를 인도하소서.

　타고르 등이 즐겨 인용한 구절로『우파니샤드』의 정수라고 일컫는 문장이다. 고통스러운 삶과 죽음에 대한 성찰로 시작된『우파니샤드』는 어쩌면 빛과 구원을 바라는 인간이 만들어낸 소망의 시라 할 수 있다.

『우파니샤드』 읽는 법

동양 사상은 중국과 인도의 두 축으로 발전을 이루어왔다. 중국의 철학이 현세적 위안과 평온, 성공과 처세, 수신제가치국 등을 다룬다면 인도의 철학은 죽음 이후, 즉 '사후의 영원한 삶'을 추구한다. 인간으로 다시 태어나는 윤회마저 거부한다. 『우파니샤드』가 중국의 철학보다 훨씬 형이상학적이고 심오하게 느껴지는 것은 이 때문이다.

오늘날 힌두교의 경전으로 통하는 『우파니샤드』를 탐독하려면 먼저 10개 주제로 풀어 이야기 중심으로 쓴 이재숙의 『우파니샤드』(풀빛, 2005)를 읽고 이어 200개 가운데 주요 내용 18개를 번역한 이재숙의 『우파니샤드 1, 2』(한길사, 1996)를 본다면 좀 더 쉽게 접근할 수 있다. 석지현의 『우파니샤드』(일지사, 1997)는 요약본으로, 이명권의 『우파니샤드』(한길사, 2011)는 분석용으로 읽을 만하다.

『그리스 로마 신화』

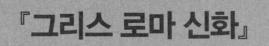

서양 문화는 어떻게
세계를 장악하게 되었나

—

5

〈포박된 프로메테우스〉(1610~1611), 페테르 파울 루벤스 Peter Paul Rubens**(1577~1640)**
프로메테우스는 제우스의 불을 훔쳐 인간에게 선물한 대가로 제우스의 분노를 산다. 인간에게는 자유를 선사했지만 제우스와는 끝내 타협하지 않아 사슬에 묶여 평생 독수리에게 간을 쪼아 먹히는 형벌을 받았다. 그의 간은 매일 새로 자라나 형벌 또한 매일 쉬지 않고 반복되었다.

잔혹한 신화에 감춰진
전쟁의 역사

　서양인들은 서양의 전통과 기억의 근원 그리고 문명의 원형을 고대 그리스인의 합리적인 사유에서 찾고자 했다. 그런데 고대 그리스인의 세계관은 '신화'를 통해 형성되었다. 신화를 바탕으로 세계를 인식하고 사유했다는 것이다. 신화는 우주의 생성, 자연 현상 및 인간의 기원에 대한 물음에 답을 제시해주는 원시과학이며 나아가 신화 속에서 인간 본성에 대한 본질을 탐구할 수 있기 때문이다.

　서구 문명의 원형이 담겨 있다는 그리스 신화를 읽다 보면 깜짝 놀라곤 한다. 무엇보다 그 악마성과 엽기성에 혀를 내두른다. 한마디로 '엽기적인 신들'이라고 해도 지나친 표현이 아니다. 그리스 신화에는 근친상간, 친부와 친모 살해에 자식 살해, 납치와 유괴, 청부 살해 등 오늘날 언론의 헤드라인을 장식할 만한 충격적인 사건들이 난무한다. 간통은 다

반사이고 부모 자식의 관계도 유린되는 등 가족 공동체가 처참하게 파괴된다.[18] 그리스 신들은 점잖고 전지전능한 신이 아니라 인간보다 더 '욕망하는 신'이다. 배반도 예사다.

예컨대 콜키스의 왕녀 메데이아는 황금 양털을 찾으러 온 아르고호의 원정대장인 이아손에게 빠져 동생마저 죽이고 황금 양털을 찾는 데 도움을 준다. 또 메데이아는 이아손의 아버지를 죽인 펠리아스 왕을 살해하면서 이아손의 원수를 갚는 데 앞장선다. 이때 마법이 동원된다. 메데이아가 양의 살을 저며 끓는 물속에 넣고 주문을 외자 어린 양이 나왔다. 이것을 보고 펠리아스의 딸들이 늙은 아버지를 젊게 할 수 있다는 메데이아의 말에 그만 아버지를 죽여 살을 조각내 끓는 독 속에 넣은 것이다. 하지만 정작 메데이아에게 돌아온 것은 이아손의 배반이었다. 이아손에게 버림받은 메데이아는 복수를 결행한다. 먼저 자신이 낳은 자식을 살해하고 이아손의 새 여인이 될 글라우케와 그의 아버지인 코린트 왕을 태워 죽이기에 이른다. 이아손과 메데이아의 이야기 하나만으로도 온갖 파렴치한 인간성을 적나라하게 엿볼 수 있다.

그리스 신화는 초자연적인 무대를 배경으로 수많은 신들이 등장하고 그 내용도 매우 복잡하다. 고대 그리스인들은 신들의 이야기나 영웅 전설, 그 밖의 내용이 담긴 이야기를 미토스mythos라고 했다. 미토스는 '이야기'라는 뜻이다. 그리스 신화는 천지 창조와 인간의 탄생, 제우스를 비롯해 인간에게 불을 준 프로메테우스, 제우스의 아내이자 불륜을 철저하게 응징하는 신들의 여왕 헤라, 지혜의 여신 아테네, 사랑과 욕망의 여신 아프로디테, 그리고 헤라클레스와 테세우스 등 신과 인간들의 이야기가 흥미롭게 펼쳐진다.

그리스 신화는 인격화된 신들의 사랑 이야기가 주축이지만 그 기저에는 '복수와 저주'라는 주제를 다룬다. 또 다른 핵심은 신들과 인간의 끝없는 욕망이다. 자유로운 성적 환상의 모든 원형은 그리스 신화에서 발견할 수 있다. 상상을 뛰어넘는 온갖 성적 금기가 거리낌 없이 묘사된다. 말하자면 그리스 신화는 신들과 인간들이 벌이는 복수와 저주에 얽힌 '욕망의 판타지'라고 해도 과언이 아닐 듯싶다.

그리스 신화에는 신들의 세계인 올림포스에서 벌어지는 수많은 신들의 '스캔들'을 만날 수 있다. 제우스는 단연 '올림포스 스캔들'의 주인공이다. 제우스는 난봉꾼의 원형인 셈이다. 제우스는 본부인 헤라와 2남 4녀를 두었는데 그 밖에도 그가 유혹해 관계를 가진 여신과 여인이 30명에 달하고 그 자녀는 헤아릴 수 없다. 올림포스의 신들 중에도 제우스의 자식이 많다. 예컨대 음악·의술·궁술·예언의 신 아폴론, 전령이자 나그네의 수호신 헤르메스, 화산과 대장간의 신 헤파이스토스, 전쟁의 신 아레스는 모두 제우스의 아들이다. 또한 포세이돈은 27명, 헤라클레스는 20명의 여신 및 여인들과 관계를 맺고 자녀를 낳았다. 지금의 잣대로 보자면 권력자의 성적 유린이 난무한 시대라 하겠다.

재미있는 것은 신들의 왕인 제우스조차 자신의 외도를 아내인 헤라에게 감추느라 온갖 술책을 다 쓴다는 점이다. 예컨대 제우스는 헤라의 눈을 피해 황소로 변해 에우로페를 사랑하기도 했다. 에우로페는 페니키아 왕 아게노르의 딸로 바닷가에서 놀다 제우스의 눈에 띄었다. 욕정에 사로잡힌 제우스는 커다란 황소로 변신해 접근했다. 에우로페는 멋지게 생긴 황소를 쓰다듬다가 어리석게도 그만 그 등에 올라타고 말았다. 그러자 황소는 하늘로 날아올라 크레타 섬으로 날아갔다. 크레타 섬은 제우스의 어머니 레아가 아버지 크로노스로부터 제우스를 보호해준 곳이다. 에우로페는 제우스의 아들 셋을 낳았는데 미노아 문명을 건설한 미노스가 가장 유명하다. 그녀의 이름 에우로페는 유럽 대륙의 이름으로 전해지고 있다.

또한 제우스는 백조로 변신해 레다에게 접근하기도 했다. 레다는 아이톨리아의 왕 테스티오스와 에우리테미스 사이에 난 딸로, 제우스와의 사이에서 백조의 알을 낳았다. 그 알에서 그리스 최고의 미녀 헬레네가 태어났다. 헬레네가 바로 트로이 전쟁의 원인이 된 여인 납치 사건의 주인공이다. 또한 암피트리온이 전장에 나가 있을 무렵 제우스는 암피트리온의 모습을 빌어 그의 아내 알크메네에게 욕정을 불태웠는데 그 아들이 바로 헤라클레스이다.

아르고스의 왕 아크리시오스는 딸 다나에가 낳은 아들(외손자)에 의해 죽는다는 신탁을 받는다. 왕은 딸을 지하의 청동방 안에 가두고 남자가 접근할 수 없게 했다. 이때 제우스가 다나에에게 '황금비'로 변신해 내려 페르세우스를 잉태하게 했다. 페르세우스는 훗날 괴물 메두사의 머리를 잘라 유명해진 영웅인데 신탁대로 외조부를 죽이게 된다. 성서에서 마리아가 하느님의 '말씀'으로 예수를 잉태했다는 마리아 숭배 사상은 다나에에서 비롯되었다고 한다.

그리스 신들의 끝없는 욕망은 인간의 가정 파괴로 이어졌다. 인간에게 전이된 파괴적인 속성이 근대의 제국주의와 오늘날 서양의 탐욕적인 자본주의 사회와 닮았다면 지나친 비유일까. 예컨대 이아손이 주도한 '아르고호 원정대'는 인류사에서 약탈의 기원이 된 최초의 대항해로 기록된다. 영웅 이아손이 콜키스(흑해 동쪽 연안) 왕국에 숨겨져 있다는 전설의 '황금 양털'을 손에 넣으려고 원정에 나설 때 선원을 모집했는데 이때 헤라클레스, 오르페우스, 테세우스 등 당대의 영웅들이 대거 원정길에 오른다. 아르고호 원정대를 시작으로 대항해에 나서면서 식민지를 건설하는 정복과 팽창의 제국주의로 이어졌다고 할 수 있다. 어쩌면 서양 문화를 만든 헬레니즘 문명은 그 시원부터 투쟁과 배반, 복수와 저주, 끝없는 욕망에서 잉태되었다고 할 수 있지 않을까.

인간에게 자유를 선물한 프로메테우스

헤로도토스는 그리스인에게 신을 만들어준 것이 호메로스와 헤시오도스라고 주장했다. 두 사람은 기원전 8세기에 같은 시대를 살면서 그리스 문화뿐만 아니라 서양 문화의 위대한 창시자가 되었다. 호메로스가 『일리아스』에서 영웅들의 비범한 행위와 고통을 그렸다면 헤시오도스(기원전 740~670)는 『신통기』에서 그리스 신의 계보를 만들었다.

헤시오도스의 『신통기』에 따르면 제우스가 신들의 제왕이 된 것은 주어진 게 아니라 스스로 권력 투쟁을 한 결과였다. 그리스 신들의 세계는 자식이 부모를 배반하는 권력 투쟁으로 시작되었다. 헤시오도스는 혼돈 상태에서 등장한 최초의 신을 천공의 신 우라노스와 대지의 여신 가이아라고 서술한다. 이 두 신에게는 티탄(그리스 신화에서 올림포스 신족이 등장하기 이전에 세계를 지배하던 거인족의 신)족이라고 알려진 여섯 명의 아들과 여섯 명의 딸이 있었다. 그 가운데 막내 크로노스는 낫으로 아버지의 고환을 잘라 바다에 던져버렸다. 자식에게 거세당한 우라노스는 결국 열두 자녀에게 신들의 지배권을 넘겨주었다. 이후 크로노스는 티탄신족의 기원이 된다. 요즘으로 말하자면 티탄족의 지배층이 쿠데타로 교체돼 티탄신족의 세상이 된 것이다.

티탄신족의 지배는 오래가지 않았다. 이번에는 크로노스의 막내인 제우스가 아버지에게 반역을 했기 때문이다. 제우스는 무려 티탄신족과 10년 전쟁을 치른 뒤 아버지 크로노스를 쫓아내고 최고신의 자리에 오른다. 제우스와 그의 형제자매가 올림포스 산에 자리를 잡았으며 그들이 바로 신들의 세상을 다스리는 올림포스의 12신이다. 즉 신들의 제왕은 우라노스에서 크로노스로, 이어 제우스로 이어지며 아들에 의한 정권 교체를 이룬 셈이다. 오늘날 쿠데타의 원조라고 할 수 있겠다.

이후 제우스는 형제들과 함께 세상의 3대 영역을 지배한다. 포세이돈은 바다를, 하데스는 땅 밑 죽은 자들의 세계를 맡았고, 제우스는 하늘의 왕으로 구름을 모으고 비를 부르며 천둥번개를 부린다. 신들의 시대에 제우스와 포세이돈, 하데스의 분할 통치는 오늘날 민주정치의 삼권 분립에 비유할 수 있겠다.

올림포스 신들의 시대가 열리면서 제우스는 인간 창조에 나선다. 인간 창조에 대해서는 몇 가지 이야기가 있다. 먼저 제우스는 사촌인 티탄족 프로메테우스와 그의 아우인 에피메테우스에게 인간 창조를 맡겼다. 프로메테우스는 '생각이 깊다'라는 의미이며, 에피메테우스는 '뒷걱정'을 의미하는데 무엇이나 충동적으로 해치우고서 나중에 후회한다. 에피메테우스는 경솔한 성격대로 인간을 만들어내기 전에 이미 다른 동물들에게 용기, 힘, 민첩함, 영리함과 함께 날개, 털가죽, 등껍질 등 뛰어난 능력을 거의 다 주고 말았다. 에피메테우스는 당황하여 형에게 도움을 청한다. 이에 프로메테우스는 인간을 만물의 영장으로 만들 방법을 궁리하여 신들과 마찬가지로 서서 걸어 다니게 했다. 그리고 태양 가까이에 가서 인간을 위해 불을 가지고 왔다.

그런데 그야말로 불이 화근이었다. 불 때문에 인간은 점점 오만해지고 타락해갔다. 불을 이용해 도구를 만들자 인간은 자신을 창조한 신을 업신여기기 시작했다. 그런 인간에 대한 분노로 제우스는 원인을 제공한 프로메테우스를 코카러스 산의 바위에 쇠사슬로 묶어놓는 형벌을 내린다. 프로메테우스는 평생 독수리에게 간을 쪼아 먹히는 운명에 처한다. 이때 제우스에게는 예지력을 지닌 프로메테우스의 도움이 필요하게 되었다. 제우스는 자식 가운데 누군가가 언젠가는 반드시 자기를 왕좌에서 몰아낼 것임을 알고 있었다. 다만 누가 반역의 자식인지 알 수 없었는데 그 비밀을 아는 자는 오직 프로메테우스뿐이었다. 제우스는 헤르메스를 전령으로 프로메테우스에게 보내 그 비밀을 알려주면 사슬을 풀어주겠다는 제의를 하지만 프로메테우스는 이를 단호히 거부한다. 여기서 프로메테우스는 저항의 상징이 된다.

헤시오도스는 『노동과 나날』에서 인간들이 살게 된 시대를 황금시대, 은의 시대, 청동시대, 영웅시대, 철의 시대 등 다섯 시대로 구분한다. 최초의 인류는 질병이나 전쟁의 고통 없이 행복하게 살던 '황금 종족'이었는데 이후로 사람들은 점점 타락한다. 은 종족은 신들을 경배하지 않는 불경죄를 일삼았고 청동 종족은 전쟁 이외에는 아무 일도 하지 않았다. 영웅 종족은 청동 종족과 대응되는데 전쟁을 하고 전쟁터에서 죽지만 청동 종족보다 더 정의롭고 용감하고 절제가 있으며 신성한 모든 것을 존중했다. 그리하여 영웅들은 죽으면 신들과 비슷한 삶을 살게 된다. 마지막으로 철 종족은 타락한 인간으로 "자식들이 아버지의 말을 따르지 않을 것이고 늙은 부모님을 돌보지 않고 주먹을 휘두를 것이다. 신들의 감독을 무시하는 무법자가 될 것이다. 정의는 주먹에 있고 악한 자가 덕이 있는 자를 해칠 것이다"라며 이렇게 되면 종족은 멸망할 것이라고 헤시오도스는 적고 있다.

최초의 여성인 판도라는 인간에게 불을 갖다 준 프로메테우스에 대한 응징으로 제우스가 보냈다고 한다. '판도라'라는 이름은 모든 신의 재능을 모아 만들었다는 의미이다. 판도라를 지상으로 데려가는 역할을 맡은 제우스의 전령 헤르메스는 마지막으로 그녀 입 속에 '거짓말'과 '도둑 근성'을 함께 넣는다. 그래서 여인들은 아름다운 목소리로 진실과 감정을 왜곡하고 위장한다는 것이다.[19]

프로메테우스는 동생 에피메테우스에게 제우스가 선물을 주거든 받지 말고 되돌려주라고 충고하지만 에피메테우스는 미모의 판도라를 거절할 수 없었다. 판도라는 인류가 파멸될 수 있는 불행을 가지고 있었다. 신들은 판도라가 인간 세상으로 가져온 상자 안에 전쟁, 역병, 기근 등 세상의 온갖 해악을 넣어놓았다. 제우스는 판도라에게 결코 상자를 열어서는 안 된다고 일렀지만 판도라는 호기심에 못 이겨 그만 상자 뚜껑을 열고 인류에게 재앙을 가져올 문제들을 인간 세상에 쏟아냈다. 다만 오직 한 가지, 모든 불행을 이겨내도록 위안을 주는 희망만은 상자 속에 남겨놓았다.

결국 타락한 인간은 신의 노여움을 사고 멸망의 길로 이른다. 이는 마치 성서 속 아담과 이브의 타락을 연상시킨다. 제우스는 판도라가 상자를 열면서 촉발된 재앙과 타락한 철 종족의 행태에 분노해 신들의 회의를 소집한다. 여기서 제우스는 인간을 멸하고 다른 종족을 만들겠다며 세상을 물바다로 만든다. 제우스는 아우 포세이돈의 도움을 받아 대지를 물속에 잠기게 한다. 이때 오직 파르나소스 산만이 물 위에 솟아 있었는데 프로메테우스의 아들인 데우칼리온과 그의 아내 피라(에피메테우스와 판도라 사이에서 생겨난 딸)만이 유일하게 이곳으로 피신했다. 예지력을 가진 프로메테우스는 홍수가 닥쳐오리라는 것을 미리 알고 아들에게 나무상자를 만들어 그 속에 필요한 것을 넣고 아내와 함께 타도록 일렀다. 제우스는 신실한 데우칼리온 부부를 물의 재앙에서 구해내고 그들로부터 다시 신인류를 창조한다. 이들 부부는 신탁에 의해 돌을 주워 뒤로 던졌는데 데우칼리온이 던진 돌은 남자, 피라가 던진 돌은 여자가 되었다는 것이다. 이 또한 성서 속의 '노아의 방주'를 연상시킨다. 제우스는 대홍수 이후 데우칼리온 부부에 의해 새로운 인간을 창조하면서 전령 헤르메스를 보내 신인류에게 '정의'dike와 '수치심'aidos을 주었다고 한다. 인간이 오만해져 파멸하는 것을 막기 위해서였다.

제우스는 인간을 창조하고 다시 멸망시켜 신인류를 창조하면서 정의와 수치심을 주어 인간의 파멸을 막으려 했다. 프로메테우스는 제우스의 명령을 어기고 인간에게 불을 주었고, 그로 인해 고난을 겪으면서도 위압에 굴하지 않았다. 말하자면 제우스가 인간을 창조했다면 프로메테우스는 인간에게 자유를 주었다. 그래서인지 그 어떤 신보다 프로메테우스는 고대 그리스 시대부터 지금까지 소설과 음악, 미술 등에서 수많은 창작의 원천으로 이어지면서 자유를 향한 인류의 정신을 고양시켰다. 거대한 위압에도 굴하지 않는 프로메테우스의 정신과 예지력이 신인류를 탄생시켰을 뿐만 아니라 인간을 구원한 것이다.

저주의 화신 헤라,
전쟁과 문학과 예술의 원천이 되다

그리스 신들은 숭고한 면과 비속한 면을 동시에 지니고 있다. 제우스의 누이이자 아내인 헤라는 '혼인의 신'이지만 제우스가 사랑한 여성에게는 끝까지 복수하고 응징하는 '저주의 화신'이기도 하다. '내 사전에 남편의 불륜은 용서할 수 없다'는 식이다. 상대 여성이 제우스의 술책에 넘어갔거나 강제로 당했을 경우에도 상관하지 않는다. 여성에게 죄가 있거나 없거나 그것 또한 문제되지 않는다. 제우스와 관계를 가진 여성은 누구든 징벌하려 든다. 또한 제우스의 유혹에 넘어간 불륜 당사자뿐만 아니라 그 자식까지도 인정사정 봐주지 않았다.

트로이 전쟁 역시 다름 아닌 '헤라의 저주'에서 출발한다. 불화의 여신 에리스는 툭하면 시비를 걸어 인기가 별로 없었다. 그래서 바다의 정령인 테티스와 인간의 영웅 펠레우스의 결혼식에 초대받지 못했다. 에리스는 이를 앙갚음하려고 결혼식에 나타나서 테이블에 불화를 일으키는 '황금 사과'를 던졌다. 사과에는 '가장 아름다운 이에게'kallistei라고 적혀 있었다. 그 자리에는 그리스 신화에서 가장 세력 있고 허영심 강한 세 여신이 있었는데 신들의 여왕인 헤라, 지혜의 여신 아테네, 사랑과 욕망의 여신 아프로디테였다. 세 여신은 서로 자기가 그 사과의 주인이라고 주장하며 말다툼을 벌였다. 그러나 그 자리에 참석한 신들 중에는 누가 가장 아름답다고 결정해줄 용감한 신이 없었다. 여신들의 보복이 두려웠기 때문이다.

제우스의 중재로 트로이의 왕자 파리스가 그 역할을 맡았다. 그러자 세 여신 모두 파리스에게 달콤한 제안을 한다. 황금 사과의 주인이라고 말해주면 헤라는 파리스를 아시아의 왕으로, 아테네는 전투에서 절대 지지 않는 가장 지혜로운 사람으로, 아프로디테는 절세미인 헬레네와 결혼시켜주겠다고 했다. 그러자 파리스는 아프로디테의 손을 들어주었다. 그 공으로 아프로디테는 헬레네를 선물로 주었는데 노여움을 삭이지 못한 헤라의 부추김으로 트로이 전쟁이 벌어졌고 결국 파리스는 아킬레우스에게 죽게 된다.

여기서 '파리스의 선택'이라는 표현이 나온다. 즉 여러 사람 가운데 한 사람을 선택하여 다른 사람의 기분을 상하게 만드는 참을 수 없는 선택을 뜻한다. 호메로스의 『일리아스』와 『오디세이아』에서 다루는 선택에 관한 이야기는 이렇듯 그리스 신화에서 기원한다. 세계적인 기업 애플사의 스티브 잡스가 에리스의 황금 사과를 모티브로 로고를 만들었다는 설도 있다. 세상을 지배하는 불씨가 되리라는 깊은 뜻이 숨어 있었는지도 모른다.

헤라는 남편의 불륜으로 태어난 자식에게 조금도 애정이 없었다. 어느 날 밤 질투심 많은 헤라는 헤라클레스를 잠깐 미치도록 만들어 아내와 아이들을 죽이게 했다. 헤라클레스는 테베에서 무거운 조공을 받아 챙기던 나라와 싸워서 이긴 공로로 왕녀 메가라를 아내로 맞이했다. 메가라와의 사이에 셋째아이를 낳았을 무렵 헤라클레스는 갑자기 미쳐버렸다. 그리하여 아이들을 모두 죽인 뒤 막내둥이를 감싸려고 한 메가라까지 죽여버렸다. 제정신으로 돌아왔을 때 그는 피바다가 된 홀에 멍하니 서 있었다. 이는 제우스와 인간 사이에서 태어난 헤라클레스를 미워한 헤라의 농간이었다. 말하자면 헤라의 저주였다. 헤라클레스는 갓난아이일 때에도 뱀에 물려 죽을 뻔한 적이 있는데 이때는 헤라클레스가 뱀을 손으로 잡아 죽여 위기를 모면했다. 갓난아이 헤라클레스의 침실에 뱀을 넣은 것 역시 헤라의 소행이었다.

헤라클레스는 아내와 자식을 죽인 죄를 씻기 위해 신탁을 받으러 갔다. 무녀는 미케네의 왕이자 헤라클레스의 사촌인 에우리스테우스에게로 가 어떠한 일이라도 그의 명령에 따라야 한다는 신탁을 내렸다. 에우리스테우스는 헤라클레스에게 갖은 고난을 겪게 했다. 이는 널리 알려진 '헤라클레스의 열두 가지 시련'이다. 그러나 이 열두 가지 시련 또한 헤라가 부추긴 것이었다. 이렇듯 헤라는 제우스의 불륜 상대뿐만 아니라 그 자식에게까지 철저한 응징을 했다.

결국 헤라는 헤라클레스를 죽게 만든다. 헤라클레스가 데이아네이라를 아내로 삼아 집으로 데려오는 도중 어느 강에 이르렀다. 이 강은 반인반마의 괴물인 켄타우로스가 나그네를 태워 강을 건네주고 삯을 받는 곳이었다. 켄타우로스 네소스는 먼저 헤라클레스는 건너게 하고 다음으로 데이아네이라를 태워 건너는 도중에 그녀를 희롱했다. 아내의 비명을 들은 헤라클레스는 한방의 화살을 쏘아 네소스를 죽였다. 네소스는 숨이 넘어가는 도중에 복수를 위해 "자기 피를 받아서 간수해두면 언젠가 헤라클레스가 다른 여자를 사랑하려고 할 때 부적과 같은 구실을 할 것"이라고 말해주었다. 그의 피에는 독이 들어 있었다.

　어느 날 데이아네이라는 헤라클레스가 왕녀와 사랑에 빠졌다는 말을 듣고 네소스의 말을 시험해보기로 했다. 그녀는 헤라클레스의 겉옷에 네소스의 피를 발라 사자를 시켜 남편에게 보냈다. 그런데 이 모든 사건 또한 헤라의 교묘한 술책이었다. 아내가 보낸 옷을 입자마자 헤라클레스에게 불로 지지는 것과 같은 무서운 고통이 엄습했다. 그는 괴로워하며 배에 실려 집까지 왔다. 데이아네이라는 자기가 보낸 옷으로 말미암아 변이 난 것을 깨닫고는 스스로 목매어 죽었다. 참으로 모진 여신의 복수가 아닐 수 없다. 인간보다 끈질기고 치밀한 복수다.

　이렇듯 서양에서는 인간이 복수와 저주의 참혹한 굴레에 떨어지는 것을 신의 복수 또는 저주로 해석한다. 헤라의 저주를 비롯해 그리스 비극에 등장하는 아트레우스 가에 얽힌 전설은 고대 비극작가들뿐만 아니라 2천 년이 넘는 동안 문학과 회화 작품의 소재로 애용되었다. 그리스 신화의 상상력에 예술적인 창조성이 가미되어 서양의 예술사와 문화사가 탄생했다. 어쩌면 그리스 신화에 난무하는 '복수와 저주'의 문화는 엄격한 율법을 중시하는 성서에 대비해 일종의 '정화' 혹은 '승화'를 이루면서 조화를 이루었다는 생각을 해본다. 즉 투쟁과 복수, 저주, 욕망으로 점철된 헬레니즘 문화와 사랑과 용서를 강조한 헤브라이즘 문화가 융합을 이루면서 서양이 문명의 지배자가 된 원동력을 제공한 게 아닐까. 말하자면 그리스 신화는 서구 세계로 들어가는 관문인 셈이다. 우리가 그리스 신화를 알아야 하는 이유가 바로 여기에 있다.

『그리스 로마 신화』 읽는 법

널리 알려진 만큼 수많은 책이 있으나 서울대에서는 토머스 불핀치와 이디스 해밀턴의 책을 추천한다. 불핀치의 저서는 『그리스 로마 신화』(혜원출판사, 2011)와 『미솔로지』(오늘의책, 2011)로 각기 다른 제목으로 번역되었고 해밀턴의 저서는 『그리스 로마 신화』(문예출판사, 2010)로 출간되었다. 여기에 기원전 8세기 헤시오도스가 쓴 『신통기』(민음사, 2003)를 곁들여 읽는다면 천지 창조와 인간 탄생, 신의 계보에 대한 이해를 넓힐 수 있다. 로마와 연관된 신화는 이 책의 뒤에 나오는 오비디우스가 쓴 『변신 이야기』를 다룰 때 자세히 소개한다.

참고 논문으로는 박혜숙의 「프랑스 문화의 두 젖줄, 그리스 신화와 성서」(프랑스문화예술연구, 제28집), 장영란의 「그리스 신화와 철학에 나타난 죽음과 여성의 이미지」(한국여성철학, 제3권) 등이다.

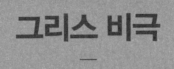

그리스 비극

—

때로는 비극이
고통스러운 삶을 구원한다

—

6

〈오이디푸스와 안티고네〉(1842), 샤를 프랑수아 잘라베르 Charles Francois Jalabert (1819~1901)
스스로 자신의 눈을 찌르고 시력을 잃게 된 오이디푸스의 비극을 묘사한 그림이다. 한때 자신이 다스리던 나라 테베를
떠나는 오이디푸스와 그를 안내하는 누이 안티고네의 모습.

흩어진 사회를 통합하는
묘약이 되다

그리스의 고대 도시 델포이에는 신탁으로 유명한 아폴론 신전의 유적과 함께 나란히 놓인 명소가 있다. 바로 산 중턱에 자리한 델포이 극장이다. 산으로 둘러싸인 델포이 극장은 앞이 탁 트여 원경을 내려다볼 수 있는 거대한 원형 극장으로 고대 그리스에서 연극의 위상을 실감할 수 있는 장소다. 또한 이탈리아 시칠리의 산 정상에 남아 있는 세제스타 원형 극장에서도 고대 그리스 연극의 위상을 엿볼 수 있다. 무려 2,500년 전 수천 명의 관람객들은 산길을 올라 산 정상에 있는 극장에서 연극을 보기 위해 이른 새벽에 집을 나섰을 게다. 이 얼마나 아름다운 고대의 나들이인가!

고대 그리스에서 연극은 국가 행사로 우대받았다. 아테네에서는 기원전 535년 참주정을 실시한 독재자 페이시스트라토스가 추방에서 돌아와 다시 집권한 무렵부터 디오니소스 축제에서 연극 경연제도가 제정되었다. 민중을 대변하는 연극이 독재자에 의해 축제로 발전했다는 사실은 얼핏 모순이지만 당시에 연극은 국가 통합에 중요한 역할을 했다. 야외극장이 대부분 신전 곁에 세워진 것도 그 때문이다. 연극을 통한 종교적이고 정신적인 통합은 문화 통합으로 이어졌다.

아크로폴리스 신전 밑에 디오니소스 극장이 있는 것도 같은 이유이다. 1만 7천 명의 관객을 수용한 디오니소스 극장은 아테네에서 가장 성대하게 열리는 축제의 연극 경연대회를 개최하기에 이상적인 장소였다. 이른바 '디오니소스 축연'은 3, 4월에 걸쳐 5~6일 계속되었으며 마지막 날에 경연이 벌어졌다. 이 연극 경연을 통해 고대 그리스의 3대 비극작가가 탄생했다.

이디스 해밀턴은 『고대 그리스인의 생각과 힘』(까치, 2009)에서 "비극은 우리에게 고통을 보여주고 그 때문에 우리에게 기쁨을 준다"라며 이를 '비극적 기쁨'이라고 표현한다.

> 괴로움이 더 심하게 묘사될수록, 사건이 더 끔찍할수록 우리의 즐거움은 더욱 강렬하다. 작가가 이런 식으로 보여주는 공연에 의해서 우리의 마음은 강렬한 기쁨을 느낀다.

반대로 인간은 행운의 절정에서 벅찬 기쁨을 느끼지만 또한 비통함도 느낀다. 이것 또한 비극적 기쁨이다.

마라톤 전투에 참전한 아이스킬로스는 자신의 전쟁 경험을 토대로 최초로 비극적 기쁨을 노래한 작가이다. 그는 페르시아 전쟁에서 승리한 그리스인의 용기와 융성함을 작품에 반영해 운명 앞에 거침없이 도전하는 영웅의 모습을 노래한다. 그리스인은 전쟁 영웅의 행동을 보면서 자신들도 용감한 행동을 할 수 있음을 깨달았다. 그래서 아이스킬로스의 작품에는 체념이나 수동적인 태도 같은 것은 존재하지 않는다. 아이스킬로스는 그리스 비극『결박당한 프로메테우스』에서 "인간을 도와줌으로써 나는 고난을 자초한 것"이라는 대사로 고난의 운명 앞에서도 당당하고 거침없는 영웅의 모습을 그린다. 프로메테우스는 후회 없이 말한다.

나는 현재의 이 불행을 마지막 한 방울까지 다 마실 것이오.

아이스킬로스는 영웅적인 용기를 그리는 한편으로 재앙으로 인한 고통을 담아낸다. 아이스킬로스의『오레스테이아』3부작은 그리스 신화에 나오는 아트레우스 가문에 내려지는 참혹한 저주에 관한 내용이다. 먼저「아가멤논」은 트로이 전쟁에서 귀환한 뒤 변절한 아내 클리타임네스트라에게 무참하게 살해당한 아르고스(미케네)의 왕 아가멤논을 다룬다. 이어지는「제주를 바치는 여인들」과「자비로운 여인들」은 아가멤논의 아들 오레스테스, 딸 엘렉트라가 주인공으로 아버지를 죽인 어머니에게 복수하라는 엘렉트라의 재촉으로 남동생인 오레스테스는 어머니를 죽이고야 만다. 클리타임네스트라는 아들이 자신을 죽이러 온다고 하자 이렇게 말한다.

빨리! 살해할 수 있는 도끼를 내게 가져오라. 내가 이길 것인지, 아니면 질 것인지 곧 알게 될 것이다. 나는 여기 비참함의 절정에 서 있다.

모자 사이가 이토록 끔찍할 수 있을까. 오레스테스는 어머니를 대면하자 절망하듯 이렇게 말한다.

> 내가 찾고 있던 이가 바로 당신이오.

그녀도 아들을 품에 안고 지난 일을 떠올리며 "너는 졸음으로 무거운 머리를 이 가슴에 기대고 잠이 들었지"라며 모성의 시절을 회고한다. 어머니의 모성애에 잠시 흔들린 오레스테스는 함께 온 친구 필라데스에게 망설여지는 마음을 이야기한다.

> 어떻게 해야 하지? 나의 어머니, 두려움이 나를 사로잡는구나. 목숨을 살려주어야 할까?

이에 필라데스는 배신한 어머니를 용서하지 말라고 말한다. 클리타임네스트라는 "네가 어미를 죽이려는 것 같구나"라면서 "어미의 복수에 찬 지옥의 개들을 조심해라"라며 끝까지 아들의 복수에 저항하며 위협한다. 또한 "아, 내가 낳고 기른 것은 독사였구나"라고 아들을 비난한다. 하지만 끝내 오레스테스는 어머니를 죽이고야 만다.

> 내가 아니라 당신이 당신 자신을 죽이는 것이오. 부끄러운 행위를 한 대가로 부끄럽게 죽어야 합니다.

어머니를 살해한 오레스테스는 이내 두려움에 떨며 괴로워한다. 이토록 비극적인 대사가 또 있을까. 이디스 해밀턴은 "문학 작품을 통틀어 이보다 더 극적인 장면은 없다"고 평한다.

아이스킬로스는 마라톤 용사였지만 전쟁의 영광을 벗겨버리고 전쟁이 얼마나 큰 죄악과 비참함을 가져오는지 들려준다. 다음은 「아가멤논」의 한 대목이다.

참아낼 만한 힘을 넘어선 그러한 슬픔이 모든 병사들의…… 집집마다 돌아오는 것은 다 타버린 갑옷과 유해뿐이다.

아이스킬로스는 트로이 전쟁을 무대로 한 아가멤논 일가의 처참한 배신과 살육의 이야기를 통해 당시 페르시아 전쟁으로 남편이나 자식을 잃고 가정이 파괴된 이들과 무모하게 짓밟힌 사랑으로 괴로워하는 그리스인에게 덧난 상처를 치유하는 시간을 갖게 해주었던 것이다. 비극은 역설적이게도 페르시아 전쟁으로 찢긴 마음과 흩어진 사회를 통합하는 묘약이 되었다.

아이스킬로스는 「자비로운 여인들」에서 어머니의 살인을 공모하고 살해한 벌로 신들의 복수에 쫓기던 오레스테스와 엘렉트라를 아테나 여신의 중재로 용서해주기로 함으로써 '화해'로 마무리한다. 헤겔은 이 비극적인 갈등을 "대등하게 정당하지만 상호 배타적이며 윤리적으로 대립하는 두 원리의 충돌"로 정의하면서, 비극적인 결말이 대립의 해소뿐만 아니라 화해에 있음을 강조한다. 즉 고통으로부터 삶을 구원하는 것, 이것이 바로 비극의 정신이라고 말이다.

아이스킬로스가 기원전 484년 디오니소스 축연에서 처음으로 우승하고 그의 성공에 힘입어 소포클레스와 에우리피데스가 가세하면서 그리스는 비극의 전성시대를 맞이한다.

비극을 불러오는
인간의 치명적인 결함

　구전으로 전해오던 그리스 신화는 호메로스의 『일리아스』에 처음 등장하면서 서사시로 기록되었고 헤시오도스가 쓴 『신통기』에서 체계화되기 시작했다. 이후 기원전 5세기에 헤로도토스와 투키디데스가 『역사』를 통해 신화적인 인물을 기록했는데 이는 '신화의 역사화'라고 할 수 있다. 아이스킬로스, 소포클레스, 에우리피데스로 대표되는 비극의 전성시대에는 '신화의 비극화'를 거치면서 새로운 상상력과 함께 신화의 인물을 통해 거울처럼 인간 현실을 반추하는 계기를 가질 수 있었다.

　그리스 비극은 훗날 소크라테스와 플라톤, 아리스토텔레스에 의해 새롭게 정의되고 비평되면서 문학 장르로서 체계를 갖추었으며 '비극의 철학화'로 이어졌다. 아리스토텔레스는 『시학』에서 "시인의 모방은 모방에 그치지 않고 카타르시스를 준다"는 새로운 시학을 전개했다.

> 시는 역사보다 더 철학적이고 중요하다.

아리스토텔레스가 『시학』에서 던진 철학적인 명제이다. 비극적인 인물을 통해 전달되는 연민과 두려움은 관객에게 카타르시스를 제공하고 보편적인 정신 세계로 이끌어준다는 것이다. 저항할 수 없는 주인공의 운명 앞에는 인간이 겪는 '중대한 과실'이 반드시 포함되어 있다. 아리스토텔레스는 이 숙명 앞에 '하마르티아'Hamartia라는 중요한 개념을 제시한다.

아리스토텔레스에 따르면 비극에 등장하는 주인공의 운명은 불행에서 행복으로 바뀌어서는 안 되고 행복에서 불행으로 바뀌어야 한다. 그러나 그 원인은 잘못된 행동에서 비롯된 것이 아니라 반드시 하마르티아에 있어야 한다고 강조한다. 즉 악덕이나 비행非行 때문이 아니라 생각지 못한 과실 혹은 판단 착오 때문에 행복한 삶이 무너지는데 이게 바로 '하마르티아'라고 말한다. 이 단어는 궁술에서 나온 것으로 '과녁에서 빗나간 것' 혹은 '표적을 빗맞힌 것'을 뜻한다. 하마르티아는 주인공의 성격적인 결함이나 도덕적인 흠으로 보기도 한다.

우리는 모두 어쩌면 비극의 주인공이요, 주인공이 겪는 하마르티아로부터 자유로울 수 없다. 인간이기에 누구나 잘못된 판단을 할 수 있고 그로 인해 거대한 운명의 수레바퀴로 빠져들 수 있기 때문이다.

소포클레스의 비극 『오이디푸스 왕』은 테베의 왕 자리에서 쫓겨나 자신의 눈을 찌르고야 마는 한 사내의 운명을 노래한다. 아리스토텔레스는 이 작품을 가장 완벽한 비극으로 보았는데 오이디푸스를 하마르티아의 전형으로 묘사한다. 이야기는 신의 노여움으로 테베에 페스트라는 전염병이 창궐해 재앙에 빠지는 것으로 시작한다. 오이디푸스 왕은 전염병을 막기 위해 싸운다. 델포이의 신탁은 페스트가 퍼진 것은 이 도시

에 아버지를 죽이고 어머니를 욕보임으로써 신들의 분노를 산 사나이
가 살고 있기 때문이라고 오이디푸스에게 말한다.

> 이 땅에서 생기고 키워진 더러운 일이 우리를 파멸시키지 않도록 씻어
> 없애라.

더러운 일은 다름 아닌 오이디푸스 자신의 친부 살해와 친모 결혼이
다. 오이디푸스는 그 주인공이 자신이라는 것을 짐작하지 못하고 재앙
을 유발한 사나이를 찾는 데 전심전력을 기울인다. 이때 오이디푸스가
아버지 라이오스를 죽이고 어머니 이오카스테와 결혼한 일이 바로 중
대한 과실, 즉 하마르티아에 해당한다. 결국 오이디푸스는 재앙의 사나
이가 자신이라는 것을 알고 운명을 받아들여 스스로 눈을 찌른다.

그제서야 그는 그때까지 눈으로 보지 못한 것을 보게 된다. 온전한 육
체를 가진 인간이었을 때보다 눈먼 자가 되고 나서야 세상을 제대로 보
게 되었다. 마지막 노래는 이렇게 울려 퍼진다.

> 테베 사람들이여, 명심하고 보라. 이 이가 오이디푸스이시다. 그야말로
> 저 이름 높은, 죽음의 수수께끼를 풀고, 권세 이를 데 없던 사람. 아아, 이
> 제는 저토록 격렬한 풍파에 묻히고 마셨다. 그러니 사람으로 태어난 몸
> 은 조심스럽게 운명으로 정해진 마지막 날을 볼 수 있도록 기다려라. 아
> 무 괴로움도 당하지 말고 삶의 저편에 이르기 전에는 이 세상 누구도 행
> 복하다고 부르지는 마라.

여기서 "삶의 저편에 이르기 전에는 이 세상 누구도 행복하다고 부르
지는 마라"라는 구절은 지금까지 회자되는 명언이다.

소포클레스는 이어 『오이디푸스 왕』 속편 격으로 『콜로노스의 오이디푸스』를 썼다. 이는 오이디푸스가 테베 왕국을 떠난 뒤에 벌어지는 권력 다툼을 그린다. 왕권을 차지하기 위한 오이디푸스의 두 쌍둥이 아들 에테오클레스와 폴리네이케스, 그리고 새로운 권력자 크레온이 벌이는 반목과 질시를 다룬다. 오이디푸스는 왕권 다툼을 하는 두 형제에게 서로를 죽이라는 저주를 내린다. 성경에 나타난 카인과 아벨의 형제 살해 모티프가 그리스 신화에도 존재하는 것이다.[20] 오이디푸스 가의 저주는 오이디푸스 자신뿐만 아니라 그의 아버지 라이오스 왕, 어머니이자 아내, 그의 두 아들, 나아가 딸 안티고네에게까지 이어지며 결국 모두 죽음을 맞는 파국으로 치닫는다.

소포클레스는 조화와 규범, 억제 등 아폴론의 질서를 중시한 보수적인 작가였다. 그는 운명을 있는 그대로 받아들일지라도 "우리에게는 자신의 정신을 지배할 수 있는 내면의 성채가 존재해야 한다"고 강조한다. 내면의 성채는 권력자에 대항해 자신의 의지를 굽히지 않고 목을 매 자살을 택한다는 내용의 『안티고네』와 아버지를 살해한 어머니에 대한 남매의 보복 살해가 중심 내용인 『엘렉트라』에서 확인할 수 있다.

엘렉트라는 아버지의 궁전에서 하녀처럼 살아가는 자신의 처지를 비관하며 분노가 타오르지만 정작 '그 여자'(어머니)에게 모욕당하면서도 어찌지 못한다. 그러다 남동생인 오레스테스를 만나면서 억눌린 분노가 폭발하고 어머니를 죽이는 데 적극 가담한다.

세게 내려쳐. 한 번 더 그럴 수 있다면! 죄를 진 자가 이제 죽었다.

아버지를 죽인 어머니를 향한 복수로 가득 찬 엘렉트라의 대사가 심금을 울리며 가슴을 전율하게 한다. 어머니의 정부 아이기스토스가 살려달라고 간청하자 엘렉트라는 오레스테스에게 이렇게 말한다.

그를 즉시 살해해서 그 시체를 던져버려. 개떼와 새들의 먹이로.

아가멤논의 딸로 어머니를 증오하는 원형인 엘렉트라 이야기는 3대 비극작가 모두 조금씩 다른 구성으로 썼다. 이를 비교하며 읽는 재미도 쏠쏠하다. 프로이트가 정신분석학에서 말한 '오이디푸스 콤플렉스'는 소포클레스의 『오이디푸스 왕』에서, 이에 대비되는 '엘렉트라 콤플렉스'는 소포클레스의 『엘렉트라』에서 유래한다.

깊은 슬픔이
인간을 합리적인 삶으로 이끈다

　문학사를 통틀어 위대한 비극의 시대는 두 번밖에 없었으며 위대한 비극작가는 네 명뿐이라고 한다. 아이스킬로스, 소포클레스, 에우리페데스 등 3대 비극작가를 탄생시킨 고대 그리스 시대와 셰익스피어 시대를 두고 말한다. 두 시대에 유독 위대한 비극 작품이 나올 수 있었던 이유로 그들이 살던 시대상을 꼽는다.

　그리스 비극은 기원전 480년 살라미스 해전에서 승리한 그리스의 상황을 반영한다. 이때가 아테네 문화의 절정이면서 동시에 하락의 시기가 찾아온다. 이러한 시대의 조류 속에서 세 명의 위대한 비극작가가 탄생했다. 이들이 쓴 작품은 300여 편으로 알려졌지만 지금까지 전해지는 것은 33편에 불과하다. 니체는 『비극의 탄생』에 이렇게 적었다.

페르시아 전쟁을 수행했던 민족은 필요 불가결한 건강 회복의 음료수로
서 비극을 필요로 했던 것이다.

셰익스피어 비극도 엘리자베스 왕조가 영국 사상 가장 융성한 시대
에 탄생했다. 엘리자베스 여왕이 1588년 스페인의 무적함대 전쟁에서
승리하며 나라가 흥하자 국민들은 인간 개개인의 생명이 존엄하고 귀
중하다는 사실을 자각했다. 당시 자신감이 고조된 국민의 정신을 축복
하고 나아가 자만을 경계하며 미래를 대비하기 위한 '세례식'이 어쩌면
야외극장에서 비극을 관람하는 문화가 아니었을까 생각해본다.

전쟁에서 승리하긴 했지만 그리스와 영국 국민은 전쟁에 대한 두려
움이 컸고 그 폐해도 막대했다. 아테네가 연극 경연을 주최하고 지원한
것 역시 연극을 통한 사회통합이 목적이었다. 특히 그리스에서 비극이
인기를 끌고 국가 행사로 성할 수 있었던 까닭은 비극이 지닌 '예방적인
치료력' 때문이라고 니체는 강조한다.

비극은 '가장 잔인한 이야기의 원형'이라고 하듯이 인간의 추악한 밑
바닥까지 들춘다. 악을 통해 선한 인간이, 광기를 통해 합리적인 인간이
되도록 예방주사를 놓는다는 것이다. 니체는 그 중재 역할이야말로 비극
이 지닌 최고의 가치라고 말한다. 소크라테스도 이와 맥락을 같이한다.

인간의 가장 큰 축복은 신이 보내신 광기를 통해서 우리에게 온다.

비극을 통해 디오니소스(그리스 신화에 등장하는 술의 신이자 광기의 상징)적
인 도취의 절정에 달하면 관객들은 가면을 벗고 삶과 죽음이 존재하는
현실에 직면한다. 인간으로서의 한계를 인식하고 존재에 대한 자각을
하는 것이다. 그리스 비극의 대표 인물인 프로메테우스와 오이디푸스도

본래의 주인공인 디오니소스의 가면에 지나지 않는 셈이다.

디오니소스의 광기는 에우리피데스의 비극 『바코스의 여신도들』에서 극명하게 엿볼 수 있다. 테베의 왕 펜테우스는 새로운 신으로 숭배받는 디오니소스를 거부하고 사람들을 축제에 참여하지 못하게 한다. 이에 그치지 않고 펜테우스는 "그 더러운 전염병을 내게 옮기지 마시오"라며 디오니소스의 신성을 부정하고 그를 잡아오라고 명한다. 펜테우스의 탄압에 대한 보복으로 디오니소스는 펜테우스의 어머니인 아가베와 그의 누이들, 그리고 테베의 여인들을 언덕으로 불러들여 광란의 바코스(디오니소스의 로마식 표기로 바카스, 바쿠스로도 표기함) 술잔치를 벌인다. 그러자 펜테우스는 디오니소스에게 바코스 신도들과 전쟁을 하겠다고 선언한다. 디오니소스는 인간인 주제에 신과 겨루어 싸운다면 파멸뿐이라고 펜테우스에게 경고한다.

펜테우스는 표면적으로는 디오니소스의 광기에 맞서 싸우는 이성적인 인간으로 볼 수도 있지만 오직 폭력으로 사태를 해결하려는 비이성적인 통치자로서 참혹한 최후를 맞는다. 결국 펜테우스는 디오니소스 신을 거부한 오만에 찬 행동으로 어머니의 손에 죽임을 당한다. 펜테우스는 디오니소스의 광기에 걸려 화려한 차림으로 광란의 축제를 벌이는 바코스의 여인들에게 자신도 모르게 이끌려간다. 그리고 광기로 제정신이 아닌 자신의 어머니 아가베에게 갈기갈기 찢겨 죽는다. 아가베는 아들의 머리를 사자의 머리인줄 착각하고 베어버리고야 만다. 그러자 펜테우스의 외할머니인 카드모스는 이렇게 외친다.

> 아, 네가 저지른 일이 어떤 것이라는 것을 네 자신이 알 수만 있다면! 그 고통이 얼마나 크랴. 차라리 지금 상태 그대로 머물러 있을 수만 있다면 행복하진 못할지라도 자신의 불행은 모를 것인데……

살다 보면 참혹한 일을 당하고 차라리 모르는 게 더 나았을 거라고 말하는 순간이 온다. 자식을 짐승으로 착각하고 찢어 죽이는 어머니를 보고 관객은 디오니소스의 광기에 전율하며 누구에게나 닥칠 수 있는 참혹한 운명과 삶의 광기를 경계했을 것이다. 동시에 광란의 축제에 참가한 여성들의 모습을 통해 가부장적이고 남성 중심인 사회에 대한 해방감을 느끼고 일상적인 규범과 질서를 전복하고자 하는 충동을 해소하게 되었을 것이다. 오래전 한국 여인들도 봄날 진달래꽃으로 화전을 부치고 한바탕 놀이를 벌이며 남성 중심 사회에서 억눌린 욕망을 분출한 것처럼 말이다.

『바코스의 여신도들』에 나오는 비극처럼 디오니소스 제의가 맡은 사회적인 기능은 '정화'다. 전염되기 쉬운 비이성적인 충동으로부터 개개인을 정화한 것이다. 충동이 억제되면 광기의 발작이나 집단 히스테리를 불러온다. 충동을 잘 다스리려면 황홀경(엑스타시스) 상태로 나아가야 한다. 황홀경을 통해 인간은 스스로 통제된 질서로부터 자유로움을 느낀다. 그렇게 비극을 통해 국민의 잠재된 불만을 완화한 것이다. 고대 그리스에서 국가가 연극을 관장한 이유가 여기에 있다.

니체는 이를 '디오니소스적 도취'라 일컬으며 아리스토텔레스에서 시작된 카타르시스와 같은 선상에 둔다. 디오니소스적 도취는 비극이 지닌 궁극의 목표인 예술적 초월 상태, 즉 카타르시스의 경험을 가능하게 한다는 것이다. 결국 디오니소스적 도취는 비극을 예술적인 경험으로 승화하여 형이상학적인 정신의 토대를 이룬다. 카타르시스의 효용은 감정의 균형을 이루지 못한 이들을 자극해 흥분으로 이끌어 격한 감정을 발산하게 함으로써 정서적으로 평정을 회복하게 하는 데 있다.[21] 그러므로 카타르시스 또는 디오니소스적 도취를 통해 고통으로부터 삶을 구원하는 것, 이것이야말로 비극의 정신이다.

니체는 비극 작품이 지닌 디오니소스의 광기에 처음으로 주목하여 이를『비극의 탄생』책으로 결부시켰다. 광기와 충동으로 폄훼되었던 디오니소스는 마침내 위대한 예술의 원동력으로 대접받았다. 그래서 니체의 철학을 '디오니소스적 긍정의 철학'이라고 한다. 니체에 따르면 그리스 비극에는 아폴론 사상뿐만 아니라 디오니소스 사상으로 상징되는 예술적인 충동이 공존한다. 그런데 그리스인의 창조 정신은 아폴론보다는 오히려 디오니소스에서 구현되었다고 분석한다.

여기서 아폴론 사상은 그리스 조각과 건축에서 발견되는 억제, 조화 등이며 디오니소스 사상은 모든 규범을 뛰어넘고자 하는 디오니소스 신의 광란과도 같은 것이다. 예술로 승화된 공포와 허무는 오히려 그리스인의 광기를 잠재웠다. 니체 이후 많은 연구자들도 무질서와 광기라는 비합리성에도 불구하고 디오니소스 정신이 인간 정신의 해방에 크게 기여했다는 점을 인정한다.

디오니소스적 도취의 긍정적인 측면은 기업이나 사회, 국가라는 조직에도 적용할 수 있다. 이성과 합리성, 질서와 규범으로 대변되는 아폴론적 요소는 조직을 유지하고 관리하는 데 필수이다. 이를 중요하게 여기는 사람은 아폴론적 인간이라 할 수 있다. 또한 열정과 충동, 광기로 대변되는 디오니소스적 요소는 언뜻 조직의 질서와 규범을 해치는 것처럼 보인다. 하지만 창의적인 사고와 아이디어는 새로운 생각을 통해 규범을 혁신할 때 나올 수 있다. 열정이 죽은 조직은 발전할 수 없는 까닭이다. 달리 말하자면 조직은 '아폴론적 인재'에 의해 합리적이고 이성적으로 유지되지만 이것만으로는 부족하다. 창의적으로 혁신을 이끌어낼 수 있는 디오니소스적인 인재가 반드시 필요하다.

그리스 비극은 세 작가의 작품을 비교하며 읽는 것도 무척 흥미롭다. 아이스킬로스는 영웅적인 행동과 용기를 찬양하고, 소포클레스는 아폴론의 질서와 운명을 체념적으로 받아들인다. 에우리피데스는 디오니소스의 광기를 찬양하며 인간의 고통에 대한 따스함과 섬세한 시각을 보여준다. 그러다 에우리피데스를 끝으로 비극의 전성시대는 쇠퇴한다.

그 배경에는 신과 영웅 대신 인간의 고통과 삶에 관심을 기울인 소피스트, 소크라테스가 등장한다. 에우리피데스는 근대 이성의 원조라 할 수 있는 소크라테스 주의를 받아들여 실험적인 비극을 쓰기 시작했다. 이로써 비극은 몰락하고 희극의 시대로 접어들었다고 연구자들은 분석한다. 즉 디오니소스와 소크라테스의 대립에서 소크라테스가 승리한 것이다.

플라톤이 『국가론』에서 주창한 '시인 추방론'은 이러한 분위기에서 나왔다. 플라톤은 시인의 모방을 두고 이데아를 모방한 현실 모방이며 저급한 것이라고 깎아내렸다. 당시 젊은 비극작가였던 플라톤은 소크라테스의 제자가 되기 위해 가장 먼저 자신의 비극 작품을 불살라버렸다. 이렇듯 소크라테스 주의가 등장하면서 그리스 비극의 몰락과 함께 신화의 시대는 종언을 고하게 된다. 그러나 니체는 『비극의 탄생』에서 이렇게 말한다.

> 그리스인을 구원한 것은 예술이다. 그리고 예술을 통해서 스스로를 구원한 것은 삶이다.

그리스 비극은 작품을 읽는 것만으로도 여전히 우리 삶을 위한 애도의 노래가 되어준다.

그리스 비극 읽는 법

인간 죄악의 가장 밑바닥까지 천착하며 인간성의 본질에 대해 생각해보는 계기가 바로 비극이다. 하지만 한국의 대학에 그리스 비극 과목이 개설된 곳은 흔하지 않다. 때문에 그리스 비극 전공자는 소수에 불과하다. 책은 조우현과 여석기 등이 옮긴 『그리스 비극』(현암사, 2006) 시리즈를 추천한다. 3대 비극작가인 아이스킬로스, 소포클레스, 에우리피데스 작품별로 전3권 시리즈이다. 이디스 해밀턴의 『고대 그리스인의 생각과 힘』(까치, 2009)은 비극을 읽기 전이나 후에 읽으면 전체를 이해하는 데 도움이 된다. 여기에 서울대가 함께 추천한 아리스토텔레스의 『시학』과 니체의 『비극의 탄생』을 읽으면 비극에 대한 철학적인 이해도 가능하다.

참고 논문으로는 홍은숙의 「그리스 신화와 그리스 비극 : 디오니소스와 『바쿠스의 여신도들』」(고전르네상스영문학, 제15권 2호), 이영희의 「신화에 나타난 폭력의 문제—그리스신화를 중심으로」(헤세연구, 제28집), 김종기의 「카타르시스에서 디오니소스적 긍정으로」(민족미학, 11권 1호), 이강서의 「그리스 문화의 철학적 이해 1—비극을 중심으로」(인문과학, 제42집), 문혜경의 「그리스 신화와 비극에서 개인의식 출현」(서양고전학연구, 제24권) 등이다.

『아함경』

—

사람을 이끄는 힘,
붓다에게 배우는 리더십

—

7

보로부두르 사원에 새겨진 부조

인도네시아 자바 섬 중부에 있는 불교 유적이다. 고타마 싯다르타는 왕자 신분을 내려놓으며 자신의 머리를 밀고 금욕 생활을 결심한다.

탁월한 설득 방법으로
제자를 만든 붓다

유리하다고 교만하지 말고

불리하다고 비굴하지 말라.

무엇을 들었다고 쉽게 행동하지 말고

그것이 사실인지 깊이 생각하여

이치가 명확할 때 과감히 행동하라.

벙어리처럼 침묵하고 임금처럼 말하며

눈처럼 냉정하고 불처럼 뜨거워라.

태산 같은 자부심을 갖고

누운 풀처럼 자기를 낮추어라.

역경을 참아 이겨내고

형편이 잘 풀릴 때를 조심하라.

재물을 오물처럼 볼 줄도 알고

터지는 분노를 잘 다스려라.

때로는 마음껏 풍류를 즐기고

사슴처럼 두려워할 줄 알고

호랑이처럼 무섭고 사나워라.

이것이 지혜로운 이의 삶이니라.

–『부처님 말씀』(현암사, 1995)

이는 『잡보장경』에 나오는 「걸림 없이 살 줄 알라」는 제목의 경구로 한마디로 '잘 나갈 때 조심하라'는 뜻이 담겨 있다. 가훈이나 인간관계의 처세술로 삼아 늘 마음속에 새겨봄직한 내용이라 하겠다. 『잡보장경』은 121개에 달하는 붓다의 전생담을 담은 경전이다. 『잡보장경』만 보아도 불교가 얼마나 내면세계를 밝히는 종교인지 가늠해볼 수 있다.

중생의 길고 긴 역사를 관찰해보니 이 세상 모든 존재들이 직면하는 고뇌는 태어난 자는 반드시 죽음을 맞아야 한다는 것이다. 나는 객관 대상에 대한 집착에서 벗어나고 내면적으로 망상에 매달리는 것에서 벗어나 독화살과 같은 번뇌를 없애버렸으니 생과 사의 문제에서 초래되는 갈등에서 자유를 얻었다.
–『부처님 말씀』

이는 고타마 싯다르타(기원전 563~483)가 자신을 왜 '붓다'(깨달음을 얻은 자)라 칭하는지를 한 바라문(사제를 담당한 브라만)에게 말하는 내용으로 『아함경』에 나온다. 『아함경』은 고타마가 35세에 깨달음을 얻은 후 80세에 입적하기까지 붓다와 그 제자들이 행한 초기 불교의 모습을 생생하게 담고 있다. 『아함경』은 붓다의 가르침이 사라질 것을 걱정한 500

명의 제자들이 100년에 걸쳐 모아 만든 경전이다.『아함경』은 한 사람이 붓다의 말씀을 기억해내고 그 내용을 함께 외워서 공인하는 형식으로 결집했는데 「장아함경」, 「중아함경」, 「잡아함경」, 「증일아함경」 등으로 구성된다. '아함'阿含은 '전하여 온 것'이라는 뜻이다.

29세에 출가한 붓다는 두 스승 알라라 칼라마와 우다카 라마푸타에게 잠시 가르침을 받다가 고행 수행법으로 깨달음을 얻기 위해 스승 곁을 떠났다. 하지만 고행에 정진한 6년 동안 몸만 극도로 쇠약해지고 정신마저 몽롱해질 뿐 아무런 깨달음도 얻을 수 없었다. 여기서 붓다는 중대 결단을 내린다. 고행 수행법이 최상의 방법이 아니라는 생각에 이를 떨쳐버린 것이다. 고행으로는 결코 선정에 이를 수 없다는 결론을 내렸다. 그러자 7일 만에 불현듯 깨달음이 찾아왔다. 삶은 고해(고통의 세계)이지만 나와 연결된 집착을 버림으로써 고해에서 벗어나 해탈에 이를 수 있다는 깨달음이었다.

여기서 주목할 만한 것은 붓다가 당시 수행법이던 고행주의를 과감하게 포기한 사실이다. 고행이란 육체를 약하게 만들어 정신의 힘을 높인다는 사고방식에서 나온 수행법이다. 당시 고행에는 신비한 힘이 깃들어 있다고 믿었던 고대 인도사회에서 고행주의의 불합리성을 확인하고 탈출한다는 것은 결코 쉽지 않은 선택이었다. 이는 기존 관념을 깨부수는 혁신이기 때문이다. 그가 고행을 중지하자 함께 수행을 하던 다섯 사문(전통적인『베다』의 권위를 인정하지 않는 수행자로 후에는 불교 수행자를 의미)들이 붓다를 비난하고 그를 떠난 것만 봐도 짐작할 수 있다. 붓다는 고행을 포기한 이유에 대해 이렇게 비유한다.

이를테면 물속에 잠겨 있는 젖은 나무를 보고, 좋은 찬목(마찰하여 불을 일으키는 나무)을 가지고 와서 '내가 불을 일으키리라. 빛을 내게 하리라'고 말하는 것과 같다.

– 이하 『아함경』(현암사, 2001)

젖은 나무라면 아무리 마찰을 해도 불이 생겨나지 않는다. 마찬가지로 아무리 고행을 해보았자 깨닫지 못한다는 것이다. 과감한 포기가 큰 깨달음을 안겨준 것이다. 붓다는 왕족이라는 크나큰 기득권을 포기하고 출가한 것처럼 이번에는 고행 수행을 포기함으로써 마침내 정각(자세히 깨달음)을 얻을 수 있었다. '포기할 줄 알아야 큰 것을 이룰 수 있다'는 말은 붓다에게서도 확인할 수 있다.

해탈을 얻은 붓다는 자신의 심심 미묘한 깨달음을 혼자만 간직할지 아니면 다른 사람들에게 알려야 할지 심각한 고민에 빠진다. 자신의 깨달음을 대중이 이해해주지 못할까 지레 회의에 잠기기도 했다. 그래서 "이 세간의 사람들은 다만 욕망을 즐기고 욕망을 좋아하여 욕망에 날뛰고 있다. 이런 사람들은 도저히 이 이치를 보기 어렵다. 내가 이 법을 설해도 사람들이 그것을 알지 못한다면 나는 다만 피로해지고 지칠 뿐이다"라고 말했다.[22]

하지만 붓다는 고민을 떨치고 공개적인 설법을 펴기로 다시 한번 중대 결심을 한다. 그때 나이 서른다섯이었다. 붓다는 당시 바라문(브라만) 사제들이 『우파니샤드』의 가르침을 비밀리에 전수한 것처럼 자신의 깨달음을 비밀리에 전할 수도 있었다. 하지만 붓다는 공개적으로 설법하기를 선택하며 당시 관행으로서는 획기적인 시도이자 도전을 감행한다.

붓다는 과연 누구에게 이 진리를 설할 것이냐의 문제에 거듭 부딪친다. 그리고 첫 설법의 상대로 옛 스승을 떠올린다. 스승이라면 심심 미묘한 이치를 이해해주려니 생각했다. 그러나 수소문한 결과 두 스승은 이미 세상을 떠난 뒤였다. 생각 끝에 붓다는 옛 친구들을 찾아갔다. 그들은 붓다가 고행을 포기하는 것을 보고 경멸하면서 떠나간 다섯 사문(수행자)이었다. 첫 설법 상대로 꽤나 까다롭고 벅찬 대상을 고른 것이다.

붓다가 무려 250킬로미터를 걸어 녹야원에 도착했을 때 다섯 승려는 붓다를 보고도 아무도 반가워하지 않았다. 그들은 "고행을 버리고 사치에 떨어진 사람"이라며 여전히 붓다를 경멸의 눈으로 대했다. 붓다가 자신이 깨달은 바를 이야기하려 하자 그들은 한사코 듣기를 거부했지만 겨우 설법할 기회를 얻었다.

> 출가한 이는 두 극단을 달려가서는 안 되나니, 온갖 욕망에 깊이 집착하지 말고 고행을 일삼지 마라. 나는 두 극단을 버리고 '중도'를 깨달았으니 그것은 눈을 뜨게 하고 지혜를 생기게 한다.

붓다의 첫 설법은 먼저 두 가지 극단적인 입장에 대한 비판으로 시작했다. 하나는 쾌락주의의 입장, 즉 온갖 욕망에 깊이 집착하는 것에 대한 비판이다. 또 하나는 금욕주의의 입장, 즉 스스로 고행을 일삼는 것에 대한 비판이다. 두 극단적인 입장에 대한 비판은 바로 자신의 과거에 대한 통렬한 반성이기도 했다. 붓다는 겸손하고 열정적인 자세로 깨달음의 내용을 체계적으로 설명했다.

첫 설법에서 붓다는 네 가지 진리를 들려주었는데 바로 오늘날 불교에서 말하는 '사성제'四聖諦이다. 사성제는 '네 가지 성스러운 진리'라는 말로, 붓다의 인생관이 집약된 것이다. 먼저 현실은 괴로움으로 충만해 있다. 미운 사람을 만남도, 사랑하는 사람과 이별함도, 가지고 싶은 것을 얻지 못함도 '고'苦라 하였다. 한마디로 인생이란 고통 아닌 것이 없다. 괴로움의 원인은 번뇌 때문이다. 번뇌를 없애면 괴로움이 없는 열반의 세계에 이르게 된다.

이에 붓다의 제자인 사리불이 "열반이란 무엇인가?"라고 묻자 "벗이여, 무릇 탐욕의 소멸, 노여움의 소멸, 어리석음의 소멸, 이것을 일컬어 열반이라고 한다"고 대답했다. 다시 열반을 실현하는 방법에 대해 묻자 이렇게 말한다.

> 벗이여, 이 성스러운 팔정도야말로 그 열반을 실현하는 법이다.
> ─「상응부경전」

즉, 열반에 이르기 위해서는 팔정도八正道를 실천해야 한다는 것이다. 팔정도란 '바른 견해正見, 바른 생각正思惟, 바른 말正言, 바른 행위正業, 바른 생활正命, 바른 노력正精進, 바른 신념正念, 바른 명상正定'을 말한다.

이로써 붓다가 처음으로 행한 설법의 프레젠테이션이 끝났다. 붓다의 설법은 자신의 주장이나 신념을 설파한 인류 최초의 프레젠테이션이 아니었을까. 말하자면 스티브 잡스가 온갖 심혈을 기울여 만들어낸 애플사의 신상품을 고객을 대상으로 첫 설명회를 개최하는 프레젠테이션에 비유할 수 있겠다. 이 최초의 설법을 '초전법륜'初轉法輪이라고 부른다.

첫 설법을 하고 며칠이 지나자 다섯 승려 가운데 한 사람인 콘단냐가 처음으로 붓다의 사상 체계인 사성제와 팔정도를 이해하게 되었다. 이에 붓다는 "콘단냐는 먼저 티 없는 청정한 법안法眼을 떴다"면서 "콘단냐는 깨달았다"고 말했다. 첫 제자의 탄생이었다. 이어 나머지 네 명도 붓다의 설법을 이해하면서 한때 그를 비난하던 다섯 승려 모두 붓다의 제자가 되었다.

붓다는 제자가 60명으로 늘자 전도를 위해 세상으로 제자들을 떠나보낸다. 붓다는 전도를 떠나는 제자들에게 수계, 즉 출가를 허가하는 권한을 주었다. 이는 파격적인 권한 이양이었다. 말하자면 제자들은 붓다를 대신해 그의 마케터가 되어 붓다 사상을 널리 전파했다.

『아함경』은 상담심리학자나 교육학자에게도 모범적인 텍스트로 통한다. 붓다는 실제로 상담을 잘했다. 「중아함경」에 나타난 붓다의 상담기법[23]으로 먼저 지지와 격려를 꼽을 수 있다. 붓다는 "착하고 착하다, 그렇고 그렇다"를 반복해서 말해준다. 또 '이름 불러주기'도 자주 등장한다. 요즘에도 성공하려면 상대방의 이름을 불러주라는 말이 있는데 붓다는 그 방면에 선구자였다. 요즘으로 치면 심리상담의 대가이다.

또한 붓다가 애용한 질문기법의 특징은 물음에 바로 답하지 않고 되물어 그 뜻을 분명하게 하거나 돌이켜보게 하는 것이다. 또 질문에 답할 가치가 없거나 혼란만 가중시켜 답할 일이 아니라고 생각할 때에는 내버려두거나 답하지 않는다. 즉 침묵을 곧잘 활용했다.

한번은 죽림정사(불교 최초의 사원)에 있을 때 왓차곳따가 "고타마시여, 자아가 있다고 생각하십니까?"라고 물었다. 붓다가 침묵하자 이번에는 "고타마시여, 자아가 없다고 생각하십니까?"라고 물었다. 이번에도 침묵했다. 질문에 대한 답변을 하면 오히려 억측을 낳게 되어 답변을 안 하느니만 못한 결과를 초래하는데 이 경우는 침묵이 최선이라고 강조한다. 오늘날에도 침묵의 의미는 아무리 강조해도 지나치지 않는다. 또한 붓다의 상담에는 늘 고요함이 수반된다. 마음을 응시할 때 고요한 시간이 매우 중요하기 때문이다. 붓다의 상담은 명상으로 인도한다.

붓다는 교육 방법으로 위의감화威儀感化를 활용했는데 위엄 있는 용모로 이끄는 것이다. 말하자면 이미지 관리라고 할 수 있다. 또한 사자상승師資相承은 스승으로부터 제자에게 계속해서 법을 전승하는 방법이다. 사자상승은 붓다의 제자인 승려들이 일반 신도나 바라문 등 다른 종교의 신도를 대상으로 설법한 뒤에 제대로 전했는지를 붓다에게 묻고 답하는 과정에서 흔히 나타난다. 붓다 혼자서 모든 것을 이룰 수 없기에 제자들에게 자신을 대신하여 세상 사람들에게 깨달음을 전하도록 한 것이다.

　"리더의 유일한 정의는 추종자를 두는 것이다"라는 피터 드러커의 말처럼 붓다가 진리를 행하기 위해 도입한 방식은 리더십 측면에서 훌륭한 사례가 되고도 남는다.

먼저 반성하고 실천하는
리더의 정신

비구들아, 자 전도를 떠나라. 많은 사람의 이익과 행복을 위하여, 세상을 불쌍히 여기고 인천의 이익과 행복과 안락을 위하여. 그리고 두 사람이 한 길을 가지 말라.

첫 설법을 성공적으로 마친 붓다는 전도를 위해 떠나는 제자들에게 이렇게 말했다. 이른바 '전도 선언'이라고 할 수 있다.

붓다도 자신이 깨달음을 얻은 장소인 우루베라의 세나니가마로 떠났다. 깨달음을 얻은 곳에서 새로운 마음가짐으로 새롭게 출발하기 위해서였다. 붓다의 깨달음과 사상은 점점 퍼져나갔다. 수많은 사람이 그에게 와서 깨달음을 구했다.

도망친 여인을 찾는 것과 잃어버린 자기를 찾는 일 중에서 어느 쪽이 소중하느냐?

하루는 붓다가 물건을 훔쳐 달아난 여자를 찾고 있다는 젊은이를 만났는데 그에게 이렇게 말했다고 한다. 이 말을 들은 젊은이는 그 자리에 주저앉아 붓다의 제자가 되었다.

붓다는 인간이 잘못 생각하는 것을 바로잡아주었는데 이를 네 가지 전도順倒로 설명한다. 인간이 빠지기 쉬운 잘못을 상常전도, 낙樂전도, 정淨전도, 아我전도의 네 가지로 분류한다. 먼저 상전도는 이 무상한 세상과 존재를 영원한 듯이 여기는 것이며, 낙전도는 이 괴로운 인생을 즐겁다고 여기는 일이고, 정전도는 이 부정한 세상을 깨끗하다고 잘못 아는 일이며, 아전도는 이 무아인 존재를 자아가 있는 존재로 착각하는 것이다. 그리하여 착각을 없애고 그릇된 생각을 바로잡는 것이 붓다가 가르치는 중요한 일면이었다. 네 가지 전도가 생기는 이유는 결국 탐욕과 노여움 그리고 어리석음 때문이며, 열반에 이르는 방해물이라고 붓다는 설파한다. 세상을 살아가면서 탐욕과 노여움, 어리석음 이 세 가지만 자제하면 행복하게 살 수 있다는 말이다. 하지만 살다 보면 결코 쉽지가 않다. 다음은 「중부경전」의 한 구절이다.

이 인생은 괴로움으로 차 있다. 그리고 그것은 탐욕과 노여움과 어리석음 때문이다. 사람이 어리석어서 격정의 희롱하는 바가 되어 있는 까닭이다. 그래서 나는 그런 격정을 없애는 방법을 가르치는 것이다. 이리하여 그 격정이 없어지고 보면 불안이니 괴로움이니 하는 것도 없어질 수밖에 없다. 그것은 마치 활활 타오르던 불도 그 땔감이 다하고 나면 꺼져버리는 것과 같다. 그것을 나는 열반이라 하는 것이다.

그래서 사람들은 탐욕의 불꽃에 타고 노여움의 불꽃에 타고 어리석음의 불꽃에 타고 있다고 한다. 흔히 말하는 '욕망의 불꽃'이다. 이때 고조된 욕망의 상태를 '갈애'라고 한다.

세상은 갈애에 의해 인도되고 갈애에 의해 괴로움을 당하는 것. 갈애야 말로 일체를 예속시키도다.

「상응부경전」에 나오는 말로 붓다는 갈애에 의해 일어난 번뇌의 불꽃이 완전히 꺼질 때 거기서 나타나는 시원하고 편안한 경지, 그것을 열반이라고 한다. 열반 또는 해탈에 이르기 위해서는 불방일不放逸이 중요하다. 방일放逸은 자기를 잊고 자제함이 없이 온갖 욕망에 이끌려 가는 것으로 불방일이란 욕망에 빠지지 않고 자제와 집중을 지속하는 것이다. 온갖 착한 법은 모두 불방일을 근본으로 하고 다 불방일에 의해 이루어진다. 그러므로 불방일을 모든 착한 법 중에서 최상이라고 말하는 것이다.

붓다는 어느 날 한 수학자로부터 열반에 대한 질문을 받았다. 그는 "수학은 차례를 좇아 가르치는데 불교에도 순서를 좇아 배워야 할 길이 있느냐"라고 붓다에게 물었다. 붓다는 "그렇다"라고 대답하면서 열반에 이르는 점진적인 과정을 말해주었다.

먼저 계戒를 지킬 것, 그리고 오근(눈·귀·코·혀·피부)을 제어할 것, 다음에 또 정념, 정지正知를 성취하여 지혜로써 번뇌를 누르고 온갖 집착과 불선을 떠나 점차 무상 안온의 경지인 열반에 들어갈 것.

열반은 하루아침에 이루어지지 않고 수행에 정진하다 보면 점진적으로 이를 수 있다는 가르침이다.

그러자 수학자는 "그런 가르침에 의해 지도되는 제자들은 누구나 열반에 이르게 되느냐"고 물었다. 이번에는 붓다가 "아니다"라고 대답했다. "그것은 또 어째서입니까? 엄연히 열반이 존재하고 거기에 이르는 길이 있으며 또 세존께서 스승이 되어 계신데, 어떠한 이유로 이르는 사람이 있고, 이르지 못하는 사람이 있는 것입니까" 하고 따져 물었다.

그러면 벗이여, 그대에게 라자기하에 이르는 길을 묻는 사람이 있다 하자. 그대는 아마도 그들을 위해 자세히 길을 알려주리라. 그러나 어떤 사람은 무사히 라자가하에 이르고 어떤 사람은 길을 잘못 들어 엉뚱한 곳을 헤매기도 할 것이다. 그것은 어째서 그렇겠는가?

그러자 수학자는 "저는 길을 가르쳐 줄 따름입니다. 그것을 제가 어찌할 수 있겠습니까"라고 말한다.

벗이여, 그대의 말대로 열반은 엄연히 존재하고 거기에 이르는 길도 있으며 내가 스승 노릇하고 있음도 사실이다. 그러나 제자 중에 열반에 이르기도 하고 이르지 못하기도 한다. 그것을 내가 어찌할 수 있겠는가? 나는 오직 길을 가르쳐주는 이에 불과한 것이다.

논리로 접근한 수학자가 외려 완패를 당한 꼴이다. 붓다 자신은 단지 열반에 이르는 지혜와 실천의 선구자요 안내자일 뿐이다. 열반에 이르기 위해서는 누구나 힘써 실천하고 결과에 대한 책임은 개개인이 져야 한다는 것이다. 붓다는 설법 방식으로 자주 문답을 활용했다. 또 그런 문답을 통해 붓다는 차근차근 상대를 인도하여 스스로 어떤 결론에 이르게 하곤 했다.

초기 불교에서는 붓다와 그 제자들이 지금처럼 독경이나 불공을 올리는 일이 없었다. 물론 금붙이로 만든 불상도 없었다. 제자들은 수행자였기 때문이다. 붓다가 설하는 가르침을 이해하고 그것을 자기 몸에 구현해가는 일이 전부였다. 불교는 붓다 사후 100년 뒤에 18개로 파가 나뉘면서 분열되고 또 500년 뒤에는 대승불교로 발전하면서 수행자의 해탈에 초점을 둔 초기 불교와는 다른 모습으로 변해갔다. 붓다는 열반에 들며 제자들에게 최후의 말을 남긴다.

나는 너희에게 이르노라. 모든 것은 변화하느니라. 불방일하여 정진하도록 하라.

모든 것이 변하지만 단 한 가지 변해서는 안 되며 그것이 바로 불방일의 자세라는 의미일 게다.

『아함경』에는 초기 불교가 어떻게 하나의 틀을 갖추면서 발전했는지를 알 수 있는 두 가지가 종교 행사가 나온다. 바로 '포살'布薩과 '자자'自恣라는 행사이다. 불교가 대중적인 수행 체계를 갖추게 된 것은 포살과 자자가 행해지면서부터라고 할 수 있다.

먼저 포살은 산스크리트의 '포사다'에서 나왔다. 붓다가 라자가하 교외의 깃자쿠타라는 산에 있을 때 빈비사라 왕으로부터 제안이 하나 들어온다. 라자가하 부근에 있는 불교 이외의 종교 교단에서는 반달에 두 번씩 집회를 열어 그 기회에 일반 신자들을 위해 설법을 한다는 것이다. 왕은 매우 좋은 행사인 것 같으니 불교 교단에서도 시행해봄이 어떻겠느냐고 붓다에게 제안한다. 붓다는 이를 흔쾌히 받아들여 포살 행사를 하게 되었다. 여기서 붓다의 열린 자세, 개방성을 엿볼 수 있다. 붓다는 다른 종교의 문화인 포살을 통해 대중에게 가까이 다가가 그의 깨달음과 사상을 펼칠 기회를 만들었다.

두 번째로 '자자'는 초기 불교의 엄격한 수행 정신을 엿볼 수 있는 것으로 자진해서 자신의 죄를 지적해달라고 동료에게 청하는 일이다. 포살일의 행사라 해서 '포살 자자'라고 했다. 자자에서는 누구나 다음과 같은 게송(부처의 가르침을 찬탄하는 노래)을 널리 읊조린다.

> 나는 교만에 대해 자자를 행하노니, 나에 대해 무엇을 보고 무엇인가 듣고 또는 나에게 의심을 지니신 분이 있다면, 대덕들이여, 나를 가엾이 여기어 그를 말씀해주소서. 죄를 알면 그를 제거하오리다.

「잡아함경」의 「상응부경전」에는 붓다와 그의 제자 500여 명이 모여 자자를 행했다고 기록한다. 가장 먼저 붓다 자신이 자자를 했다. 붓다가 합장한 손을 높이 들어 승려들 앞에서 자자의 말씀을 외자, 엄숙한 침묵이 장내를 뒤덮었다. 침묵은 붓다의 청정을 긍정하는 것이다. 자자의 의식은 승려마다 이러한 문구를 세 번 반복하여 모든 이가 마칠 때 끝난다. 여기서 성스러움을 더하는 것은 바로 해탈에 이른 붓다가 자자에 가장 먼저 앞장섰다는 점이 아닐까.

> 그동안 나의 언어와 행동에 그 무슨 잘못은 없었던가? 만일 조금이라도 그런 것을 보고 들은 사람이 있다면 벗들이여, 나를 가엾이 알아 부디 지적해 달라.

이처럼 붓다의 가르침은 철두철미한 '행'行이라고 할 수 있다. 깨달음을 얻은 붓다마저 자자를 하면서 자신을 반성하고 참회했다니 이 얼마나 인간적인 광경인가! 예나 지금이나 법에 통달했다는 일부 승려들이 난행을 일삼기도 하는데 스스로 자자에 앞장선 붓다의 정신과는 한참 어긋난 행동일 것이다.

『아함경』에는 가족과 친구, 경제 등 현실적인 문제에 대한 붓다의 가르침 또한 많이 나온다. 요즘처럼 아들자식 키워 며느리를 맞이하고 자식에게 재산을 물려주었더니 부모를 쫓아내 걸식한다는 노인이 붓다에게 하소연하는 내용도 있다. 이에 붓다는 "자식이란 지팡이보다도 못한 것"이라면서 "자식이 귀하다고 사랑만 할 것이 아니다"라는 게송을 지어 준다. 붓다의 시대나 오늘날에나 인간사 문제는 비슷함을 알 수 있다.

붓다는 유혹을 이겨내기 위해 인적 드문 깊은 숲 속으로 가라고 말하지 않았다. 오히려 유혹이 들끓는 마을에서 유혹을 견디는 것이 더 고상한 삶이라고 가르쳤다. 그래서 지금의 삶을 버리라고 가르치지도 않았다. 우리가 버려야 할 것은 맹목적인 집착과 갈애 그리고 무지라고 일깨웠을 따름이다. "진리의 최대 적은 거짓이 아니라 신화"라는 말이 있다. 그래서 붓다는 진리의 절대화를 경계하며 다음과 같이 말했다.

내 가르침도 버리라.

흔히 "부처가 되려면 부처를 죽여라"라는 말은 여기서 나온 것이다. 붓다와 그 제자들이 행한 초기 불교의 '자자' 의식이야말로 탐욕과 갈애로 신음하는 이 세상을 구원하는 마지막 의식처럼 느껴진다.

『아함경』 읽는 법

『아함경』은 붓다가 깨달음을 얻고 45년 동안 설법한 내용으로 입적한 이후에 제자들이 100년 동안 붓다의 언행을 재현해 초기 불교의 모습을 담은 경전이다. 마스타니 후미오가 쓴 『아함경』(현암사, 2001)으로 큰 줄기를 파악한 뒤에 성열이 편역한 『부처님 말씀』(현암사, 1995)을 함께 보면 방대한 『아함경』을 쉽게 이해할 수 있다. 불교 신자가 아니어도 일종의 수신서로 더없이 값진 글이다.

참고 논문으로는 김용환의 「붓다의 심리상담 연구」(종교와 문화, 제20호), 권경희의 「현대 상담심리학에서 본 중아함경에 나타난 붓다의 교화 사례 연구」(한국심리학회지, 제22호), 정연희의 「아함경에 나타난 교육적 관계의 형성 과정」(교육원리연구, 7권 1호) 등이다.

『논어』
—

공자는 왜
시를 읽어야 한다고 강조할까

—

8

공자와 제자 안연
인류의 스승으로 추앙받는 공자에게는 유난히 따르는 제자가 많았다. 그중 제자 안연을 특히 아꼈다. 안연이 죽자
공자는 슬픔에 취해 깊이 통곡했다고 전해진다.

공부 잘하고 말 잘한다고
성공하는 게 아니다

오늘날 사회에서 인문학 붐이 일어난 것은 '위인지학'爲人之學 풍조 때문이다. 시험이나 자격증 등 생존에 필요한 학문을 하다 보면 수양보다 출세를 위한 공부, 즉 위인지학의 차원에서 공부를 하게 마련이다. 그러다 보니 정작 고전이나 소설 한 권 제대로 읽지 못하고 사회생활을 시작한다. 그러다 삭막한 사회생활에서 살아남으려다 보면 자기 수양과 자기완성을 위한 책을 필요로 하게 된다. 바로 그 지점에서 인문학이 손에 잡힌다. 이때에 인문학은 출세가 아닌 자기 수양을 위한 공부, 즉 '위기지학'爲己之學에 해당한다.

옛 성현들은 위인지학보다 위기지학을 강조했다. 학문이 무르익고 자기 수양이 깊어지다 보면 출셋길이 열릴 수 있다는 것이다. 그러나 요즘은 그 반대이다. 이웃과 사회를 병들게 하는 이면에는 이기적인 출세, 즉 위인지학 풍토와 관련이 있다. 그런데 인문학을 마음속으로 부르는 나이는 언제쯤일까? 아마도 마흔 무렵이 아닐까 싶다.

> 40, 50이 되어도 명망을 얻지 못했다면 역시 두려워할 만한 가치가 없다.

이는 『논어』 「자한」 편에 나오는 말이다. 즉 대부분 사람들은 마흔이 되어도 공자가 말한 대로 불혹의 경지에 이르지 못한다. 이때 불안이 밀려온다. 어떻게 살아야 할지 진지하게 고민하기 시작한다. 그래서인지 서점의 인문학 코너에는 『논어』를 찾는 중년 독자들이 눈에 띈다.

한국인으로 살아가면서 『논어』만큼 많이 듣는 책 이름이 또 있을까. 그런데 수없이 이름을 들어봐도 마흔이 되기 전에는 별로 읽고 싶은 마음이 안 든다. 필자도 그랬다. 그러다 어느 날 순간적으로 『논어』에 이끌리게 되었다. 흔한 말로 특히 남자는 마흔쯤 되어야 철이 들어서일까.

야성적인 남성성을 회복해야 한다고 주장하는 로버트 블라이의 책 『무쇠 한스 이야기』(씨앗을 뿌리는 사람, 2005)에 따르면 한 인간, 특히 한 남자가 철이 드는 시기는 아버지를 마음속으로 부르게 되는 시기라고 한다.

> 마흔이나 마흔다섯 살 정도 되면 아버지에게 자연스럽게 이끌린다. 아버지를 정확히 보고, 아버지에게 다가가려는 욕구가 생긴다.

돌이켜보니 필자도 마흔이 될 무렵부터 불쑥불쑥 아버지가 생각났다. 그제야 비로소 철이 들기 시작한 것 같다. 『논어』는 인간이 철들면서 절로 손에 잡히고 마음으로 읽고 싶은 책이 아닐까 싶다. 보통은 이삼십 대에 읽어도 가슴에 잘 새겨지지 않는다. 그래서 『마흔, 논어를 읽어야 할 시간』(21세기북스, 2011)이라는 책이 나오지 않았을까.

> 젊어서는 여색에 지나치게 빠지지 않고(이성), 장성해서는 다툼이 나지
> 않도록 경계하고(지위와 명예), 늙어서는 재물에 대한 욕심이 생기지 않도
> 록 경계(소유에 대한 욕심)해야 한다.[24]

공자는 군자가 경계해야 할 세 가지로 위의 항목을 드는데 이 구절만
읽어도 지난 삶을 되돌아보고 현재의 처신을 재고하면서 앞으로 어떻
게 살아갈 것인지 새롭게 좌표를 설정할 수 있다. 이게 바로 삶의 성찰
을 위한 인문학이자 위인지학을 경계하는 위기지학의 공부라 할 수 있
을 것이다.

그런 점에서 『논어』는 2,500년 전에 나왔지만 '지금 여기'에도 어울림
에 마지않는 책이다. 『논어』에는 사람다움이란 무엇이며 어떻게 그 길
에 이를 것인가에 대한 총체적인 고민이 담겨 있다. 그 길에서 노닐면서
먼저 살다간 이들의 숨결을 느끼며 삶을 잠시 내려놓고 반추하는 시간
을 가질 수 있다. 삶의 여유는 이렇게 찾아온다. 그러면 다시 일어설 수
있는 힘과 용기를 얻을 수 있다.

인도에서 붓다의 가르침을 모아 제자들이 『아함경』을 만들 즈음 중국
에서는 공자(기원전 551~479년)의 제자들이 생전 스승의 어록을 집대성
하는 작업에 착수했다. 이렇게 탄생한 『논어』는 공자의 어록(어)을 모아
편집(논)한 것이라는 뜻이다. 자하, 자유, 증자, 유자 등 제자 64명이 참
여했다고 한다. 여기에서 기원했는지 한국에서도 조선시대까지 스승이
나 부친이 세상을 떠나면 그의 글을 모아 문집을 만들기도 했다.

현재 우리가 보는 『논어』는 위魏의 하안何晏이 저술한 『논어집해』(이를
고주古注라고 부름)에서 「학이」學而부터 「요왈」堯曰에 이르는 20편으로 체

계화되어 현존하는 책의 원문이 되었다. 그로부터 한漢 이후에 지식인의 필수 서책이 되어왔다. 뒤이어 송나라 주희(기원전 1130~1200년. 주자라고도 함)가『논어집주』를 저술하면서 이를 '신주'新注라 부르며『논어집해』를 대체했다. 특히『논어집주』는 과거시험의 교과서로서 한국에서도 신줏단지처럼 받들었다. 그래서『논어집주』와 다른 주석을 가할 경우 박해를 받기도 했다. 박세당은『논어사변록』을 지어 새로운 주석을 가하다 이단으로 몰려 큰 화를 당했다.

동서고금을 막론하고 성공하려면 "언변이 좋아야 한다"는 말이 있다. 정말 그럴까. 물론 정치인이나 대통령 등 대중 앞에서 연설을 해야 하는 사람이라면 말 잘하는 능력이 필수겠지만 그렇지 않은 직업에 종사하는 사람에게는 꼭 필요한 능력이 아닐 수 있다.

『논어』의「학이」편에는 언변에 대한 경계의 글이 나온다.

> 교언영색 선의인巧言令色 鮮矣仁 : 환심을 사려고 교묘히 꾸미는 말과 아첨하는 기색에는 어진 이가 드물다.

공자의 제자들은 평소에 스승이 "듣기 좋게 말이나 잘하고 보기 좋게 태도나 꾸미는 자들 중에는 어진 이가 드물다" 하여 말을 번지르르하게 하는 이를 경계하는 말을 수없이 했다는 사실을 기억하고 스승의 어록 중에 '교언영색'을 기록했다. 공자는 2,500년 전에 이를 직시하며 인간관계의 핵심을 짚어냈다.

> 그래서 내가 말재주 있는 자를 싫어하노라.

이는『논어강의–하』(마하연, 2012)의「선진」편에 나오는 말로 공자는 이를 '오부녕자'惡夫佞者라고 했다. 『논어』를 읽으면 몇 가지 핵심 문구가 반복해서 나오는데 '오부녕자'도 그 중 하나다. '녕'은 말재주가 있는 것, 즉 아첨을 가리킨다. 공자는 제자들에게 말 잘하는 이를 가장 싫어한다고 거듭 말한다.

> 오자지탈주야 오이구지부방가자惡紫之奪朱也 惡利口之覆邦家者 : 자주색이 붉은색의 빛과 자리를 빼앗는 것을 미워하며, 교묘한 말재주가 나라를 전복시키는 것을 미워한다.

「양화」편에 나오는 말로 공자는 말재주가 인간관계를 혼란에 빠뜨리고 다른 사람을 해칠 뿐만 아니라 나라 전체를 혼란에 빠뜨릴 수 있음을 경고한다. 자주색은 붉은색에 가깝기는 하지만 붉은색은 아니다. 얼핏 진짜처럼 보이지만 실제로는 전혀 다른 가짜인 것이다. 공자는 진짜 같은 가짜에 대해 경계한다.

소설가 최인호는 『유림』 1권에서 공자의 이 말을 인용한다. 조선시대 중종 때 조광조의 권력 독점에 위기를 느낀 세력들이 친위 쿠데타를 모의한다. 그 중심에 남곤이 있다. 남곤은 조광조의 측근인 정광필을 설득하러 그를 은밀히 만난다. 남곤이 중종의 밀지를 보이며 조광조를 제거하기 위한 친위 쿠데타 계획에 동조할 것을 권유한다. 남곤의 말에 정광필은 "나는 다만 자주색이 붉은색을 빼앗을까 그것을 두려워할 따름이오"라고 답한다. 그는 자신의 심경을 『논어』에 나오는 말을 인용하며 밝힌 것이다. 여기서 자주색은 붉은색(군왕, 권력)과 비슷하지만 권력욕에 눈먼 세력을 지칭한 것이다. 정광필은 쿠데타를 모의하는 남곤 세력을 자주색에 빗대며 권력에 눈먼 정상배라고 비난한다.

나아가 공자는 말을 잘하는 사람은 끝내 덕이 없는 사람이 될 것이라고 말한다. 주위 사람들을 보면 잘생기고 그럴 듯하게 말을 잘하는 사람이 오히려 사람들로부터 배척당하는 경우를 흔히 볼 수 있다. 자기주장만 늘어놓고 결코 남의 말에 귀를 기울이지 않는다. 그런 사람은 늘 혼자이고 위기에 처할 때 도와주는 사람이 없다.

공자가 손자삼우損者三友라 하여 해로움이 되는 세 벗을 들어 "아첨하며 남의 비위를 잘 맞추는 편벽便辟형 인간, 앞에선 치켜세우다 뒤에선 비방하는 선유善柔형 인간, 말을 과장되게 하는 편녕便佞형 인간과 사귀면 곧 해가 된다"라고 한 이유도 여기에 있다. 편벽은 책임을 회피하는 편의주의자에 해당하고 선유는 대인관계만 좋은 사람이다.

여기서 흥미로운 사실은 유달리 대인관계가 좋은 사람을 공자는 군자로 보지 않았다는 점이다. 흔히 10분만 이야기를 나누면 형님 동생 하는 사이가 될 정도로 대인관계가 좋은 사람이 있다. 아마도 주변에서 보는 '유들유들한 사람'이 여기에 해당하지 않을까. 이어령 전 문화부장관은 자신을 가리켜 "말을 청산유수같이 잘한다"는 표현을 아주 싫어했다고 한다. 공자가 교묘하게 말을 꾸미는 사람 가운데 어진 사람이 드물다고 한 이유는 아름답게 말하는 사람은 덕을 혼란스럽게 하고 상대방을 즐겁게 해서 자기 이익을 채우는 데 목적이 있기 때문이라고 한다(「이인」편).

그렇다면 말을 잘하는 사람은 어떤 사람일까? 다음 문장에 그 비밀이 있는 듯하다.

공자는 향당에서는 공손하여 마치 말을 못하는 사람과도 같았으나, 종묘나 조정에서는 조리 있게 말을 잘하면서도 오로지 삼갔다. 조정에서 상대부들과 대화할 때에는 순한 듯했고, 하대부들과 대화할 때에는 편안한 것처럼 했다.

이는 사마천의 『사기 세가』(민음사, 2010)에서 「공자세가」에 나오는 이야기이다. 『논어』를 읽다 보면 공자의 언변은 무릎을 치고도 남는다. 가장 말을 잘하는 사람으로 치면 공자가 최고가 아닐까. 그런데도 공자는 스스로 말을 조심했다. 동네 사람들과 같이 있을 때에는 그 역시 촌부가 되어 어눌하게 말했다. 장소와 상황에 따라 말하는 태도를 달리한 것이다. 촌부 앞에서는 촌부를 배려해 말을 아끼고, 그러나 말을 해야 할 분위기가 되어도 늘 신중을 기해 말했다.

차동엽 신부가 방송에서 하는 말을 들은 적이 있다. 그는 강연장에 가면 강연에 온 사람들이 누구냐에 따라 다른 언어가 나온다고 한다. 교수를 만나면 학문적인 언어가 절로 나오고 아줌마를 만나면 아줌마의 언어가 나온다고 한다. 이 정도가 되면 고수라 할 수 있겠다.

군자는 덕을 생각하고
소인은 땅을 생각한다

자공이 군자에 관해서 묻자, 공자는 "말보다 행동을 앞세워라, 그러면 사
람들은 너를 따른다"고 했다.

이는 군자의 덕목에서 공자가 제자들에게 누누이 강조한 말이다. 공
자의 애제자들을 '공문십철'이라 하는데 그 가운데 말을 가장 앞세우는
자공은 늘 스승의 걱정거리였다. 자공이 어떻게 하면 군자가 될 수 있는
지 질문하자 "네가 말하려고 하는 것을 먼저 실행하라. 그러고 나서 말
을 한다면 충분히 군자라 할 수 있다"라고 강조한 것이다.

흔히 경영에서도 "실행이 답이다"라는 말이 있다. 자기 경영뿐만 아니
라 인간관계, 조직 경영에서도 가장 중요한 덕목으로 실행을 꼽는다. 결
국 공자는 군자와 소인을 분별하는 기준으로 말과 행동 혹은 실천을 살

판다. 말이 앞서는 사람은 이익에도 민감하다. 실천을 하자면 성가시고 실천하지 않고 영리하게 대처하면 절로 이익을 차지할 수 있기 때문이다. 그래서 공자는 군자는 덕을 생각하고 소인은 땅을 생각한다는 뜻으로 다음과 같이 말했다.

군자는 회덕懷德하고 소인은 회토懷土한다.

여기서 땅은 자신에게 이익을 주는 것이다. 이는 『논어』의 「이인」 편에 나온다. 군자는 인격과 수양에 힘쓰고 소인은 편하게 살 수 있는 궁리만 하며, 군자는 혹시라도 법에 저촉되지 않을까 조심하는데 소인은 누군가 내게 호의를 보여주지 않을까 기대를 한다는 뜻이다. 이는 대인관계에도 영향을 미친다. 『논어 교양강의』(돌베개, 2010)에는 이렇게 적는다.

군자는 두루 어울리지만 떼거리 짓지 않고, 소인은 떼거리 짓지만 두루 어울리지 않는다.

「위정」 편에는 이와 같이 차별을 두는 인간관계를 낳는 소인의 행동을 꼬집는다.

그래서 공자는 권력욕에 사로잡힌 사람을 극도로 경계했다. 단적인 사례로 소정묘를 처단한 일이다. 공자는 평소에 사람을 죽이는 정치를 혐오했다. 계강자가 공자에게 "만약 무모한 자들을 죽이려 유도함으로 나아가게 하면 어떠하겠습니까?"라고 정치에 대해 질문하자 공자는 이렇게 답한다.

당신이 정치를 하는 데 있어 어찌 살인할 필요가 있겠습니까? 당신이 착해지고자 한다면 백성도 착해집니다.

그런데 백성을 죽이는 일을 반대하던 공자가 나라의 정치를 맡은 지 7일 만에 정치를 어지럽힌다는 애매한 이유로 대부인 소정묘를 죽이고 그의 시체를 사흘 동안 내걸었다. 제자들이 그 연유를 물었다.

> 천하에는 대악이 다섯 가지 있는데 도둑질은 그 속에 들지도 않는다. 마음이 반역이며 음험한 것, 행동이 편벽되면서도 고집 센 것, 말이 거짓되면서도 번드름하게 꾸며대는 것, 아는 것이 추하면서도 넓은 것, 그릇된 길을 따름으로서 윤택하게 지내는 것이 바로 다섯 가지다. 소정묘는 한 가지만 가지고도 군자의 처형을 면할 수 없는 법인데 이들 모두를 지니고 있다.[25]

이렇듯 공자는 권력을 등에 업고 나쁜 짓을 일삼는 자들을 미워했다 (그러나 공자의 소정묘 주살 사건은 『논어』에는 기록이 없고 『순자』 「유좌」 편에 처음 나오며 사마천의 「공자세가」에 간단하게 언급되어 있어 허구일 가능성도 제기되어 왔다). 사람은 누구나 자신의 이익을 생각하고 권력을 갖기를 바란다. 그러다 보면 어느새 사악한 마음이 생기곤 한다. 「계씨」 편에서는 사람이 좋아하여 해로운 세 가지로 '손자삼락'損者三樂을 든다. 즉, 지나친 쾌락을 추구하는 것, 편안히 즐기고 노는 것, 잔치를 벌여 즐기는 것 등이 그것이다. 모두 자신에게만 해당하는 이익이다. 공자는 여기에 사사로운 마음이 깃든다고 말한다.

이에 공자는 군자의 첫 번째 조건을 '선량한 마음'이라고 말한다. 공자는 「위정」 편에서 선량한 마음을 갖기 위해서는 먼저 사무사思無邪, 즉 "마음의 사악함을 없애 주는 것"에 달렸다고 한다. 그런데 공자의 처방이 좀 색다르다. 사무사의 방법은 바로 '시를 읽는 일'이라고 강조한다.

> 시 삼백 편을 정리한 주요 목적은 한마디로 말해, 사람들의 생각에 사악
> 함이 없도록 하기 위한 것이라 하겠다.

여기서 언급한 시 300편은 공자가 그동안 전승되어 온 시들을 모으고 골라 선정한 것으로 바로 『시경』이다. 시는 사람의 감정을 '온유돈후'하게 만드는 묘약이라며 시를 읽으면 마음속 사악함을 없애주고 순수하게 해준다고 했다.

> 온유돈후溫柔敦厚 : 부드럽고 온화하여 인정이 두텁고 성실한 인품을 이른
> 다. 시를 짓는 데 기묘하기보다 마음에서 우러난 정취가 있음을 두고 이
> 르는 말.

공자는 심지어 시를 배워야 사람다운 사람이 될 수 있다고 했다. 「자로」 편에 나오는 말로 제자들에게 이렇게 말하기도 했다.

> 시 삼백 편을 외웠어도, 그에게 정사를 맡겼을 때 제대로 해내지 못하고,
> 사방에 사신으로 가서는 알아서 대응하지 못한다면, 비록 많이 외웠다
> 하더라도 무슨 소용이 있겠는가?

공자는 제자들과 대화를 하다 자신의 뜻을 이해하면 칭찬을 아끼지 않았다. 그때 최고의 칭찬은 다름 아닌 "비로소 너와 시를 논할 수 있겠구나!"라는 말이었다. 다음은 「학이」 편에 나오는 자공과의 문답이다.

자공이 말했다. "가난해도 아첨하지 않고, 부유해도 교만하지 않다면 어떻겠습니까?" 공자는 이에 "괜찮다, 그러나 가난하면서도 도를 즐거워하고, 부유하면서도 예를 좋아하는 것만은 못하다"고 말했다. "시에 이르기를 '자르고, 갈고, 쪼고, 문지르는 것 같다'고 했는데, 바로 이를 두고 한 말이군요!" 자공이 이렇게 말하자 공자는 "사賜야, 비로소 너와 시를 논할 수 있겠구나! 한 가지 도리를 일러주었더니 스스로 더 나아가 다른 도리까지 미루어 아는구나"라고 말했다.

스승은 자신의 뜻을 헤아린 자공에게 비로소 사악한 마음을 몰아내고 순수한 마음으로 돌아가게 하는 『시경』의 시들을 논할 수 있다면서 칭찬을 해주었다. 「팔일」 편에서도 공자는 제자인 자하에게 이렇게 칭찬한다.

나를 일깨워주는 이는 바로 상商이로구나. 비로소 너와 더불어 시를 논할 수 있겠구나.

흔히 칭찬이 최고의 교육이라고 한다. 또 최고의 스승은 칭찬의 기술이 뛰어난 사람이라고 한다. 독일 '슈투트가르트' 발레단에서 단원으로 활동하는 발레리나 강수진의 인생을 역전시킨 것은 다름 아닌 스승 캐서린 베스트의 진심어린 칭찬이었다고 한다. 캐서린 선생은 그녀에게 "수진이는 팔다리가 길고 예뻐서 조금만 노력하면 멋진 동작을 만들 수 있어. 조금만 더 잘 해보자" 하면서 격려해주었고, 동작 하나하나가 한 편의 시와 같다면서 나날이 발전하는 강수진의 모습을 칭찬했다고 한다. 그녀는 스승의 칭찬으로 힘을 냈고 발톱이 빠지고 발가락이 뭉그러질 때까지 연습하고 또 연습했다. 결국 그녀는 세계를 무대로 나아갈 수 있었다.

공자는 또한 제자가 죽거나 참혹한 일을 당했을 때에는 "내가 그를 위해 울어주지 않는다면 누구를 위해 울어줄 것이란 말이냐"라고 슬픈 마음을 전하며 위로를 아끼지 않았다.

「선진」편에는 안연이 죽었을 때 공자가 취한 장면을 보다 극적으로 전한다.

> 안연이 죽자 공자께서 통곡을 하셨다. 모시고 간 제자가 "선생님, 통곡하십니다"고 하자, "통곡한다고? 이런 사람을 위해 통곡하지 않고 누굴 위해 하겠느냐?"고 하셨다.

이 표현은 이율곡 등 한국 학자들의 글에서 빈번히 나타난다. 이들도 제자나 친구의 죽음 앞에 공자의 말을 빌려 와 슬픔을 전하곤 했다.

공자는 스승으로서 칭찬과 위로에 인색하지 않았지만 때로는 제자들이 야속한 마음이 들 정도로 냉정한 말로 분발하도록 이끌었다. 한번은 애제자 자공에게 따끔하게 일침을 가하기도 했다.

> 저는 남이 저에게 하기를 바라지 않는 일은 저도 남에게 하지 않으려 합니다.

자공이 이런 말을 하자 공자의 대답은 싸늘했다.

> 네가 해낼 수 있는 일이 아니다(비이소급야非爾所及也).

즉, "넌 아직 그런 사람이 되려면 멀었다"라는 말로 감히 그러한 경지가 아니라고 타박을 준 것이다. 이 장면을 상상해보면 자공의 얼굴이 벌겋게 달아올랐을 법하다. 하지만 자공은 자신을 낮추고 스승의 말씀에 귀를 기울였다.

자공은 부자였기에 공자에게 머리를 조아리지 않아도 됐을 것이다. 요즘으로 보자면 재벌 회장이 대학의 최고위경영자과정에서 공부하는 것과 같다. 그 수업에서 교수가 재벌 회장에게 "회장님은 아직 그만한 그릇이 안 됩니다"라고 말할 수 있을까. 또한 제자 염구가 세금을 수탈하여 부를 축적하자 공자는 "염구는 우리 사람이 아니다. 너희가 북을 크게 울려 그를 성토해도 좋을 것이다"라고 말했다.

마흔이 되어도 미움을 받는다면
그의 인생도 끝이다

『논어』는 이제 케케묵은 고전이 아니라 우리 시대에도 살아 숨 쉬는 최고의 자기계발서라고 할 수 있다. 매일 쏟아져 나오는 자기계발서를 모조리 섭렵해도 『논어』 한 권만 못하다고 강조하는 이들도 있다. 이미 인간관계의 기초는 모두 『논어』에 담겨 있다는 뜻이다.

> 과이불개 시위과의過而不改 是謂過矣 : 잘못을 하고서도 고치지 않는 것, 이 것을 잘못이라고 한다.

「위령공」 편에 나오는 말이다. 『논어』를 읽다 보면 세상의 지혜나 인생살이의 교훈은 이미 2,500년 전에 쓰인 한 권의 책에 집대성되어 있다는 생각이 든다. 자신을 빛나게 하는 첫 번째 일은 어쩌면 잘못을 인정하고 다시 되풀이하지 않도록 노력하는 것은 아닐까.

나이 마흔이 되어서도 여전히 미움을 받는다면 그의 인생도 끝이다.

이는 「양화」 편에 나오는 말로 참으로 모진 말이지만 인생이란 또한 그러하다. 그런데 정작 이 말을 한 주인공 공자의 마흔 시절은 쓸쓸했다. 정치적 이상과 야망은 높았지만 아무도 그를 불러주지 않았다.

공자는 첩의 아들로 태어나 온갖 마음고생을 하면서 어린 시절을 보냈다. 공자의 삶 또한 지금의 우리에게 큰 교훈을 주고도 남는다. 3세에 아버지가 죽고 24세에 어머니마저 죽었다. 20, 21세에는 두 차례 낮은 관직을 맡았다. 처음 맡은 일은 가축 관리였다. 당시에 제사는 매우 중요한 일이었고, 제사에는 반드시 살찐 소나 양이 필요했다. 다음으로 창고의 물품을 관리하는 창고지기가 됐다. 신분이 낮은 공자에게 높은 자리는 주어지지 않았다. 공자는 "나는 어린 시절 가난하고 비천하여 먹고 살기 위해 이런저런 일을 많이 했다"고 회고했다. 먹고살기 위해 시작한 일 가운데 하나가 제자를 가르치는 '공자학교'였다.

공자는 35세에 첫 여행에 나서 제나라를 방문해 경공을 만났지만 안영의 반대로 등용되지 못했다. 그곳에 1년 정도 머물다 귀국했다. 51세에는 중도재(노나라의 변경도시 중도의 장관직) 벼슬을 받고 정치에 뛰어들어 사구(오늘날 법무장관)를 거쳐 대사구(재상)에 올랐다. 공자가 정치를 잘 보좌해 나라가 번성하자 이웃 강대국인 제나라 경공이 미인 80명으로 미인계를 썼다. 노나라 정공은 여기에 넘어갔고 결국 권력 투쟁에서 밀려난 공자는 56세 때 주유천하에 나서 68세까지 제자들과 함께 13년 동안 여행을 했다. 요즘에도 1년 동안 해외여행을 하면 육체뿐만 아니라 정신적으로 지치게 된다. 20대 젊은이도 예외는 아닐 것이다. 그런데 공자는 50대에 이르러서도 요즘 인재에게 가장 필요로 하는 덕목인 도전 정신으로 삶을 개척해나갔다.

하지만 그의 인생은 대부분 좌절과 실패의 연속이었다. 제자들에게마저 비아냥을 듣기도 했다. 하루는 장저와 걸익이 밭을 가는데 공자가 그곳을 지나다가 자로를 시켜 나루터가 어디 있는지 물어보게 했다. 장저가 자로에게 물었다. "저기 수레 고삐를 잡고 있는 사람은 누구요?" 자로가 공구(공자의 본명)라고 말하자 장저는 "그가 벌써 나루터가 어디에 있는지 알 것이오"라고 대답했다. 제자를 이끌고 이상 정치를 펼치고자 천하를 주유하던 공자를 조롱한 것이다.

공자는 자꾸 꼬이는 인생에 절망하며 자신을 외뿔소와 호랑이에 비유하기도 했다. 모든 소는 두 개의 뿔을 가졌는데, 외뿔소만은 문자 그대로 뿔을 하나만 갖고 있다. 호랑이는 잘 알려진 것처럼 짐승 중에서 가장 사납고 거친 동물로 통한다. 공자는 자신이 거친 광야를 헤매는 것은 외뿔소처럼 균형 감각이 없는 독선적인 고집을 가졌기 때문인가 아니면 호랑이처럼 분수에 넘치는 욕망을 갖고 세상을 지배하려는 무서운 권력욕에 사로잡혔기 때문인가 제자들에게 물었다. 이때 여행에 지친 일부 제자들은 스승을 비판하기도 했다. 하지만 그럼에도 공자는 끊임없는 도전 정신으로 불멸의 사상을 만들 수 있었다.

공자를 보면 여행만큼 값진 공부는 없다는 것을 깨닫는다. 만일 공자가 13년의 여행길에 나서지 않았다면, 벼슬을 얻어 정치가로 출세했다면, 과연 그의 사상이 지금까지 오롯이 빛날 수 있었을까. 단점이 강점이 되는 이치가 여기에 있다. 때로는 공자처럼 단호한 결단이 필요하다.

배우기만 하고 생각하지 않으면 현실과 동떨어지고, 생각하기만 하고 배우지 않으면 위험하다.

이는 공자가 독서와 사색의 중요성을 강조한 말이다. 먼저 독서가 있고 그 뒤에 사색을 해야 한다는 말이다. 아무리 독서를 해도 아무리 인터넷을 검색해도 사색이 뒤따르지 않으면 얻는 것이 없다. 역으로 사색만 하고 독서하지 않으면 위험하다. 정보와 앎이 부족해 일방적이고 독선적이 되기 때문이다. 공자는 아무리 사색하더라도 그 재료가 되는 독서를 하지 않는다면 앞서나갈 수 없다고 강조한다.

> 공자는 네 가지를 결코 하지 않았으니, 자기의 의견을 고집하지 않았고, 꼭 그래야 한다고 요구하지 않았고, 자기의 선입견을 고집하지 않았고, 자기중심적으로 생각하지 않았다.

「자한」편에 나오는 '4무'(무의毋意, 무필毋必, 무고毋固, 무아毋我)이다. 말하자면 공자가 지닌 이 같은 덕성만 갖춘다면 능히 군자라 할 수 있다. 그러나 공자는 군자로 살아가기가 힘듦을 이렇게 말했다.

> 나는 덕을 좋아하기를 색을 좋아하듯 하는 사람을 아직 보지 못하였다.

말하자면 미모를 좋아하는 것 이상으로 도덕을 좋아하는 사람을 본 적이 없다고 공자는 말한다. 흔히 "그 사람의 인물 평가는 관 뚜껑을 덮은 후"라고 한다. 『논어』가 제시한 평가의 기준은 바로 도덕적으로 인仁한 삶을 살았는지 여부이다.

> 사라져 가는 시간이 마치 강물과 같구나.

공자의 이 말은 나이가 들수록 가슴 시리도록 와 닿는다.

『논어』 읽는 법

『논어』는 옮긴이에 따라 논점이 달라지기도 한다. 따라서 논어는 서너 권을 비교하면서 읽는 편이 바람직하다. 성백효가 완역한 『논어집주』(전통문화연구회, 2010)는 송대 이후 중국과 조선시대에 교과서 격으로 읽힌 주희의 『논어집주』에 따른 번역서라고 할 수 있다. 남회근이 쓴 『논어강의-상. 하』(마하연, 2012)는 주자 정통의 주석에 새로운 해석을 가한다. 이 책은 남회근의 책을 기본으로 다른 책을 참고했다. 본문에 별도 표기가 없는 인용은 모두 남회근의 책에서 발췌했다.

초보자는 진순신이 쓴 『논어 교양강의』(돌베개, 2010)와 함께 청소년 시리즈로 만든 배병삼의 『논어, 사람의 길을 열다』(사계절, 2005)가 쉽게 읽을 만하다. 『논어』는 나이가 들수록 더 자주 읽어야 하는 수신서라고 할 수 있겠다.

참고 논문으로는 김수동의 「『논어』에서의 '배려 실천' 고찰」(인격교육, 제5권)와 이정화의 「동양고전을 통해서 본 성현의 글쓰기 교육」(공자학, 제21권), 김종식의 「공자와 리더십」(한국행정사학지, 제12권) 등이다.

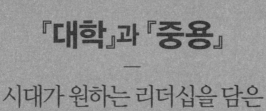

『대학』과 『중용』
—
시대가 원하는 리더십을 담은
인류의 경영서
—

9

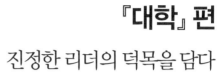

『대학』편

진정한 리더의 덕목을 담다

조선의 제22대 왕 정조(1752~1800)
호학(영조 때 성리학의 한 파) 군주를 대표하는 정조는 왕권을 강화하기 위해 「대학」을
텍스트로 경연을 열면서 제왕학을 확립하려 애썼다. 독서를 즐겼으며 지적이고 자신감
이 넘쳤던 정조는 경연에서도 말을 할 때 거침이 없었고 다변가였다. 요즘 말로 한번 마
이크를 잡으면 잘 내려놓지 않았다.

왕권 강화를 위한
통치의 교과서

모든 위대한 작가들은 다량의 사상을 표현하기 위해 소량의 언어를 표현
했다.

쇼펜하우어가 쓴 『문장론』의 한 대목이다. 쇼펜하우어는 역사상 위대
한 저술은 책의 분량이 방대하지 않았다고 지적한다. 노자의 『도덕경』
은 5,000자에 불과하다. 칼 마르크스의 『공산당 선언』도 분량이 많지 않
다. 그런데 중국에서 제왕의 통치학으로 불리는 『대학』은 『도덕경』의 절
반도 안 되는 1,751자로 이루어져 있다. 원문을 한글로 번역한 문장으
로는 6쪽짜리 문서에 불과하다.

이 짧은 문장으로 이루어진 『대학』은 『예기』(49편 중 42편이 '대학'에 해
당)에 묻혀 있다가 마침내 주희가 『중용』과 『대학』으로 독립시켜 '사서'

四書(『논어』, 『맹자』, 『대학』, 『중용』)의 체계로 확립하면서 1,200년의 세월을 뛰어넘어 화려하게 제왕의 텍스트로 부활했다. 서양의 제왕학이라고 할 수 있는 마키아벨리의 『군주론』은 '사서'가 자리 잡은 시기보다 300년이나 뒤에 세상에 나왔다. 당대 이전까지는 '오경'五經(『시경』, 『서경』, 『역경』, 『예기』, 『춘추』) 중심이던 사상 체계는 송대에 이르러 사서 중심으로 바뀌면서 이후 사서는 중국뿐만 아니라 조선에서 유교 사상의 중심을 이루었다.

그런데 주희는 『예기』에 있던 『대학』에 멋대로 128자를 추가하고 해설을 붙인 『대학장구』를 지었다. 주희는 전체를 경經 1장, 전傳 10장으로 나누어 '경'은 공자의 사상을 제자 증자가 기술한 것이고, '전'은 증자의 생각을 그의 문인(문하생)이 기록한 것이라고 했다.

주희는 『대학』의 내용을 세 개의 강령과 여덟 개의 조목으로 다시 만들었다. 이를 '삼강령', '팔조목'이라 한다. '삼강령'은 명명덕明明德, 친민親民, 지어지선止於至善이며 '팔조목'은 격물格物, 치지致知, 성의誠意, 정심正心, 수신修身, 제가齊家, 치국治國, 평천하平天下이다. 주희는 삼강령과 팔조목이 『장자』에 나오는 '내성외왕'內聖外王의 도를 제시한다고 말한다. 내성외왕이란 개인으로는 성인이 되고, 사회적으로는 어진 지도자가 되어서 천하를 태평하게 함을 목표로 삼는다는 말이다.

즉 『대학』은 무릇 군자(제왕)란 '격물치지'로 사물의 이치를 탐구해 자신의 앎을 확장하고, '성의정심'으로 자신의 뜻을 진실하게 하여 마음을 바로 정하는 수양을 쌓으면 절로 집안을 다스릴 수 있고, 그 연후에 천하를 평정하는 '치국'과 '평천하'를 이룰 수 있다는 내용을 담았다.

그런데 주희는 여기서 그치지 않고 『대학』의 글자가 잘못되었다며 수정을 가했다. 대표적으로 '경'의 첫 문장에 나오는 '친민'親民이다. 주희는 '친'을 '신'新으로 바꾸었다. 더욱이 원래 6자로 이루어진 전5장에 128자를 추가해 134자로 크게 늘어났다. 그 핵심 내용은 격물치지에 대한 의미를 해석하는 '보망장'補亡章이다.

> 그러므로『대학』을 처음 가르칠 때는 반드시 학자들에게 천하의 모든 사물에 나아가 이미 알고 있는 이치를 더욱 궁구해서 극진한 데까지 이르도록 해야 한다. 그래서 힘쓰기를 오래 하여 하루아침에 환하게 깨달아 모두 알게 되면 모든 사물의 겉과 속, 정밀한 것과 거친 것에 이르기까지 도달하지 않음이 없을 것이요, 내 마음의 온전한 본체와 큰 쓰임이 밝지 않을 수 없을 것이다. 이것을 사물의 이치에 도달했다고 하며, 이것을 앎이 지극하다고 하는 것이다.

조선 후기 김득신이라는 선비는 이 보망장을 1억 2천만 번이나 읽었다고 한다. 주희가 해석한 격물치지는 이른바 '성리학'의 핵심이 되는 내용이다. 이는 명대에 과거시험의 교과서가 되면서 필독서로 읽혔다. 과거시험을 준비한 김득신이 왜 1억 2천만 번을 읽었다고 했는지 알 수 있다.

반면 왕수인은 이 격물치지를 달리 해석해 '양명학'을 창시했고 이후 청대의 양무운동(서양 문물을 수용해 부국강병을 이루고자 한 근대화 운동)에 큰 영향을 끼쳤다. 왕수인은 인간의 마음에 모든 이치가 내재되어 있으므로 외부 사물에 대한 탐구를 중시할 경우 너무 많은 갈래로 해석이 복잡해진다고 비판한다. 즉 인간의 행위 동기라고 할 수 있는 인간의 의지를 성실하게 하고 마음을 바르게 함으로써 격물치지에 도달할 수 있다고 보았다. 따라서 격물치지를 "사물의 바르지 못한 것을 바르게 하고 인간에 내재된 양지를 모두 발현하는 것"이라고 해석한다.

주희의 해석을 맹종한 결과, 중국 역사상 무려 수백 년에 걸친 사상의 암흑기를 초래했다는 비판도 받는다. 조선에서도 주희의 해석을 맹종해 그 밖의 사상을 이단이라며 용납하지 않았다. 주희의 해석 말고는 그 어떤 주석 또한 용납하지 않았다. 예컨대 중국이든 조선이든 과거시험에서 '격물치지를 논하라'라는 과제가 제시되었다면 주희의 해석을 따르지 않고 왕수인의 해석을 따르면 무조건 낙방하고 심지어 이단으로 몰려 이후 과거시험 응시 자격조차 박탈당하기도 했다.

『대학』은 성리학을 숭상한 조선 중기 이후에 사상계와 정치계를 지배했고 통치학의 근간이 되었다. 조선의 호학(영조 때 성리학의 한 파) 군주를 대표하는 정조는 왕권을 강화하기 위해 『대학』으로 직접 강론을 열어 제왕학을 확립하려 애썼다. 독서를 즐겼으며 지적이고 자신감이 넘쳤던 정조는 강론에서도 말을 할 때 거침없는 다변가였다. 요즘 말로 한번 마이크를 잡으면 잘 내려놓지 않았다. 정조가 주도한 경연에서 제왕학 확립에 핵심적인 역할을 한 이가 바로 다산 정약용이다.

정약용의 강의 내용은 『대학강의』로 엮어졌고 훗날 『대학공의』로 재탄생했다. 『대학강의』에서 다산은 주희의 격물치지를 수용하지만 『대학공의』에서는 그대로 수용하지 않았다. 그때는 이미 그의 주군이었던 정조가 세상을 떠나 사상적으로 자유로웠기 때문일 것이다. 중국에서는 양명학을 창시한 왕수인에 이어 남회근 등이 『예기』를 원문 그대로 재해석하며 주자에 빠져 있는 『대학』의 탈색을 시도하기도 했다.

무릇 리더란
홀로 있을 때에도 신중하라

필자는 고등학교 윤리 시간에 '신독'愼獨이라는 말을 접하고 이를 항상 마음속에 간직하고자 한 기억이 떠오른다.

> 소위 그 뜻을 성실하게 한다는 것은 자기 스스로를 속이지 않는 것이다. 마치 독한 냄새를 싫어하듯 하며 좋은 색을 좋아하듯 하니, 이것을 일러 스스로 겸손함이라 한다. 그러므로 군자는 반드시 홀로 있는 곳에서도 조심해야 한다.
> — 『대학강의』(씨앗을뿌리는사람, 2004)

말하자면 신독은 군자가 갖추어야 할 중요한 덕목이다. 흔히 다른 사람이 있을 때에는 선한 얼굴을 하다 홀로 있을 때에는 전혀 다른 얼굴로 변하는 이들이 있다. 그런데 『대학』에서는 또한 진실로 "마음속에 있는 것은 밖으로 드러난다"고 한다. 그러므로 군자는 반드시 홀로 있을 때에도 신중하게 행동해야 한다고 강조한다. 증자는 이를 이렇게 표현한다.

열 개의 눈이 바라보며, 열 개의 손이 가리키고 있으니 엄정하구나.

또한 『대학』에서는 선과 악의 선순환과 악순환을 경계한다.

한 사람이 탐욕스럽고 사나우면 한 나라가 난을 일으키게 된다. 모든 기미가 이와 같다.

이것을 일러 "한마디 말이 일을 그르치고, 한 사람이 나라를 안정시킨다"라고 비유한다. 이는 좋은 풍속을 형성하기는 그만큼 어렵지만 잘못되기란 순식간이라는 것을 의미한다. 운전을 할 때도 한 사람의 난폭 운전이 갑자기 도로 전체를 위기로 몰아가는 것과 같은 이치라고 하겠다.

'수신'에 이어 '제가치국'에 이르면 나라를 다스리는 일이란 사람들에게 악을 금하고 선을 권하는 이치로 보았다. 따라서 군자는 자신이 선한 뒤에야 다른 사람에게 선을 요구할 수 있고 자신에게 악이 없어야 다른 사람의 악을 비난할 수 있다고 말한다. 이에 자기를 다스리는 마음으로 다른 사람을 다스린다는 의미와 동시에 자기를 사랑하는 마음으로 다른 사람을 사랑한다는 의미에서 '서'恕를 논한다.

중국의 요임금과 순임금의 사례가 있다. 요임금과 순임금이 인자함으로 천하를 이끌자 백성들은 그들의 인자함을 그대로 따랐고, 걸왕과 주왕이 난폭함으로 신하를 이끌자 백성들은 그들의 난폭함을 그대로 따랐다. 그러므로 군자, 즉 리더에게 가장 중요한 자질로 『대학』의 마지막 장은 이렇게 적는다.

혈구지도絜矩之道: 자기의 처지를 미루어 남의 처지를 헤아리는 것을 비유하는 말.

군자란 '자신의 마음으로 미루어서 헤어려보는 도'가 있어야 하며 혈구지도란 '곱자를 가지고 재는 방법'이라는 뜻으로 군자에게 요구되는 최고의 덕목이다.

윗사람에게서 싫은 것을 가지고 아랫사람을 부리지 말며, 아랫사람에게서 싫은 것을 가지고 윗사람을 섬기지 말며, 앞사람에게서 싫은 것을 가지고 뒷사람에게 먼저 하도록 하지 말며, 오른쪽 사람에게서 싫은 것을 가지고 왼쪽 사람을 사귀지 말며, 왼쪽 사람에게서 싫은 것을 가지고 오른쪽 사람을 사귀지 말라.

혈구지도의 단계에 수양이 도달해야 '평천하'에 이르며 그때 비로소 군왕은 '백성의 부모'가 될 수 있다. 혈구지도는 재물을 대하는 태도에서도 드러난다.

인한 사람은 재물로써 몸을 일으키고, 인하지 못한 사람은 몸으로써 재물을 일으킨다.   —『대학강의』(씨앗을뿌리는사람, 2004)

즉, 어진 사람仁者은 재물을 흩어서 백성을 얻고 어질지 못한 사람은 자신을 망쳐서 재물을 늘린다. 재물을 흩는다는 의미는 재물을 베푼다는 의미이다. 자신을 망쳐서 재물을 얻는다는 말은 뇌물 등을 주고받으면서 부를 축적한다는 의미로 이해하면 쉬울 것이다.
한국의 대표 지식인으로 꼽히는 신영복은 그가 쓴 책『강의』(돌베개,

2004)에서 이렇게 강조한다.

> 다른 사람의 아름다움을 이루어주는 것을 인仁이라 한다. 자기가 서기 위
> 해서는 먼저 남을 세워야 한다는 순서를 가지고 있다고 이야기한다.

이것이 바로 혈구지도의 완성본이 아닐까. 또한 자신의 처지를 미루어 남의 처지를 헤아린다는 점에서 『논어』에 나오는 '추기급인'推己及人과 같은 의미이며, 자신이 하기 싫은 일은 남에게도 시키지 않는다는 점에서 '기소불욕물시어인'己所不欲勿施於人과 상통한다. 결국 증자의 『대학』은 스승 공자의 가르침으로 환원된다.

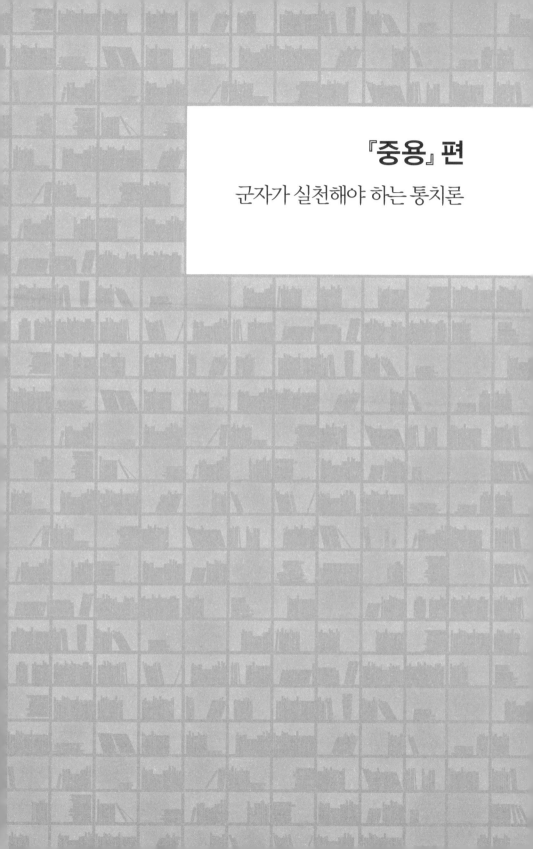

『중용』편

군자가 실천해야 하는 통치론

偶袖野老多目録
避人出鳥不成啼

〈산경춘행도〉, 마원馬遠(1160?~1225?)

군자에게 가장 중요한 덕목은 신독愼獨으로 무릇 혼자 있어도 마음가짐을 바로 가져야 한다. 은밀한 곳보다 눈에 잘 띄는 곳이 없고, 미세한 일보다 분명하게 드러나는 일은 없다. 그러므로 군자는 홀로 있을 때에 신중하게 행동한다. 요즘 우리 사회의 리더들에게 가장 필요한 덕목이 아닐까.

민심을 하나로 모으는
중용의 길

　천하제일 명문가를 일구었다는 공자 가문을 살펴보자. 공자는 셋째 부인의 소생인데 그 손자인 자사(공급) 또한 후처의 소생이다. 더욱이 자사의 어머니는 다시 서씨 집안의 후처로 재혼했다. 재혼한 어머니의 부음을 들은 자사는 상복을 입고 곡을 하다 제자들이 이를 이상하게 여기자 별실을 만들어 곡을 했다고 한다. 공자와 아들, 손자는 모두 부인과 사이가 안 좋았다. 공자는 여행에서 돌아오자 부인이 세상을 떠난 뒤였고 아들과 손자는 모두 이혼했다. 어찌 보면 수신을 제대로 하지 못한 것으로 볼 수도 있다. 성인으로 평가받는 공자의 삶은 생전에는 늘상 집 밖을 떠돌며 여행만 다닌다고 비아냥을 듣기도 하고 이상적인 정치를 추구한다는 비판을 받을 정도로 때로 모순된 언행을 보였다. 공자도 한 인간이었던 것이다.

자사는 공자가 주유천하를 다녀온 이듬해인 68세 때 태어났다. 그리고 자사가 4세가 되던 해에 공자가 세상을 떠나는 바람에 할아버지의 가르침을 제대로 받지 못했다. 자사는 공자의 제자로 손꼽힌 증자를 스승으로 모시고 공부했으며 유가의 철학을 체계화한『중용』을 썼다. 또 자사에게 사사한 문인이 맹자의 스승이 되었다. 유가의 도는 맹자에게로 이어졌다가 이후 끊어졌다. 그러다 송대에 이르러 정이, 정호 형제가 끊어진 유학의 도를 다시 일으켰고 주희에 이르러 부흥기를 만들었다고 할 수 있다. 유가의 도통이 공자-증자-자사-맹자-정호-정이-주희로 이어진 것이다.

주희는『중용장구』서문에서『중용』은 자사가 공자에서 시작된 유가의 전통을 잃을까 우려하여 지었다고 밝혔다. 즉 자사가 쓴『중용』은 동양의 윤리문화를 대변하는 책으로 꼽힌다. '중용'이라는 개념은『논어』「옹야」편에 처음 등장한다.

> 중용의 덕성은 지극한 것이다. 백성 중에 중용의 덕을 지닌 이가 드물게 된 지 오래 되었다!
> – 『논어강의 – 상』(마하연, 2012)

그러나 유학이 다시 살아나 성리학이 성립되는 송대 이전에는『중용』은『대학』과 마찬가지로『예기』의 한 편(31편)에 속한 글일 뿐 크게 주목받지 못했다. 그런데 주희는 군자의 이상형인 요임금과 순임금이 전한 도의 가르침에 주목했다. 요임금은 순임금에게 자리를 물려주면서 가르침을 베풀었는데 그 내용이 '중'中이었다. 순임금 또한 우임금에 자리를 물려줄 때 요임금이 베푼 가르침에 부연하였다.

주희는 이 점에 착안해『중용』을 성인이 전해준 통치의 도를 서술한 책으로 보고 그 가르침을 잘 닦으면 이단(당시 불교와 도교를 말함)의 무리가 더는 그 세력을 누리지 못할 것이라고 했다. 즉『중용』을 당시에 발흥한 종교에 맞대응할 수 있는 철학으로 활용하고자 유학의 도통을 확립하기 위해『논어』,『맹자』,『대학』과 더불어 사서 체계를 만든 것이다.

> 중은 한쪽으로 치우치지 않고 의지하지 않아서 지나치거나 모자람이 없는 것을 말하고, 용은 평범하고 일상적인 것이다. 하늘이 명한 것을 본성이라 하고, 본성을 따르는 것을 도라 하고, 도를 닦는 것을 가르침이라고 한다.

『중용』은 이러한 문장으로 시작한다. 이것이 바로『중용』의 핵심이다. 주자는 이를 풀어 결국 '중용의 도'는 일상생활을 바탕으로 인간 본성을 평탄하게 실천하는 것이라 했다.

> 중中과 화和를 이루면 천지가 제자리로 돌아가고 만물이 제대로 길러진다.

쉽게 이해가 가지 않는다. 다만 공자의 이 말을 떠올리면 '중용'이라는 의미를 어렴풋하게 이해할 수 있을 것이다.

> 군자는 중용을 행하고 소인은 중용에 반대되게 한다.

『중용』이 군자 특히 통치자가 실천해야 하는 정치론이라는 것은 20장에서 극명하게 드러난다. 애공哀公이 공자에게 정치란 무엇이냐고 묻자 공자는 "정치가 잘되고 못됨의 요체는 문왕과 무왕과 같은 인물의 유무에 달려 있다"며 다음과 같이 말했다.

무릇 천하와 국가를 다스리는 데는 아홉 가지 떳떳한 법이 있다. 몸을 수양하는 것, 어진 사람을 존경하는 것, 어버이를 사랑하는 것, 대신을 공경하는 것, 여러 신하들을 내 몸처럼 여기는 것, 백성들을 자식처럼 여기는 것, 모든 공인(工人 : 기술자나 장인)들을 오게 하는 것, 먼 지방의 사람들을 회유하는 것, 제후들을 따뜻하게 품어주는 것을 말한다.

문왕과 무왕은 주나라의 기틀을 닦고 창업한 인물로 공자가 군자의 이상적인 인물로 삼는다. 즉 문왕과 무왕은 위에서 말한 '구경'의 덕목을 실천한 인물이라는 말이다. 구경이란 아홉 가지 떳떳한 법으로『대학』의 '수신제가치국평천하'에 비견한다. 자신으로부터 시작해 천하에 이르는 발전 과정은 동일하지만『중용』의 구경이 보다 구체적인 내용을 담고 있다.

세종이 성군이 될 수 있었던
아홉 가지 비결

세종 통치 기간은 조선과 대한민국 역사를 통틀어 가장 영광을 누린 시대로 평가한다. 『세종실록』은 세종대왕을 '해동의 요순'으로, 『율곡전서』는 '동방의 성주'로 칭한다. 세종이 성군으로 평가받은 비결은 바로 『중용』에 나오는 통치론의 핵심인 '구경'을 앞장서 실천한 데서 찾을 수 있다.[26]

세종은 32년 재위 기간 동안 사서四書를 중심으로 총 1,898회 경연을 했는데 월 평균 5회 꼴이다. 세종 6년부터는 사서 강독이 이루어졌다. 사서는 각 권마다 보통 한 달씩 강독했다. 또한 세종은 경연에서 직접 『중용』을 강독하며 '중용의 원리'를 강론했으며 한편으로는 현실 정치에서 그것을 실천했다.

『중용』은 최고 통치자인 군주를 위한 실천 서적이다. 단지 윤리적인 실천의 책이 아니라 정치적인 실천의 책이었다. 세종은 『중용』에 거론되는 순임금과 문왕, 무왕과 같은 성인의 정치를 자신의 임무로 여기며 조선 백성들에게 실현하고자 노력을 기울였다.

세종은 '양녕은 서울에 발을 들여놓지 말라'는 태종의 유훈을 어기면서까지 자신의 형인 양녕을 만나기도 했다. 뇌물을 받은 관리인 장리贓吏의 자손에 대해서는 영원히 과거시험 자격을 박탈하는 등 엄격한 처벌을 가했다. 그러나 세종은 재위 14년 5월 14일 신하들에게 "장리의 자손에 대한 등용 문제를 논의해보라"고 한다. 김종서, 황희, 맹사성 등은 등용을 주장한 반면 다른 대신들은 반대했다. 이에 세종은 "쓰는 것이 옳겠다"라는 결정을 내리기도 했다.

세종은 훌륭한 신하를 공경하는 '경대신'敬大臣도 앞장서 실천했다. 세종 4년 태종이 죽고 세종의 친정이 시작되었다. 세종은 새로운 정치에 대한 포부를 공언한다.

발정시인發政施仁 : 어진 것을 베풀어 정치를 일으켜 세운다.

이는 맹자가 주장한 것으로, 여기에서 태종의 강포한 정치를 넘어서 '인의 정치'를 펴려는 세종의 강한 의지를 읽을 수 있다. 새 정치를 시작하는 세종은 자신의 뜻에 부합하는 새로운 인물을 등용하기도 하고 선대의 고위 관료를 배제하지 않고 그들이 퇴임하거나 자연사할 때까지 관직을 유지하게 했다. 이러한 '경대신'의 실천은 세종이 통치한 32년에 걸쳐 무수히 등장한다. 세종은 또한 대신을 공경하는 의미로 중죄를 지은 대신에게도 결코 죽음을 부여하지 않았다. 이러한 세종의 일관된 태도에 신하들은 충심으로 보좌했고 그것이 세종 시절의 정치적 안정과 번영의 초석이 되었다.

세종은 백성에게도 공평하게 측은지심으로 대했다. 세종은 구경 가운데 백성을 자식과 같이 생각하는 '자서민'子庶民에도 적극 임했다. 자서민은 어진 정치의 처음이자 끝이라 해도 좋을 것이다. 세종은 불교 억압 정책에도 불구하고 사간원 승도들이 흥천사에서 안거회(스님들이 일정 기간 외출을 금하고 모여서 수행하는 것)를 열어 무익하게 곡식을 허비한다고 하자 "승도도 역시 나의 백성이다. 만일 그 중에 굶주리는 자가 있다면 국가가 어찌 모른 척하고 구원하지 않겠느냐"고 말한다. 세종에게는 자신이 다스리는 백성이라면 어떤 신념을 가졌다 해도 품어야 할 백성이었다.

『중용』은 유교사상을 철학적으로 해명한 책으로 후세에 성리학을 열어준 기틀이 되었다. 성리학의 요체는 『중용』의 21~26장에 걸친 '성'誠에서 출발한다.

성실한 것(誠)은 하늘의 도요, 성실하고자 하는 것(誠之)은 사람의 도리이다.

『중용』에서는 무턱대고 고집할 것이 아니라 옳은 일을 선택해 고집하라고 한다. 이를 '택선고집'擇善固執이라 한다. 군자는 『대학』에서 제시된 신독愼獨(홀로 있을 때 도리에 어그러짐 없이 삼감)과 함께 택선고집을 통해 인간의 내면 수양이 '성'에 도달한다면 무릇 신의 경지와 하늘에 통할 수 있다고 한다. 천인합일의 경지, 즉 성인의 경지에 도달한다는 말이다. 대표적인 인물이 바로 요임금과 순임금이요, 문왕과 무왕이다.

공자는 중용의 실천은 군자에게도 쉽지 않다고 했다. 먼저 신독에 힘쓰며 택선고집을 마음에 새기고 일상생활에서 실천해보자. 성실하고자 애쓰는 도리야말로 하늘에 이르는 길이자 중용에 이르는 길일 것이다. 결코 쉽지 않기에 "도를 닦는다"라고 하는 게 아닐까.

그만큼 중용을 지키기란 어렵기에 공자는 차선책을 거론한다. 노나라

대부 유하혜(춘추 시대 노나라 사람)를 평가하여 "자기의 뜻을 굽히고 몸도 욕보였지만 말이 윤리에 맞고 행동이 사리에 맞다"고 했다.

공자는 중용을 실천하는 사람과 함께 지내지 못한다면 차라리 뜻이 높은 사람인 '광자'狂者나 행동이 분명한 사람인 '견자'狷者와 같이하고 싶다고 했다. 광자는 행동이 말을 따라가기 어려우나 뜻과 의욕이 높은 사람이고 견자는 지식은 모자라지만 약속을 지키는 사람이기 때문이다. 중요한 점은 광견자란 최선의 중용인이 없을 경우 차선의 인물로 의미를 가진다는 것이다.[27]

공자는 중용을 실천한 인물로 중용을 지키며 어진 삶을 실천한 제자 안회를 거론하며 칭찬을 아끼지 않았다. 선한 사람은 요절한다는 속설처럼 안회는 요절하여 공자를 비탄에 빠지게 했다.

> 안회의 사람됨은 중용을 선택하여 하나의 선을 얻으면 받들어 가슴속에 붙잡아 두고 잃지 않는다.

공자는 군자에게는 네 가지 도가 있다 말하며 자신도 이를 실천하기가 쉽지 않았음을 고백한다.

> 군자의 도는 네 가지인데 나는 그 가운데 한 가지도 잘하지 못한다. 자식에게 바라는 것으로 부모를 섬기는 것도 잘하지 못하며, 신하에게 바라는 것으로 임금을 섬기는 것도 잘하지 못하며, 아우에게 바라는 것으로 형을 섬기는 것도 잘하지 못하며, 친구에게 바라는 것을 내가 먼저 베푸는 것도 잘하지 못한다.

이 말에서 공자도 한 인간임을 느낀다. 다만 공자는 "말할 때는 실천

할 수 있는가를 생각하고, 행동할 때는 자신이 한 말을 생각한다면 군자가 어찌 독실하지 않을 수 있겠는가"라고 강조한다. 그런데 군자와 소인의 차이란 절대적인 경계가 있는 것은 아니라고 공자는 말한다. 군자도 때로 소인의 행동을 할 수 있고, 소인 또한 때로는 군자의 도를 지닐 수 있다는 것이다.

자사가 『중용』을 마무리하며 공자가 강조한 『시경』의 시 구절을 인용한 대목이 인상적이다.

> 시경에 이르기를 "나는 밝은 덕이 소리와 안색을 크게 하지 않음을 생각한다"라고 하였다. 공자께서 말씀하시기를, "소리와 안색은 백성들을 교화시킴에 있어 지엽적인 것이다"라고 하셨다. '시경'에 '덕은 가볍기가 터럭과 같다'라고 하였으니, 터럭도 오히려 비교할 만한 것이 있으니, "상천(하늘)의 일은 소리도 없고, 냄새도 없다"라고 말해야 지극하다고 할 것이다.

『대학』과 『중용』 읽는 법

『대학』 번역본은 대부분 『예기』에 속했던 원문이 아니라 주희가 쓴 『대학장구』를 기반으로 삼았다. 최영갑의 『대학 · 중용』(펭귄, 2012)은 주희의 번역본이다. 본문에 별도의 표기가 없는 인용은 모두 최영갑의 번역본에서 발췌했다. 서울대는 『대학장구』를 번역한 성백효의 『대학 중용집주』(전통문화연구회, 2010 개정증보판)를 추천한다. 남회근의 『대학강의』(씨앗을뿌리는사람, 2004)는 『예기』의 원문을 텍스트로 삼았는데 글자를 고치고 첨가한 주희를 질타한다.

한국에 소개된 『중용』의 번역본은 대부분 주희가 지은 『중용장구』가 원문이다. 최상용이 쓴 『중용의 정치사상』(까치, 2012)은 『중용』을 정치사상사 측면에서 고대의 서양과 비교 분석했다.

참고 논문으로는 박홍규의 「『중용』과 세종의 정치 : 구경을 중심으로」(동양정치사상사 제11권 제1호) 등이다.

『맹자』
―

우리는 포악한 군주를
벌할 권리가 있다
―

10

중국 산둥성 쩌우현에 있는 맹모삼천지교 비석

맹모삼천지교孟母三遷之敎는 맹자의 어머니가 자식을 위해 세 번 이사했다는 뜻으로
인간이 성장하는 데 환경이 중요하다는 것을 나타내는 말이다.

무력과 권모술수가
난무하던 시대

교육은 반드시 올바른 도리로 가르쳐야 하는데, 올바른 도리로 가르쳐서 효과가 없으면 자연히 이어서 성을 내게 된다. 이어서 성을 내게 되면 도리어 감정을 상하게 된다. 그러면 자식이 "아버지는 올바른 도리로 나를 가르친다고 하시는데, 아버지의 행동은 정작 올바른 도리에서 나온 것이 아닙니다"라고 말한다면, 이는 벌써 부자간에 서로 감정이 상한 것이다. 부자간에 서로 감정이 상하는 것은 나쁜 일이다. 그러므로 옛날에는 자식을 (다른 집과) 서로 바꾸어 교육함으로써, 부자간에 좋은 일을 권하다가 서로를 책망하는 일이 없도록 하였다. 좋은 일을 권하다가 서로 책망하면 부자간에 거리가 생기고, 부자간에 거리가 생기면 이보다 좋지 않은 일이 없다.

공손추가 스승 맹자(기원전 372~289)에게 "군자가 자식을 직접 가르치지 않는 것은 무엇 때문입니까?"라고 묻자 위와 같이 답했다.

필자가 『맹자』(을유문화사, 2007)를 읽으면서 가장 먼저 옮겨 적은 내용으로 자녀교육에 관한 글이다. 특히 "자식을 다른 집과 바꾸어 가르쳐라"라는 부분이다. 맹자는 선을 행하고 말할 수 있는 사람은 친구여야지 부모여서는 안 된다고 말한다. 부모가 자식을 가르치지 말라는 유가의 오래된 원칙은 바로 『맹자』에서 비롯되었다.

그런데 '맹모'는 어머니의 자식교육을 상징한다. '맹모삼천지교'는 묘지, 시장, 학교 옆으로 차례로 이사하면서 맹자를 교육한 어머니 이야기이며, 그 어미가 베를 잘라 가르친 일을 '단저교자'斷杼敎子라고 한다. 맹모는 어느 날 맹자가 공부를 멀리하자 화가 나 짜던 베를 가위로 잘라버렸다. 다음은 『맹자 평전』(미다스북, 2002)에 나오는 이야기다.

> 네게 글공부를 시킨 것은 너를 쓸모 있는 사람으로 키우고자 함이다. 그런데 너는 노는 데만 정신이 팔려 앞으로 나아갈 생각은 하지 않는구나, 그건 마치 내가 잘라버린 저 베가 쓸모없는 물건이 된 것과 같다. 앞으로도 네가 이렇게 허송세월을 한다면 너는 그저 몸으로 먹고 사는 처지(노력자)에 머물고 말 것이다.

여기서 '노력자'와 '노심자'의 개념이 나온다.

> 노심자는 마음이 수고롭고, 노력자는 몸이 수고로우며, 노심자는 다른 사람을 다스리고, 노력자는 남에게 다스림을 받는다. 남에게 다스림을 받는 사람은 남을 먹여주고, 남을 다스리는 사람은 남에게 봉양받는다.[28]

맹자는 어머니의 가르침에서 생산에 종사하는 '노력자'와 군자에 해당하는 '노심자'의 개념을 발전시킨 게 아닐까.

몇 년 전 공자의 고향인 곡부와 태산, 임치, 그리고 맹자의 고향인 추성 등을 둘러본 적이 있다. 그때 공자와 맹자의 유적을 보고 깜짝 놀랐다. 공자의 유적인 공부孔府는 '성부'聖府라 새겨져 있을 정도로 위용을 자랑한다. 베이징의 자금성과 비교해도 손색이 없을 정도다. 그런데 맹자를 모신 맹부孟府를 보자마자 공부와의 위상 차이를 금세 알 수 있었다. '성인'과 '아성'亞聖의 차이를 보여주는 듯하다. 맹자는 공자에 버금가는 성인이라는 뜻의 '아성'으로 불린다. 아류라는 말은 누구나 듣기 싫어한다. 하지만 아성은 다르다. 아성 또한 누구에게나 쉽게 주어지지 않는 영예로운 자리이기 때문이다.

맹자는 공자(기원전 551~479)가 세상을 떠난 지 100여 년 뒤에 태어났다. 공자의 시대보다 더 혼란스러웠고 오직 권력만이 지배했다. 맹자는 어지러운 전국시대에 논쟁을 좋아하는 '호변가'好辯家로 이름이 났다. 주나라 왕실은 권위가 무너진 지 오래고 그 자리를 힘의 논리를 앞세운 제후들이 차지했다. 이때 맹자는 제후들에게 자신의 정치적 이상인 '왕도정치'를 유세하기 시작했다. 공자가 자신의 이상 정치를 실현하기 위해 주유한 것처럼 맹자도 그랬다. 오히려 공자가 56세에 주유하기 시작해 68세에 집에 돌아와 13년의 세월을 주유한 것에 비해 맹자는 더 길었다. 50세가 넘어서 시작한 '유세 편력'을 마치고 고향으로 돌아온 해가 70세쯤 되었을 때로 추정된다. 맹자는 무려 20년 동안 제후들 사이를 오가며 자신의 '인정 사상'을 실현하려 노력했다.

맹자는 66세에 위나라에 간다. 위의 양혜왕과 아들 양왕은 맹자의 인정에는 관심이 없었다. 당시 위나라는 제나라에 침략당하는 등 위급한 처지였다. 이에 혜왕이 패전의 치욕을 씻을 방법을 묻자 맹자는 거듭

"인정을 베풀라"고만 했다. 형벌을 감면하고 세금을 경감하여 백성들이 부모에게 효도하고 윗사람이나 어른을 공경하며 왕은 백성을 위해 몸과 마음을 다해야 백성들이 왕에게 충성을 바치고 신의를 지키기를 기대할 수 있다는 것이다. 이는 공자의 사상에서 크게 벗어나지 않았다. 맹자는 이 모든 것을 해낼 수만 있다면 나무 방망이로도 두꺼운 갑옷과 칼로 무장한 진나라와 초나라의 군대와 맞설 수 있다고 했다. 하지만 당장 패전의 치욕을 씻기를 원하는 혜왕의 귀에 이 말이 들어올 리 없었다. 혜왕은 그저 듣는 척할 뿐이었다.

맹자는 이어 제나라로 간다. 제나라의 선왕은 맹자를 최고의 빈객으로 맞았다. 그러나 선왕도 '인정'에는 귀를 기울이지 않았다. 무려 6년 동안 머무르며 경의 지위를 받았지만 명예에 불과했다. 당시 선왕이 연나라를 정복하자 진나라와 초나라가 제나라를 칠 준비를 했다. 이에 맹자는 선왕에게 "연나라에 새 군주를 세워 민심을 수습하라"는 조언을 해주었지만 왕은 귀를 기울이지 않았다. 결국 연나라 사람들이 들고일어나 제나라 군대를 내쫓아버렸다.

맹자는 제나라를 떠나면서도 선왕에게 미련이 남았다. 그가 보기에 제나라야말로 왕도정치를 펼 수 있는 기회의 땅이라고 생각했고, 그 적임자가 선왕이라고 여겼기 때문이다. 그리하여 맹자는 제나라 국경 근처 주읍에서 사흘을 더 머문다. 혹여 선왕이 마음을 고쳐먹고 그를 붙잡으리라는 한 가닥 희망 때문이었다. 결국 선왕이나 그의 신하가 모습을 나타내지 않자 미련을 거두고 떠난다.

이후 맹자는 송나라를 거쳐 추나라에서 잠시 머문다. 이어 등나라로 간다. 소국인 등나라의 문공은 제후들 가운데 처음으로 맹자의 '인정'을 받아들여 왕도정치를 추진한다. 하지만 이마저 제나라의 침략을 받아 맹자가 꿈꾼 인정도 무산된다. 얄궂게도 등나라를 침략한 제나라는 맹자가 그토록 애정을 갖고 왕도정치를 펴라고 간청했지만 결국 그와 반대로 '패도정치'(무력이나 권모술수로 이욕만을 채우는 것)에 뛰어들었다. 여기서 맹자는 왕도정치를 펴려면 강대국이어야 한다고 말한다. 다른 나라의 침략을 이겨낼 수 있는 힘이 있어야 인정을 펼쳐 왕도정치를 실현할 수 있다는 것이다.

　왕도정치를 실현하는 군주가 바로 성인에 해당한다. 맹자는 모든 인간이 하나같이 측은지심, 수오지심, 사양지심, 시비지심이라는 '선한 단서'善端를 가지고 있는데 만일 그러한 선한 단서를 충실히 늘려 나가면 모두 요순과 같은 성인이 될 수 있다고 했다. 맹자는 성인의 조건을 선천적인 것과 후천적인 것으로 구분한다. 태어나면서 선한 단서를 인식하는 사람이 있고, 후천적으로 배워서 인식하는 사람이 있다는 것이다. 즉 맹자는 요임금와 순임금은 태어나면서부터 선한 단서를 인식한 성인으로, 탕왕과 무왕은 배워서 선한 단서를 인식한 성인으로 묘사한다. 반면 공자는 성인의 경지는 쉽게 도달할 수 없다고 했다. "요순 임금조차 그러지 못할까 걱정하셨다"라고 『논어』의 「옹야」 편에 언급한 것처럼 자기 자신도 그러한 경지에 도달하기 힘들다고 고백했다.

어진 정치라는
신상품으로 승부하다

흔히 맹자와 관련해 '성선설'과 '호연지기', '오십보백보'와 '왕도정치' 등을 논한다. 성선설과 호연지기는 인정을 펼 수 있는 선한 본성의 바탕이 되는 개념이다. 오십보백보는 왕도정치에 이르지 못한 제나라의 선왕을 빗댄 비유이다.

맹자는 먼저 성선설을 만들어 교육을 통한 '인의예지'仁義禮智의 덕성과 선한 단서인 측은, 수오, 사양, 시비지심(4단)의 마음을 발휘하고 본심을 잃지 않도록 성품을 기르는 공부를 중시했다. 성선설은 어린아이가 물에 빠지는 '유자입정'孺子入井의 비유를 통해 주장한다. 즉, 물에 빠진 아이를 보면 누구나 깜짝 놀라고 측은하게 여기는 마음을 가져 아이를 구하게 마련이라는 것. 이는 이해득실을 따져서 나온 의도적인 행위가 아니라 무의식적이고 본능적인 행위이며 그렇기에 인간에게는 태어나면서부터 선한 본성이 있다고 주장한다. 인정 사상과 왕도정치는 바로 성선설을 바탕에 둔 것이다.

맹자는 사람은 모두 '인의'仁義의 마음을 가지고 있으므로 만일 인의의 마음을 길러줄 수 있다면 그것은 '우산의 나무'처럼 밤낮으로 비와 이슬로 적셔주어 왕성하게 생장할 것이며, 만일 인의의 마음을 길러주기를 잃는다면 양심을 내버려두고 도끼로 나무를 베어 초목을 사라지게 하는 것과 같은 일이라고 주장한다. 이는 우산지목牛山之木의 우화로 우산의 나무는 일찍이 아름다웠으나 사람들이 나무를 베어 황폐해졌다고 한다.

> 인은 사람이 거해야 할 편안한 집이고, 의는 사람이 걸어야 할 바른 길이다.

이는 「이루상」에 나오는 말로 맹자와 양혜왕과의 대화에서 잘 드러난다. 양혜왕은 맹자를 보고 "이렇게 천 리 길도 멀다 않고 찾아오셨으니 역시 우리나라에 무슨 이익을 주시려는 것이겠지요?"라고 말했다. 이에 맹자는 이렇게 답한다.

> 왕이시여! 하필이면 이익을 말씀하십니까? 다만 우리에겐 추구해야 할 인의가 있을 뿐입니다. 왕께서 만일 "어찌해야 우리 나라에 이익이 되겠는가?"라고 말하신다면, 대부는 "어찌해야 나의 봉지에 이익이 있을까?"라고 말하고, 일반 관리와 백성도 "어찌해야 나 자신에게 이익이 될까?"라고 말할 것이니, 이와 같이 위아래가 서로 사사로운 이익을 추구한다면 나라에는 위험이 생길 것입니다. ─『맹자』(을유문화사, 2007)

이러한 인의 사상에서 포악한 군주에 대한 방벌, 즉 쫓아내어 죽이거나 처벌하는 것의 정당성이 나온다. 맹자의 방벌론은 서양에서 존 로크가 저항권을 주창한 것보다 무려 1,300여 년을 앞선다.

맹자는 난세에는 반드시 왕자가 나타날 것이라고 생각했으나 제환공, 진문공 등 패자의 출현에 대해서는 문제 삼을 만한 것이 못되는 역사의 사실일 뿐이라고 여겼다. 즉 패자의 등장은 일치일난一治一亂(한 번 다스려지면 한 번 어지러워짐)의 한 과정이라고 생각했다.

다만 맹자는 왕도정치에 입각해 "힘으로써 남을 복종시키는 자에게는 마음으로 복종하지 않는다"(「공손추」편)는 사실을 믿었기 때문에 "힘으로써 인을 표방하는" 패자는 천하를 통일할 수 없다고 하였다. 그래서 맹자는 천하가 태평한 시기에서 난세로 전환되는 추세에는 포악한 패도정치가 흥성하게 되어 시대는 더욱 혼란해진다고 했다. 결국 맹자의 논리에 비춰보면 패자는 비록 "그러므로 노력은 옛사람에 비해 절반만 들이고도 효과는 반드시 배를 얻는" 시대에 출현하지만 왕도정치의 위업을 달성할 수는 없었기에 '죄인'이라고 표현한다. 따라서 맹자의 역사관은 '왕자-천자-폭군-왕자'로 돌아가는 순환 구조로 요약된다. 이러한 순환 속에서 왕자의 역할을 발휘하는 사람은 오백 년 만에 한 번 출현한다고 생각했는데 요와 순임금, 탕왕과 문왕, 무왕을 예로 들었다.[29]

> 요순으로부터 탕왕에 이르기까지가 오백여 년, 탕으로부터 문왕에 이르기까지가 오백여 년, 문왕으로부터 공자에 이르기까지가 오백여 년이다.[29]

「진심 하」盡心下편에 나오는 말로 맹자가 만난 양 혜왕, 제 선왕, 등 문공, 추 목공 등은 모두 맹자의 말에 상당한 설득력이 있다고 느꼈다. 그러나 맹자의 의견과 관점을 받아들여 현실 정치에 그대로 적용하기는 힘들었다. 오히려 종횡가, 병가, 법가 등이 전국시대의 정치 국면에 훨씬 큰 영향을 미쳤다. 맹자는 제후들에게 어진 정치를 펼치기 위해서는 자신이 누릴 수 있는 특권과 욕망을 줄이고 조절해야 한다고 당부했다. 그러나 이를 순순히 받아들일 가능성은 희박했고 왕도정치는 이상주의로 여겨 수용하지 않았다.

맹자는 꾀를 내어 왕에게 아첨하는 책사가 아니었다. 대의에 입각해 긴 안목으로 사안을 보려 했다. 그러나 정치판의 제후들은 직접적이고 단기적인 효과를 원했다. 맹자의 관점을 이해하기 위해서도 오랜 시간이 필요했다. '인자무적'仁者無敵이라 하여 어진 사람은 대적할 자가 없다고 하지만 어진 사람이 되기 전에 상대의 공격을 받고 망할 수도 있었던 것이 전국시대의 상황이었다.

『맹자 평전』에 따르면 맹자는 자기 특징을 두 가지로 요약한다.

나는 남이 하는 말을 알고(知言), 나의 호연지기(浩然之氣)를 잘 기른다.

맹자의 인상은 호연지기가 상징하는 것처럼 기가 센 형상이다. 반면 공자의 인상은 매우 인자한 어른의 모습이었다. 맹자는 자존적이고 엄해서 침범할 수 없는 형상이었으며 왕공이나 귀족이라도 예의를 다하지 않으면 그에 상응하는 반응을 보였고 결코 굴복하지 않았다. 말하자면 맹자는 불같은 지사형 상이라고 할 수 있다.

한번은 제나라 선왕이 맹자를 만나러 가려다가 가기 싫어졌다. 왕이 굳이 가서 만나려니 체면이 아니라고 여겼을 것이다. 선왕은 병을 핑계로 대신 맹자에게 조정에 나와 달라고 알렸다. 맹자도 병을 핑계로 조정에 나갈 수 없다고 알렸다. 그러자 왕이 의원을 보냈는데 그래도 맹자는 조정에 나가지 않았다. 신하들이 불손하다고 비난하자 맹자는 이렇게 대답한다.

> 장차 큰일을 하려는 임금은 반드시 불러서 가지 않는 신하를 갖기 마련
> 이며, 그와 의논하고 싶은 일이 있으면 자기가 찾아가오. 덕을 존중하고
> 도를 즐기기를 이와 같이 하지 않으면 함께 큰일을 하기엔 부족한 거요.

맹자의 이러한 호방한 자존감과 독립의식은 후세의 지식인에게 큰
영향을 끼친다. 맹자는 또한 상대방에 대한 예의를 봐가며 교유했다. 즉
상대방의 예의가 세밀하고 태도가 진지하면 나도 그에 보답한다. 반대
로 나를 피상적으로 대하면 나도 그를 진지하게 대할 필요가 없다는 말
이다.

반면 공자는 자신의 제자와도 자유분방했다. 제자가 때로는 스승에게
다른 의견을 내놓기도 하고 심지어 비판할 수도 있었다. 이와 달리 맹자
는 엄격한 스승의 모습을 보여준다. 제자가 감히 농담도 할 수 없었다고
한다. 특히 맹자는 기세로 다른 사람을 누르곤 했다. 그가 호연지기를 기
르는 일도 정신의 수준을 높이고 정신의 힘을 기르는 것으로 나타난다.

> 대인에게 유세할 때는 그를 멸시해야지 그의 높디높은 모습을 봐서는 안
> 된다.

『맹자 평전』에 나오는 「진심 하」편의 이 구절만 보더라도 맹자가 논
쟁이나 유세를 할 때 얼마나 기세를 중요하게 여겼는지 알 수 있다.

맹자는 또한 임시변통에 능해야 한다고 말한다. '수경달권'守經達權, 즉
원칙을 지키면서 적절한 임시 조처를 실행할 수 있어야 한다고 했다. 여
기서 경은 원칙이요, 권은 변화를 의미한다. 권權이란 사안에 맞춰 적용

해야지 마음(본심, 도덕심)을 보존하는 수단으로 여기면 안 된다는 것이다. 그러므로 권에 의해 생성된 수단은 반드시 '인의도덕'에 부합해야만 한다고 강조한다. 맹자는 원칙이 무엇이든 실제 운용 과정에서 변통할 줄 알았다.

> 군자는 헛된 형식에 얽매여서는 안 된다.

「진심 상」편의 이야기다. 군자라면 어떤 의외의 상황이 닥쳤을 때 몇 가지 조문에 얽매여 손도 써보지 못해서는 안 된다는 말이다.

공자도 권에 능했다. 공자가 제자들과 함께 진과 채 땅에서 제대로 먹지도 못하고 여러 날 힘겹게 보낸 적이 있다. 어느 날 애제자 자로가 돼지를 한 마리 구워 온다. 훔쳐온 것인지도 알 수 없다. 이때 공자는 별말 없이 일단 먹는다. 제자들은 어리둥절했다. 살기 위해서는 일단 배를 채우고 봐야 한다는 것. 만일 고기를 어떻게 구했는지 캐묻고 예에 맞지 않는다고 손도 안 댔다면 결국 굶어 죽었을지도 모를 일이다.[30]

공자에 관한 일화로 '성하지맹'城下之盟도 유명하다. 공자가 포나라를 경유할 때다. 공숙씨가 난을 일으켜 위나라와 사이가 안 좋았다. 포나라 사람들은 공자가 위나라를 도울까 걱정했다. 위나라로 가지 않겠다는 약속을 받아낸 뒤에야 공자 일행을 성 밖으로 보내준다. 그러나 공자 일행은 곧바로 위나라로 간다. 제자들이 왜 약속을 지키지 않느냐고 묻자 이렇게 답한다.

> 억지로 맺은 약속은 성하지맹이다. 신이라도 이런 약속은 지키지 않을 것이다.
> — 『맹자 교양강의』(돌베개, 2010)

맹자는 "나는 사십이 되고부터 마음의 동요가 없어졌다"고 했다. 마치 공자의 '불혹'을 연상시킨다. 맹자는 이런 말을 남겼다.

> 대인군자는 어린아이의 천진난만한 동심을 잃지 않는 사람이다.
> ─ 『맹자』(을유문화사, 2007)

공자의 길을 따른 맹자도 결국 공자처럼 현실 정치에서 이상을 실현하지 못한다. 그 역시 70세에 이르러 만년에는 공자처럼 가르치는 일에 힘쓴다. 여러 해에 걸친 강론을 정리해서 펴낸 책이 바로 오늘날 전해지는 『맹자』이다. 사마천은 『사기』에서 맹자가 제자인 공손추와 만장과 함께 지었다고 적었다. 맹자는 공자의 손자인 자사의 제자에게 가르침을 받았는데 이를 빗대 '사맹학'思孟學이라 부르기도 한다.

『맹자』 읽는 법

『맹자』는 모두 11편으로 알려져 있으나 지금은 7편만 전해진다. 우리가 보는 『맹자』의 분류는 한나라의 조기가 지은 『맹자장구』에 따른 것으로 7편을 상, 하로 나누어 14편으로 만든 것이다. 이 책은 우재호가 옮긴 『맹자』(을유문화사, 2007)를 주로 참고했다.

푸페이룽이 지은 『맹자 교양강의』(돌베개, 2010)는 중요 문구 위주로 소개하며 다채롭게 맹자와 관련된 지식들을 들려준다. 평전으로 양구오롱의 『맹자 평전』(미다스북, 2002), 철학서로는 조원일의 『맹자의 철학사상』(전남대학교출판부, 2012)이 있다.

논문은 황갑연의 「맹자 왕도정치론의 허와 실」(유학연구, 제27호)을 참고했다.

플라톤의 『국가론』

—

스승 소크라테스의 콘텐츠로
서양철학의 중심이 되다

—

11

서울대 권장도서 · 11선

〈소크라테스의 죽음〉(1787), 자크 루이 다비드 Jacques-Louis David(1748~1825)
플라톤은 "소크라테스로부터 태어나 소크라테스가 되었고 소크라테스로 죽었다"라고 할 만큼 스승의 영향을 많이
받았다. 그만큼 아테네로부터 처형당한 소크라테스의 죽음은 플라톤의 인생을 바꾸어놓았다.

나는 그리고 우리는
무엇으로 기억될까?

　중국의 고전을 상징하는 『논어』의 저자는 공자가 아니다. 공자가 죽은 뒤 '공문십철'로 불리는 제자들이 스승의 강의록과 어록 등을 서로 비교하고 엄선해 편집한 것이다. 초기 불교와 붓다의 언행이 담긴 『아함경』 또한 붓다의 제자들이 붓다가 죽은 뒤 100년 동안 스승이 전한 지혜를 정리해 만든 것이다. 제자들의 공동 작업으로 공자는 유가(유교)의 창시자가 되었고 붓다는 불교의 진리를 온 세상에 기록으로 남길 수 있었다.

　한국에서도 조선시대까지 선비나 학자, 정치가 등은 생전에는 책을 거의 내지 않았다. 책은 그가 죽은 뒤에 제자와 친구, 자녀들이 모여 죽은 이가 생전에 쓴 글을 모아서 발간했는데 그게 바로 문집이다. 문집의 기원은 바로 공자와 그 제자에게서 비롯되었다. 그래서 조선시대에 자녀들에게 글공부를 열심히 하게 했다. 자녀가 글을 모르면 아버지의 문집조차 남기지 못하기 때문이다. 다산 정약용은 반역 죄인이 된 뒤에 유배지에서 두 아들에게 열심히 글을 읽어 훗날 자신의 저술을 세상에 드러내줄 것을 편지로 당부하기도 했다.

> 너희들이 끝끝내 배우지 아니하고 스스로를 포기해 버린다면 내가 해놓은 저술을 누가 책을 엮고 교정을 하며 정리하겠느냐? 내 책들은 더 이상 전해질 수 없을 것이며, 내 책이 후세에 전해지지 않는다면 후세 사람들은 단지 사헌부의 계문과 옥안만 믿고서 나를 평가할 것이 아니냐?
> — 『유배지에서 보낸 편지』(창비, 2009)

자식이 문맹이면 훗날 자신은 의금부 소장에 기록된 죄인의 행적만 세상에 회자될 것이기 때문이다. 실제로 다산의 500여 권에 이르는 방대한 저술은 현손(5세손)인 정규영이 1921년에 정리한 『사암선생연보』로 빛을 보게 된다. 그제야 다산의 진면목이 세상에 알려지기 시작했다.

"서양철학은 플라톤의 각주에 불과하다"라는 말이 있다. 영국의 철학자이자 수학자로 유명한 알프레드 노스 화이트헤드(1861~1947)가 한 말이다. 또한 "플라톤 이전의 철학은 플라톤으로 흘러들어와 플라톤으로부터 나왔다"고도 한다. 그만큼 서양철학사는 플라톤(기원전 427~347)의 철학이고 철학의 플라톤이라고 할 수 있다는 말이다. 그런데 한 가지 놀라운 사실은 플라톤이 쓴 책에는 대부분 스승 소크라테스가 등장한다. 말하자면 플라톤 철학은 스승 소크라테스의 철학이고 그 위에 자신의 철학을 정교하게 다듬어 담아낸 것이라고 할 수 있다.

그래서 "플라톤은 소크라테스로부터 태어나 소크라테스가 되었고 소크라테스로 죽었다"라는 말이 나돌 정도다. 심하게 말하자면 플라톤은 스승인 소크라테스를 팔아서 유명해진 것이다. 플라톤이 쓴 저술 30여 편의 주인공은 바로 소크라테스다. 반면 소크라테스는 아무런 글도 남기지 않았다. 플라톤은 20세에 소크라테스의 제자가 되었고 그가 29세에 소크라테스가 죽었다. 10년도 채 안 된 기간에 스승과의 토론과 행적을 토대로 책을 쓴 플라톤의 저술은 서양철학사의 '기축'基軸이 된다. 공자의 『논어』가 동양사상의 축이 된 것처럼 플라톤의 『국가론』은 서양사상의 축이 되었다.

그런데 공자의 제자들은 스승이 죽은 뒤 스승의 생전 가르침을 수집해 스승의 이름으로 『논어』를 냈다면 플라톤은 스승 소크라테스의 생전 모습, 언행, 강의 등을 자기만의 방식으로 되살리고 강조하고 방점을 찍어 책을 썼고 스승의 이름이 아닌 자신의 이름으로 냈다. 더욱이 플라톤이 이상국가론으로 주창한 '철인정치'는 스승인 소크라테스가 주창한 것을 궁극의 목표로 삼았다. 즉 '덕에 기초한 정의 실현'은 소크라테스가 죽음과 맞바꾼 이상국가론이었다. 말하자면 스승의 저작권을 침해하고 콘텐츠를 '슬쩍'한 것이다.

플라톤은 아테네의 부유한 귀족 출신으로 본명은 아리스토클레스인데 '유난히 어깨가 넓다'고 해서 '플라톤'이라 부르게 되었다. 플라톤은 소크라테스가 사형되자 큰 충격을 받아 정치가의 꿈을 버리고 철학자가 되기로 결심한다. 스승을 죽인 아테네의 정치 체제에 강한 의심을 품었고 평생 동안 이상적인 국가 체제에 대해 고민하게 된다.

플라톤의 『국가론』은 철인정치를 통한 이상국가를 핵심으로 모두 10권(장)으로 구성되어 있다. 1, 2권은 정의가 무엇인지, 올바르게 사는 것이 무엇인지 논쟁을 벌이는 것이 주된 내용이다. 2권 말미부터 10권까지는 대화의 형식을 빌어 올바른 삶에 대한 소크라테스의 견해가 전개된다. 시에 대한 비판은 1, 2, 3권에 나오는데 10권에서 마침내 '시인 추방'이라는 과격한 결론을 내린다. 5, 6, 7권은 철인정치와 이상국가가 주요 내용이다.

『국가론』은 먼저 정의란 무엇인가에 대해 이야기하면서 올바름을 가르치는 교육의 중요성을 언급한다. 우리 사회에서 흔히 "정의는 강자 편"이라고 말하곤 한다. 『플라톤의 국가론』(집문당, 1997)에는 정의에 대한 소크라테스와 트라시마코스의 논쟁이 전해진다. 다음은 트라시마코스의 말이다.

> 정의란 강자의 이득을 옹호한다는 것을 모르고 있소. 강자의 이득은 본래 약자의 손실이요. (중략) 불의는 그것이 충분히 이루어졌을 경우에 정의보다 더욱 강력한 힘과 자유와 권력을 갖게 되는 거요.

쿠데타도 실패하면 반역으로 몰리지만 성공하면 절대적인 권력자로 등극한다. 트라시마코스는 이론상으로는 올바르게 사는 것이 좋다고 할지라도 현실은 전혀 그렇지 않다는 것이다. 사람들은 입으로는 정의를 외치지만 실제로는 올바르게 사는 것이 손해라고 생각하며 정의와는 다르게 산다고 주장한다. 더욱이 부정의를 저지르려면 더 크게 저지르는 것이 좋다고 강조하기까지 한다. 어쩌면 세상은 소크라테스의 주장보다 트라시마코스의 주장에 손을 들어줄 것이다. 결국 당시에도 소크라테스는 비현실적인 주장을 하다가 처형되고야 만다. 그러나 트라시마코스가 주장하는 사회는 결코 올바른 사회가 아니다.

올바른 사람, 올바른 삶이란 무엇인가. 소크라테스는 올바른 교육에 의해 규정된다고 주장한다. 여기서 그 유명한 세 가지 비유가 등장한다. 즉 태양, 선분, 동굴의 비유이다. 이는 소크라테스 철학의 핵심을 이루는 '이데아' 개념과 이상국가와 연결된다. 태양의 비유는 우리 삶을 눈에 보이는 모사의 현실과 눈에 보이지 않는 이데아의 세계로 묘사하는 개념이다. 선분의 비유는 두 세계의 관계를 묘사한다. 동굴의 비유는 두 세계와 관련된 교육의 과정을 묘사한다.[31] 따라서 플라톤은 지상에서 우리가 감각적으로 볼 수 있는 것은 불완전한 그림자일 뿐이고, 눈으로 볼 수 없는 이데아야말로 영원한 존재라고 본다. 다시 말해 동굴의 비유에서 이데아의 세계는 곧 태양으로 비유되며 사람들은 태양에 의해 동굴에 비치는 불완전한 그림자를 이데아라고 여긴다는 것이다.

플라톤은 이러한 인식의 착오를 깨우치게 하고 올바른 길인 이데아의 세계로 이끌기 위해 교육이 중요하다고 말한다. 그는 초월적으로 존재하는 이데아의 세계를 실재로 간주하고, 각각의 사물은 이데아의 '모사'로 보았으며 또한 최고의 이데아를 '선의 이데아'라고 말한다.

소크라테스는 초상화의 비유를 들어 자신이 제시하는 이데아가 어떤 성격인지 묘사한다.

> 예컨대 여기 어떤 훌륭한 화가가 있다고 치세. 그는 가장 아름답고 남의 모범이 될 수 있는 (이상적인) 인간상을 빈틈없이 완성하였네. 이 경우에 그런 인간상이 실제로 있는 것은 아니지만 그렇다고 그 화가의 능력을 낮게 평할 수는 없지 않은가?
> — 『플라톤의 국가론』

소크라테스는 화가가 이상적인 미남의 모습을 완벽하게 그려낼 수 있다면 그 그림은 미남의 원형이 될 수 있는 것이다. 이는 곧 이상적인 인간의 사례를 통해, 이상적인 국가를 설정해두면 그 나라가 단지 하나의 이상일 뿐 실제로 가능하다는 것을 입증할 수 없다고 해서 무가치하다고 말할 수는 없다고 강조한다. 그는 자신이 하는 일은 논의를 통해 훌륭한 국가와 훌륭한 사람의 원형을 그려나가는 것임을 밝힌다. 소크라테스에 따르면 이상적인 원형은 현재 있는 것을 토대로 마음속에 그려지는 것이지 현실과 무관하게 먼저 주어진 것, 즉 현실로부터 동떨어져 존재하는 것이 아니다.

소크라테스의 이상국가도 현실에서 추론해낸 것으로 '철인'이 그가 추구하는 정치인의 원형이며 이데아이다. 즉 철인이 이루고자 하는 것은 '선의 이데아'이다. 동굴의 비유에서 소크라테스는 누군가가 한 죄수의 쇠고랑을 풀고 강제로 몸을 일으켜 세워서 그로 하여금 고개를 돌리고 불빛 쪽으로 나아가게 하는 것이 교육의 시작이라고 말한다. 죄수가 동굴 밖의 진짜 세계를 대면한 뒤 다시 동굴 안으로 돌아와 다른 사람들에게 동굴 밖의 빛의 세계(선의 이데아)를 대면하도록 이끌어주려 하다가 죽음에 처한다는 설정은 플라톤이 스승 소크라테스의 죽음을 비유한 것이기도 하다.[32]

플라톤이 활동하던 시대는 펠로폰네소스 전쟁과 아테네 민주정치의 타락 등 중우정치와 금권정치가 난무했다. 마치 중국의 전국시대와 같은 혼란의 시대였다. 그 누구도 정의에 대해 진지하게 고민하지 않을 때, 그리고 정치는 권력을 얻기 위한 수단일 뿐이라는 인식이 팽배할 때, 아테네를 구하기 위해 거리로 뛰어나가 젊은이들을 각성시키려고 한 자가 바로 소크라테스다. 소크라테스에게 정치란 덕에 기초를 둔 정의의 실현이다. 덕은 '지'知에 근거한다. 그리하여 소크라테스는 정치는 윤리에 기초해야 한다고 주장한다. 그러나 당시 어리석고 부패한 아테네 시민들은 이러한 소크라테스의 절규를 알아차리지 못한 채 끝내 그를 처형하고 말았다.

소크라테스의 죽음을 목격한 플라톤은 철인에 의한 통치를 주창하며 그의 뒤를 이어 최고의 통치인 선의 이데아를 실현할 수 있다고 주장한다. 이는 마치 춘추시대의 공자나 그 이후 패도가 극심했던 전국시대에 맹자가 '인정'仁政을 펼쳐야 한다며 왕도정치를 유세하고 다닐 때와 비슷하다. 비슷한 시대를 산 플라톤과 맹자는 폭력과 악이 난무할 때 성선설과 왕도정치, 올바른 삶과 정의, 철인에 의한 이상국가를 주창했다.

소크라테스의 죽음과 맞바꾼
철인정치와 이상국가

　플라톤은 철인을 키우기 위한 교육에서 '시'는 방해물이라고 주장한다. 시인은 부도덕하고 무가치한 대상을 모방하므로 시는 진리의 세계로 이끌지 못할 뿐만 아니라 오히려 감정을 자극하고 이성을 마비시켜 갈 길을 방해하기 때문이라고 주장한다. 그는 문학이란 진리를 추구하는 보편적인 도덕성을 가지고 쓸모 있는 가치를 만들어낼 때만이 문학이 가진 본래 의미와 목적을 실현할 수 있음을 강조한다.

　플라톤은 『국가론』 2, 3권에서 교육에 도움이 되지 않는 일부의 시를 배척하며 젊은이들이 들어야 할 시와 듣지 말아야 할 시를 구체적으로 제시한다. 그 기준은 다름 아닌 유용성이다. 또한 "전사가 되려는 젊은이에게는 공포로 몰아넣는 무서운 사람들의 이야기"는 들려주지 말아야 한다고 말한다. 나아가 술, 성, 음식에 대한 이야기도 젊은이에게 악을 추구하려는 경향을 준다고 말한다. 또 시에는 절제가 없다면서 그것은 악과 범죄까지도 관객의 흥미를 유도하기 위해 미화한다고 말한다.

시가 항상 덕을 추구하는 것은 아니다. 그러므로 시인은 화가와 같이 모방을 다시 모방하는 사람이며 그는 모든 사물의 극히 일부만을 붙잡고, 그 일부마저 환상일 뿐이라고 말한다. 결국 플라톤은 10권에서 상당히 과격한 입장을 논한다. 시인은 실재로부터 두 발자국이나 떨어진 모방 혹은 "진리로부터 세 번째인 것"을 창조할 뿐이라고 말한다. 결국 철학과 시의 오래된 전쟁을 토론하면서 "우리는 시의 성격 자체에 의해서 시인을 추방해야 한다"고 결론을 내린다.

> 호메로스는 종종 아주 슬프게 눈물을 흘리는 영웅을 그린다. 그러면 우리는 그 영웅의 고통을 동시에 느낀다. 그러나 영웅에 대한 이런 반응은 건전한 의견과도 일치하지 않는다. 남자는 자신의 슬픔을 침착하게 견딜 수 있어야 하며, 그 반대의 사람은 여자일 뿐이다.[33]

즉 올바른 사람, 올바른 삶이 무엇인가는 교육에 의해 좌우되는데 이때 시는 올바른 삶으로 이끄는 유용한 교육이 아니라는 것이다.

> 만일 어떤 자가 거짓말을 하는 특권을 갖고 있다면 그야말로 국가의 통치자가 되어야 하네. 통치자들은 적어도 자기의 국민을 대할 때 공익을 위해 거짓말을 하는 것이 허용될지 모르네. 그러나 그 밖의 사람들에게는 허용할 수 없네.
> — 『플라톤의 국가론』

그래서 소크라테스는 호메로스의 『일리아스』에서도 허구적인 요소는 가르치지 않아야 한다고 강조한다. 또한 소크라테스가 시의 스타일을 토론하는 내용을 빌어 "더욱 엄격하고 덜 즐거운 시를 창작하는 시인들, 즉 '선의 순수 모방자들'만을 허락해야 한다"라고 결론을 내린다. 따라서 소크라테스는 시인이 하는 거짓말이 결국 청소년을 건전한 시민으로 기르는 데 유용하지 않으면 그것은 '고상한 거짓말'이 아니라 '타락한 거짓말'일 뿐이며 이런 거짓말을 전달하는 시인은 추방되어야 한다는 것이다. 나아가 플라톤은 시의 스타일뿐만 아니라 내용까지 바꿔야 한다고 주장한다. "시인은 그들의 작품 뒤에 숨어서 관객들로 하여금 시의 세계는 진짜 세계가 아니라는 사실을 망각하게 만든다. 그리고 관객들은 환상의 세계를 더욱 사랑한다. 그러나 환상의 세계는 정열만을 흥분시키며 철학적인 관심으로부터 눈을 돌리게 한다"는 것이다. 10권에서 소크라테스는 "신들에게 찬미를 드리고 선인들을 칭송하는 한에서만 시를 허용해야 한다"고 말하면서 "쾌락과 모방을 추구하는 시가 국가의 선한 법률과 공존해야 한다는 것을 보여줄 수만 있다면, 시에 대해 매력을 가진 우리는 즐거운 마음으로 시인을 다시 받아들이겠다"고 말하기도 했다.[34]

플라톤은 『국가론』에서 그의 스승 소크라테스가 평생 추구한 삶이 무엇인지 그려내고자 했다. 플라톤에 따르면 소크라테스는 평생 헌신한 교육, 즉 무지를 지각하도록 하는 일 때문에 해악을 입은 사람이다. 소크라테스 자신의 말처럼 조국인 아테네 사람들로부터 해악을 입고도 훗날을 기약하며 복수를 생각하기는커녕 기꺼이 죽음을 받아들였다. 그의 죽음은 플라톤에게 대단한 충격이었을 것이다. 그는 '무엇이 소크라테스를 가능하게 했는가'라는 의문을 품고 스승에게 받은 교육 과정을 추적하는 과정에서 소크라테스가 추구한 삶의 이상을 드러낼 필요를 느꼈을 것이다.[35] 그 삶의 이상이 이데아로 표면화되었으며 곧 철인정치와 이상국가로 이어졌다.

플라톤이 당시 정치에 대해 비판한 바에 따르면 페르시아 군주정치는 전제정치로 타락하고 시라쿠사의 군주정치는 참주정치로 타락했다. 스파르타는 무사가 정권을 장악해 서민의 재산을 약탈하여 금력을 점유하는 금권정치가 되고 말았다. 아테네의 민주정치는 민중으로부터 선출된 대표자가 통치하는 것이었으나 무정부 상태를 초래했다. 드디어 민중은 폭동을 일으키고 그 대표는 비합법적인 수단으로 지배자가 되면서 참주정치가 출현했다. 소크라테스는 바로 이러한 시대에 처형됐다. 이에 젊은 플라톤은 '정치는 덕에 기초한 정의의 실현'이라는 스승 소크라테스의 절규를 보면서 정의의 국가, 현자인 철인이 통치하는 국가의 건설을 위해 근심하며 이를 실현하기 위해 무척 애를 썼다.

플라톤은 『국가론』에서 계급 분화를 기초로 하는 통치자의 모습을 제시한다. 통치자에게는 오직 통치권만 배분하며, 법만으로 지배하는 것을 지양하고, 법 이전에 철인의 덕과 지혜로서 소수에 의해 통치되는 귀족제, 즉 귀족정치Aristocratia를 제창한다. 통치자는 세습이 아니라 선발된 우수자요, 탁월한 이성으로 훈련된 자다. 이를 철인이라 한다.[36]

플라톤은 영혼을 이성logos, 기개thymos, 욕구epithymia로 나눈다. 이를 다시 이상국가에 적용한다. 그는 욕구를 따르는 사람들이 돈을 벌고, 기개를 통해 명예를 취하려는 집단들이 공동체를 지키며, 이성과 지혜를 추구하는 철인, 즉 철학자에게 통치를 맡겨야 한다고 주장한다. 철학자들이 통치해야 하는 이유는 그들만이 무엇이 그 자체로 좋은지를 알뿐만 아니라 철인왕의 통치만이 구성원 각자의 영혼이 조화를 이룰 수 있는 환경을 제공할 것이라 믿었기 때문이다. 여기서 교육이 중요하다고 말한다. 철인을 만들기 위한 교육은 6세부터 시작해 50세까지 계속된다. 철인이 되기 위해서는 20세와 30세에 시험을 통과해야 한다. 50세가 되어 완성의 경지에 달한 자가 통치자이자 철인으로 추앙된다. 그들은 국가의 통치자로서 순번으로 국사를 다스리게 된다.

플라톤은 이상국가에서 통치자, 수호자, 생산자로 나누는데 통치자와 이를 보좌하는 수호자 계층은 사욕을 가급적 소멸하기 위해 부인 및 자식, 그리고 교육을 제외하고 모든 것을 공유해야 한다고 주창한다. 여기서 공산주의의 원형이 나온다. 그들에게는 모든 소유가 해악으로 간주되며 모두가 하나의 대가족을 형성한다. 부인은 대체로 남자와 동등한 교육을 받아야 한다. 이를 통해 여성 해방 및 남녀 평등의 싹이 발견된다. 플라톤은 이런 의미에서 공산주의와 여권주의의 선구자이다. 지배층의 재산 소유를 금지한 것은 오늘날 자본에 의해 민주정치가 어떻게 위기를 맞이했는지 떠올려보면 시사하는 바가 크다.

플라톤의 이상국가론은 실패로 끝난 현실 정치에 대한 혐오와 염원을 동시에 담고 있다. 시라쿠사의 참주 디오니시오스 2세를 바른 길로 인도하여 '가능한 최선의 국가'를 만들어보려던 계획은 수포로 돌아갔다. 참주를 가르치는 일은 플라톤이 꿈꾸던 일이기도 했다. '단 한 사람만 잘 설득하면 모두에게 좋은 결과를 가져올 수 있다'는 확신이 있었던 것이다. 그러나 스승 소크라테스의 죽음이 젊은 플라톤에게 정치 권력에 대한 환멸을 불러일으켰다면, 시라쿠사에서의 경험은 노년의 플라톤에게 현실 정치에 대한 기대를 송두리째 빼앗아가고 말았다.[37]

플라톤은 40세 이후 '아카데미아'를 설립하고 그 자신이 철인 양성에 나선다. 거듭된 현실 정치에 대한 실망에도 불구하고 플라톤은 철인정치를 실현하려는 이상국가에 대한 희망을 포기하지 않았다. 플라톤은 그의 전 생애를 통해 자신을 '소크라테스의 완성'[38]이라고 간주했다. 그것은 소크라테스를 스승으로 만나면서 시작된 과제였다. 스승을 죽음으로 몰고 간 정치에 대한 깊은 혐오감을 극복하고 소크라테스가 이루지 못한 일을 해야 한다고 생각했다. 그것은 바로 소크라테스가 주장했던 덕에 의한 통치, 즉 철인정치로 완성되었다.

　플라톤에게 스승 소크라테스와의 만남은 인생뿐만 아니라 서양의 철학사를 바꾸고 인류의 사상사에 크나큰 족적을 남긴 사건이다. 다만 그의 '시인 추방'은 지울 수 없는 오점이라고 할 수 있다.

『국가론』 읽는 법

플라톤의 『국가론』은 철인정치를 통한 이상국가를 핵심으로 모두 10권 (장)으로 구성되어 있다. 먼저 1, 2권은 정의란 무엇인지, 올바른 삶이란 무엇인지 논쟁을 벌이는 것이 주된 내용이다. 2권 말미부터 10권까지 대화의 형식으로 올바른 삶에 대한 소크라테스의 견해가 전개된다. 시에 대한 비판은 1, 2, 3권으로 이어진다. 2권에서 호메로스 등 일부 시의 내용은 후대에 교육해서는 안 된다며 직접 내용을 거론하기도 한다. '시인 추방'이라는 다소 과격한 결론은 10권까지 이어진다. 6권은 철인정치, 7권은 이상국가에 관한 내용이 주를 이룬다.

추천하는 책으로는 최현 번역의 『플라톤의 국가론』(집문당, 2004)이 읽을 만하다. 버트런드 러셀의 『러셀 서양철학사』(을유문화사, 2009)에서 2부는 플라톤 철학의 핵심을 이해하는 데 도움이 된다.

참고 논문은 김인의 「교육과 올바른 삶 : 『국가론』의 관점」(도덕교육연구, 제8권 1호), 황필호의 「플라톤은 왜 시인을 추방했는가 : 『국가론』을 중심으로」(교육철학연구, 제12-1호), 조남진의 「플라톤의 『국가론』과 『법률론』에 나타난 계급분화와 철인교육」(교육연구, 제6권 2호) 등이다.

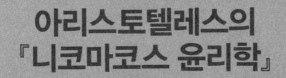

아리스토텔레스의
『니코마코스 윤리학』

—

서양 최초로 제시한
행복의 기술

—

12

〈플라톤과 아리스토텔레스〉(1437~1439), 루카 델라 로비아 Luca della Robbia**(1400~
1482)의 대리석 부조**

플라톤과 아리스토텔레스의 관계는 아리스토텔레스의 사유가 발전해 나가는 과정에서 가
장 중요하고도 민감한 문제다. 일부 학자들은 아리스토텔레스가 스승 플라톤과 결별한 것을
가장 큰 공적이라고 생각하는 반면, 다른 학자들은 아주 파렴치한 행위이며 그의 가장 큰 약
점이라고 생각한다. 아리스토텔레스는 스승 플라톤에게 경외심을 지녔을 뿐 아니라 동시에
비판적인 태도를 지녔다.

쾌락과 물질을
행복으로 착각하지 말라

아리스토텔레스는 세상에 대해 건축가와 같다.

괴테는 『색채론』에서 아리스토텔레스 철학에 대해 이렇게 찬사를 보냈다.

아리스토텔레스만큼 부당한 대우를 받은 철학자도 없었다.

헤겔이 『역사 철학 강의』에서 한 말이다. 이쯤이면 아리스토텔레스의 철학에 뭔가 깊은 사연이 있는 것 같다. 아리스토텔레스는 그의 스승 플라톤의 철학으로부터 해방을 이룬 자유 정신으로 평가하기도 한다. 여기에는 플라톤에 대한 찬사와 아리스토텔레스에 대한 비난이 깃들어 있다. 플라톤은 2,500년 동안 한결같이 서양철학의 중심이었다. 이에 반해 아리스토텔레스는 '잊혀진 철학자'였다가 부활했다가 다시 단죄되는 등 풍운아와 같은 행보를 보였다.

아리스토텔레스의 철학이 무려 수백 년 동안 잠자다 극적으로 세상에 알려지게 된 배경을 살펴보자. 그는 잊혀진 철학자가 될 수도 있었지만 문법학자 안드로니코스에 의해 사후 250여 년 만에 재조명되면서 화려하게 부활했다.

학자들은 이를 '아리스토텔레스의 재발견'이라고 부른다. 특히 아리스토텔레스는 중세를 지배한 스콜라 철학에 녹아들면서 13세기에 부흥기를 맞았다. 토마스 아퀴나스(1224~1274)는 『신학대전』에서 아리스토텔레스의 철학과 신학과의 관계를 정립하려고 시도한다. 그에 의해 절충된 내용은 이렇게 요약된다.

어떤 진리들은 이성이 도달할 수 있는 한계 내에 있으나 또 어떤 진리들은 이 경계를 초월하여 존재한다.

즉 초월적인 부활이나 구원의 문제는 바로 아리스토텔레스의 논리로 해석할 수 있다는 것이다. 그러나 파리의 대주교 텅피에는 1277년 3월 7일 아리스토텔레스 철학에 공식적으로 단죄를 내렸다. 아리스토텔레스를 배척한 대표적인 예로 독일의 종교개혁자 루터를 들 수 있다. 루터는 심지어 이렇게 주장했다.

아리스토텔레스의 자연학, 형이상학, 영혼론을 아예 없애버리자는 것입니다. 그뿐만 아니라 자연의 사물을 다루는 서적 역시 모두 없애야 합니다.

마치 진시황이 유학에 관한 모든 문헌을 불사른 분서갱유를 연상시킨다. 루터는 아리스토텔레스의 철학 용어가 신학 용어로는 부적합하다고 생각했다. 예를 들면 신학의 '은총'과 비슷한 '은혜'의 경우가 그렇다. 신성과 이성의 문제는 지금까지도 논쟁이 되고 있다. 루터는 1508년 처음으로 강단에 섰을 때는 『니코마코스 윤리학』을 강의했다.

나는 논리학, 수사학 그리고 시학에 관한 아리스토텔레스의 책들을 계속 사용하거나 또는 요약된 형태로 읽는 것이 좋다고 생각한다. 왜냐하면 청년학도들에게 연설과 설교를 잘 하도록 연습시키기에 유익하기 때문이다.
– 이상 『학문의 정신 아리스토텔레스』(한길사, 2004)

그러던 그가 아리스토텔레스의 사상에서 기독교 사상에 부정적인 내용들이 나오자 그를 이단자로 몰아간 것이다.

『니코마코스 윤리학』은 서양 윤리사에 결정적인 영향을 준 방대한 책이다. 아리스토텔레스가 학장을 맡은 뤼케이온(고대 아테네에 창립한 일종의 사설 학교)에서 강의를 하기 위해 쓴 초고를 정리해 아들 니코마코스가 편집한 것이다. 전10권으로 제1권에서 3권의 5장까지는 원리론을, 제3권의 6장부터 마지막까지는 덕의 현상론을 다룬다. 아리스토텔레스는 윤리학의 목적을 가장 훌륭한 선의 탐구라고 생각했다. 따라서 이 책의 주제는 '인간에게 선(아가톤)이란 무엇인가?'이다.

제1권 첫 문장의 소제목은 바로 '선을 찾아서'이다. 아리스토텔레스는 인간의 최고선은 행복이라 여기고 진정한 행복이란 무엇인지 논의를 전개한다. 인간에게 가장 선한 것을 행복이라고 불렀으며, 이를 '인간의 탁월성(장점, 덕)에 의거한 영혼의 활동'이라 규정하고 그가 추구하는 윤리학의 중심 사상으로 삼았다.

아리스토텔레스에게 인간 최고의 탁월함은 지혜의 활동이며 행복이란 지혜에 의거한 활동, 바꾸어 말하면 '관조하는 활동'에 있다. 아리스토텔레스는 사람의 생활 형태를 크게 세 가지로 나눈다. 향락적인 생활, 정치적인 생활, 관조적인 생활이 그것이다. 정치적인 생활은 명예나 덕이 목적이 되기도 한다.

아리스토텔레스는 명예나 덕은 선보다 피상적이라고 주장한다. 선은 누구에게나 고유한 것이다. 사람들은 자기가 선하다는 확신을 얻기 위해 명예를 추구한다. 또 덕이 있어도 이를 실천하지 않으면 소용이 없다. 아리스토텔레스는 관조적인 생활이 가장 행복한 삶에 가깝다고 주장한다.

> 놀이는 즐기는 가운데 우리 몸과 재산을 소홀히 하게 되어 놀이에 의해 이익을 얻기보다는 오히려 해악을 입게 된다. 그러나 세상에서 행복하다고 여기는 사람들은 대부분이 놀이로 시간을 보낸다. (중략) 행복은 놀이 속에 깃들어 있는 것이 아니다. 행복한 생활은 덕 있는 활동이다. 그런데 덕 있는 활동이란 노력을 필요로 하며, 유희가 아니다. 육체적인 놀이는 누구나가, 심지어 노예조차 즐길 수 있다. 그러나 노예가 행복하다고는 생각하지 않는다.
>
> – 이하 『니코마코스 윤리학/정치학/시학』(동서문화사, 2007)

살다 보면 향락적인 생활도 정치적인 생활도 행복의 질을 보장해주지 않는다는 사실을 느끼는 순간이 온다. 특히 한국에서 정치적인 생활은 자칫 자신의 삶과 가족, 가정마저 파탄시킬 수 있다. 행복은 사물과 세상을 가까이 두고 지긋이 관조하며 오갈 때, 다시 말해 행복이란 관조적인 생활을 통해 순간순간 만끽할 수 있는 게 아닐까. 거기에 자신만을 위한 삶이 아니라 이웃과 함께 나누는 삶이라면 더 행복해질 것이다. 이를 두고 아리스토텔레스는 '덕'이 행복을 결정한다고 강조한다.

『니코마코스 윤리학』이 개인의 문제에 관해 다루었다면 『정치학』은 국가의 문제를 다룬다. 아리스토텔레스는 개인뿐만 아니라 국가 또한 윤리의 탐구에서 가장 좋은 선은 행복이라고 했다. 이것은 자기 본성의 실현과 덕의 실행으로 얻어지며 이성을 지닌 인간 고유의 덕은 이성적인 삶의 영위라고 설명한다.

그런데 최고의 선을 실현하는 것이 행복이라면 무엇이 행복인가에 대해 의견이 갈린다. 개인에 따라 행복을 쾌락, 건강, 부, 명예 등으로 각자 다르게 생각한다. 예를 들어 병에 걸리면 건강을 행복이라 하고, 가난할 때에는 부를 행복이라 한다.

아리스토텔레스는 "좋은 습관을 갖고 자란 사람은 이미 출발점을 가지고 있거나, 혹은 쉽게 가질 수 있다"면서 "출발점을 가지고 있지 않고 찾아 구할 수도 없는 사람이라면 헤시오도스의 다음과 같은 말을 들어 보라"라며 다음 내용을 인용한다.

> 모든 것을 스스로 깨우치는 이는 더할 나위 없이 훌륭한 사람이고, 남의 옳은 말에 귀를 기울일 줄 아는 이도 훌륭한 사람이지만, 스스로 깨우치지도 못하고, 남의 지혜에 귀를 기울일 줄도 모르는 이는 아무 쓸모없는 사람이다.

이는 호메로스와 비슷한 시기에 활동한 『신통기』의 저자 헤시오도스가 한 말이다. 흔히 주변에 고집만 센 사람이 있다. 스스로 지혜를 갖추고 있다고 생각하지만 옆에서 보기에 전혀 지혜로운 사람이 아니다. 그런데도 지혜롭다고 생각하면서 남의 말을 귀담아 듣지 않고 자신의 주장을 굽히지 않는다. 이런 사람과 이야기를 하면 정말 피곤해진다. 행복한 기분이 날아가 버린다.

또한 아리스토텔레스는 쾌락에 대해 이렇게 이야기한다.

> 특히 아주 속된 사람들은 선이나 행복을 쾌락과 동일시하는 것 같다. 그들은 향락적 생활을 선호한다.

그런데 쾌락은 선이나 행복에 동반되기도 하지만 반드시 그렇지는 않다. 육체적인 쾌락에만 탐닉하거나 타락한 쾌락도 있기 때문이다. 말하자면 습관이나 쾌락은 행복의 본질을 논할 때 가장 중요한 요소라는 의미이다.

아리스토텔레스는 덕을 행복의 본질이며 그 자체의 본성을 잘 드러나도록 하는 것이라고 규정하며 '지적인 덕'과 '도덕(윤리)적인 덕'으로 구분한다. 지적인 덕은 교육에 의해 생기기 때문에 경험과 시간을 필요로 한다. 도덕적인 덕은 습관이나 관습의 결과로 생긴다. 윤리를 뜻하는 '에티케'라는 말은 습관을 뜻하는 '에토스'라는 말을 고쳐서 만든 것이다. 도덕적인 덕은 본성적으로 발생하는 것이 아님이 분명하다. 그렇기에 실천을 통해 비로소 얻을 수 있다.

예를 들면 우리는 정의로운 행위를 해봐야 정의로워지고, 절제 있는 행위를 해봐야 절제가 생기며, 용감한 행위를 해봐야 용감해진다는 것이다. 국가의 경우 입법자들은 국민들에게 선한 습관을 들이게 장려하여 선한 국민을 만든다. 이렇게 보면 우리가 아주 어릴 적부터 어떠한 습관을 가지는가 하는 것은 결코 사소한 차이가 아니라 아주 큰 차이를 가져온다.

아리스토텔레스에 따르면 지적인 덕과 도덕적인 덕은 행복을 결정하는 '내적인 선'이며 여기에는 지혜, 용기, 사려, 관후함 등이 해당한다. 그런데 행복은 내적인 선의 가치만으로는 부족하다. 재산이나 친구, 명예, 사회적 지위 등이 필요하며 이를 외적인 선이라고 명명한다.[39] 그리고 이러한 덕목들은 과도하거나 부족해서는 안 되며 중용을 추구할 때 행복에 이른다고 강조한다. 용기가 너무 과도하거나 적다면, 재산이 너무 많거나 적다면 최고의 행복에 도달할 수 없다는 말이다.

아리스토텔레스는 우리가 선택하고 취하는 것에는 세 가지가 있으며, 또한 피하는 것에도 세 가지가 있다고 한다. 선택하는 것은 '고귀한 것, 널리 유익한 것, 쾌적한 것'이며 피하는 것은 이와 반대되는 '비열한 것, 유해한 것, 고통스러운 것'이라 한다. 이때 선한 사람은 올바른 길을 택하고 악한 사람은 그릇된 길을 택하는데, 특히 쾌락에 대하여 그렇다.

여기서 아리스토텔레스는 과도함과 부족함은 악덕의 특징이며, 중용은 덕의 특징이라고 말한다. 그는 "덕이란 중용으로 이루어진 우리 선택의 기초가 되는 정신 상태"라고 말하며, 중용은 "두 악덕인 과도함과 부족함 사이의 중용"을 말한다.

아리스토텔레스에게 중용이란 '마땅함'이다. 어떠한 사안에 대해 마땅한 감정과 마땅한 행동을 했을 때 우리는 덕을 실천한 것이다. 덕의 실천이야말로 행복에 이르는 길이다.

선으로 가는 길은 오직 하나요, 악으로 가는 길은 여럿이다.

아리스토텔레스의 말이다. 악으로 가는 길에는 '돈' 이야기가 넘쳐난다고 했다. 대부분 악덕은 돈의 과도함과 부족함에서 나오기 때문이다. 2,300여 년 전이나 지금이나 인간이 사는 현실은 별반 다를 바 없는 것 같다. 이때 중용은 재물을 관대하게 쓰는 상태라 할 수 있다. 과도함에 치우칠 경우 방탕이며 사치요, 부족함에 치우칠 경우 인색함이라는 것이다.

방탕한 사람은 지출에 있어 지나치고 취득에 있어 모자란 데 반해, 인색한 사람은 취득에 있어 지나치고 지출에 있어 모자란다.

행복에 이르는
돈 잘 쓰는 기술

   아리스토텔레스는 여기서 재물에 대한 관점을 '너그러움', '호탕함', '방탕함', '인색함'의 네 가지로 나눈다. 이때 너그러움과 호탕함은 중용을 실천하는 덕의 길인 데 반해 방탕함과 인색함은 악덕의 길에 해당한다. 재물에 대한 태도에서 너그러움과 호탕함은 주로 부자들의 덕목이며 특히 호탕함은 재물이 많은 부자일 경우에 해당한다.

   재산이 있어도 베풀기를 즐겨하는 이들이 있는가 하면 꽁꽁 움켜쥐고 결코 내놓으려 하지 않는 이들이 있다. 오히려 가진 자가 더 인색한 경우도 있다. 그래서인지 아리스토텔레스는 인색함은 방탕함보다도 더 큰 악덕에 해당한다고 지적한다. 아마도 이는 '덕의 선순환'이 아니라 '악덕의 악순환'이기 때문일 것이다. 아리스토텔레스는 덕의 선순환이 되어야 하는 이유를 다음과 같이 말한다.

사람은 역경에 처했을 때 자기를 도와줄 사람들이 필요할 뿐만 아니라, 자신의 삶이 윤택할 때도 자기가 도움을 줄 사람을 필요로 한다.

『니코마코스 윤리학』 제4권 「재물에 대해서」와 함께 제8권 「친애에 대해서」는 꼭 읽어보며 음미할 만하다. 여기서 친애의 기술, 즉 '친구를 잘 사귀는 기술'을 배울 수 있다. 아리스토텔레스는 그 기준으로 유익함과 쾌락 그리고 선을 든다.

'완전한 친애'는 선하며 덕에 있어 서로 닮은 사람들의 친애이다. 왜냐하면 그들은 상대가 선한 사람인 경우에만 서로에게 선한 것을 원하며, 또 그들 자신이 선한 사람이기 때문이다. 이때 친구를 위해서 좋은 것을 바라는 사람이야말로 가장 참된 의미에서 친구라 할 수 있다. 그러므로 그들의 친애는 그들이 선한 동안은 내내 유지된다. 이것이 바로 진정한 사랑과 친애의 최선의 형태이다.

서로의 유익함 때문에 친구가 된 사람들은 이익이 다하면 헤어진다. 실제로 그들은 서로를 사랑하여 친구가 된 것이 아니고, 단지 이득을 사랑하여 친구가 된 것이기 때문이다. 그러므로 쾌락이나 유익함을 위해서는 열등한 사람끼리도 친구가 될 수 있고, 또는 훌륭한 사람이 열등한 사람과도 친구가 될 수 있으며, 훌륭하지도 열등하지도 않은 사람은 어떤 누구와도 친구가 될 수 있다.

하지만 인간 자체를 위해서는 오직 선한 사람들만이 친구가 될 수 있다. 근거 없이 남을 헐뜯는 말에 조금도 흔들림이 없는 것도 오직 선한 사람들 사이에 친애가 있을 때뿐이다. 이들에게는 신의가 있다.

그러므로 유익함 때문에 사랑하는 사람들은 자신에게 이롭기 때문에 사랑하며, 쾌락 때문에 사랑하는 사람들도 자신에게 유쾌하기 때문에 사랑한다. 또한 그들은 상대의 인품을 사랑하는 것이 아니라 유용하거나 유쾌한 범위 안에서 사랑한다. (중략) 한쪽이 더 이상 유쾌한 인물이 못 되거나 유익한 인물이 못 되면 다른 한쪽이 더 이상 그를 사랑하기를 그치기 때문이다.

아리스토텔레스는 상대의 유익함 때문에 사랑하는 사람들은 상대를 위해서가 아니라, 상대에게 얻을 어떤 좋은 것 때문에 사랑한다는 것이다. 유익함에 기초를 둔 친애는 장사꾼의 마음을 가진 사람들에게서 볼 수 있다. 현대사회에 그대로 대입해보아도 쉽게 이해할 수 있다. 이러한 인간관계는 서로에게 좋은 일이 있으리라는 희망을 주는 범위 안에서만 서로를 유쾌하게 생각한다.

무려 2,300여 년 전에 쓰인 『니코마코스 윤리학』은 오늘날 인간관계의 핵심을 찌르고도 남는다. 말하자면 서양의 모든 행복론이나 행복을 추구하는 자기계발서는 『니코마코스 윤리학』에서 비롯되었다고 해도 과언이 아니다. 서양 철학이 플라톤의 각주라면 서양의 행복록은 아리스토텔레스의 각주인 셈이다. 아리스토텔레스는 에게해의 델로스 섬에 새겨진 다음과 같은 잠언을 인용한다.

가장 고귀한 것은 가장 옳은 것이요, 가장 좋은 것은 건강이라. 그러나 가장 즐거운 것은 우리가 사랑하는 것을 얻는 것.

이 잠언에 따르면 건강과 사랑하는 것을 얻는다면 그것만큼 좋고 즐거운 일은 없다는 말이다. 이것이야말로 행복에 이르는 길일 것이다.

그런데 행복론을 설파한 아리스토텔레스는 과연 행복한 삶을 살았을까? 아테네 인들은 펠로폰네소스 전쟁으로 모든 것이 혼란에 빠지자 소피스트(기원전 5세기 무렵 주로 아테네 자유민으로서 교양이나 학예, 특히 변론술을 가르치는 일을 직업으로 삼던 사람들)와 철학자들을 신성 모독죄로 고발했다. 페리클레스(기원전 495-429)의 황금시대 이후 모든 반종교적인 계몽운동에 저항한 아테네의 전통적인 시민계층은 소송에 동조했다. 종교 문제에 대한 그리스의 전통이 안팎으로 도전받았다는 위기감이 아테네를 뒤덮었기 때문이다. 이에 시민들은 현자들을 신성 모독죄로 고발하기 일쑤였다.

소크라테스 역시 신을 부정한다는 죄목으로 소송을 당했고 결국 독배를 마셔 사형을 당했다. 올바른 연설을 주장하던 프로타고라스는 자신을 소피스트, 즉 궤변론자로 부르며 문법과 수사학을 가르쳤는데 역시 박해를 받았다. "인간이 만물의 척도"라는 말로 시작하는 그의 저서는 법정 판결에 따라 불태워지는 신세가 되었다. 이는 신화의 시대에서 인간의 시대로 넘어가는 무렵의 현상이었다. 철학자들은 신을 중심으로 한 그동안의 질서를 부정하고 인간 중심의 질서를 강조하면서 전통을 중시하는 아테네 인들로부터 배척을 당한 것이다.

아리스토텔레스도 하마터면 신성 모독죄로 기소될 뻔했다. 자칫 귀양을 가거나 소크라테스처럼 독배를 마시거나 프로타고라스처럼 책이 불태워질 뻔했다. 아리스토텔레스는 혼란스러운 분위기를 잘 알고 언행에 신중을 기했다. 신의 존재나 그들에 대한 언급을 최대한 자제했다. 하지만 아테네 시민들로부터 고발당할 위기에 처하자 이를 피해 피신하던 도중 불행하게도 위병으로 세상을 떠난다. 불과 62세의 나이였다.

플라톤과 아리스토텔레스의 관계는 아리스토텔레스의 사유가 발전해 나가는 과정에서 가장 중요하고도 민감한 문제다. 일부 학자들은 아리스토텔레스가 플라톤과 결별한 것을 가장 큰 공적이라고 생각하는 반면, 다른 학자들은 이것이 아주 파렴치한 행위이며 그의 가장 큰 약점이라고 생각한다. 자기 어미의 배를 뒷발로 차는 망아지라는 것이다. 아리스토텔레스는 스승 플라톤에게 경외심을 지녔을 뿐 아니라 동시에 비판적인 태도를 지녔다. 장 마리 장브가 쓴『학문의 정신 아리스토텔레스』에는 아리스토텔레스의 어록이 많이 나온다.

플라톤의 친구보다는 진리의 애인이 되어라!

아리스토텔레스의 이 증언은 철학자들 사이에 좌우명이 되었다. 아리스토텔레스는 20년 동안 스승 플라톤의 충실한 학도로 연구생활을 했다. 기원전 347년 플라톤이 80세로 세상을 떠나고 조카인 스페우시포스가 그의 뒤를 이어 아카데메이아(플라톤이 창립한 사설 철학 학원)의 2대 학장이 되자 아리스토텔레스는 아카데메이아를 떠나 아소스로 갔다. 그리고 다시 아테네로 돌아와 자신의 학교인 뤼케이온을 열었다. 그가 뤼케이온을 설립하고 플라톤 사상과 결별한 뒤 홀로서기를 한 까닭은 어쩌면 플라톤의 후계자가 되지 못했기 때문인지도 모른다. 말하자면 플라톤이 스승인 소크라테스를 충실히 이어받은 제자로서 자신의 사상을 가미해 청출어람이 되었다면, 아리스토텔레스는 스승인 플라톤의 사상을 흡수한 뒤 독립하면서 플라톤에게서 해방된 철학자로 우뚝 섰다.

플라톤이 "철학자들이 왕이거나 혹은 왕들이 철학자가 되기 전까지는 세상은 개선되지 않을 것이다(철인정치)"라고 이야기했다면 아리스토텔레스는 더 현실적으로 생각할 줄 알았다.

직접 철학을 하는 것은 왕에게는 필요 없을 뿐만 아니라 심지어 방해가 된다. 그러나 왕은 참된 철학자의 말을 듣고 따라야 한다.
ー『학문의 정신 아리스토텔레스』

이는 플라톤이 철인정치에서 주장한 것과는 다른 생각이었다. 아리스토텔레스가 스승 플라톤과 다른 길을 걸었음을 보여주는 예이다.

아리스토텔레스는 아테네로 이주해 17세에 아카데메이아에 입학해 20년 동안 깊이 연구하면서 피타고라스의 지식학과 동방의 지혜를 받아들였다. 플라톤이 세상을 떠났을 때 아리스토텔레스는 37세였다. 스승이 죽은 뒤 그가 겪은 첫 번째 실망은 플라톤의 후계자가 되지 못한 일이다. 만약에 아리스토텔레스가 플라톤의 후계자로 지목되어 아카데메이아의 학장이 되었다면, 그래서 플라톤 철학의 전승자로서 역할에 머물렀다면 어떻게 되었을까 생각해본다. 어쩌면 플라톤의 후계자가 되지 못했기에 아리스토텔레스라는 '거인의 탄생'으로 이어졌고 스승과 더불어 서양철학사의 두 축이 될 수 있었던 것이다. 이것이 또한 주역이 말한 '일음일양'의 인생이 아닐까.

『니코마코스 윤리학』 읽는 법

아리스토텔레스의 『니코마코스 윤리학』은 서양의 수신서이자 자기계발서, 즉 '행복론의 교과서'와 같은 책이다. 요즘에도 수많은 행복에 관한 책들이 쏟아지지만 모두 아리스토텔레스의 아류작이라고 할 수 있다. 아리스토텔레스는 인간의 궁극적인 삶의 목표를 행복이라고 말한다. 『니코마코스 윤리학』은 아리스토텔레스가 강의를 위해 작성한 초고를 그의 아들 니코마코스가 편집하여 엮은 책이다.

이 책에서는 손명현이 번역한 『니코마코스 윤리학/정치학/시학』(동서문화사, 2007)을 주요 텍스트로 삼았다. 여기에 장 마리 장브가 쓴 『학문의 정신 아리스토텔레스』(한길사, 2004), 박승찬이 쓴 『서양중세의 아리스토텔레스 수용사』(누멘, 2010) 등은 아리스토텔레스의 삶과 사상을 이해하는 데 도움이 된다.

키케로의 『의무론』

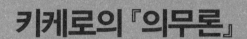

쾌락은 인생의 양념에 불과한 것,
도덕적인 선을 따르라

13

〈히폴리토스의 죽음〉(1860), 로렌스 앨마 태디마 Lawrence Alma-Tadema (1836~1912)

그리스 신화에 나오는 영웅으로 아테네 왕 테세우스의 아들이다. 아버지의 후처에게 구애를 받았으나 거절하자 계모는 이 사실을 거짓으로 꾸며 유언을 남기고 자살했다. 이에 아들을 의심한 테세우스가 저주를 내려 히폴리토스는 마차에서 떨어져 죽고 만다. 하지만 테세우스는 아들을 잃은 깊은 슬픔에 잠겼다. 아들을 죽음으로 몰고 간 테세우스의 선택은 과연 도덕적으로 옳았을까? 이 신화는 어머니가 아들을 사랑하는 비극인 '페드라 콤플렉스'라는 용어를 남겼다.

나에게 맞는 삶을 찾아
'데코룸하게' 살아라

인쇄술이 발명된 이후『성경』다음으로 많이 찍은 책은 과연 무엇일까? 또한 19세기 독일의 정치가 비스마르크가 정치가가 되고자 하는 학생이라면 꼭 읽어보라고 권유한 책은 무엇일까? 바로 '로마의 아버지'로 추앙받는 마르쿠스 툴리우스 키케로(기원전 106~43)가 쓴『의무론』이다.

『의무론』은 스토아학파 윤리를 바탕으로 쓴 책으로 당시(기원전 44) 상황은 정치적으로나 정신적으로 힘든 시기였다. 키케로는 새로운 권력자 안토니우스를 피해 자신의 별장들을 전전하며 생활했다. 그 와중에 암살당하기 전까지 2년 동안 후대에 남을 주옥같은 글을 썼다. 절박한 마음이 명문장을 창조한 것일까. 더욱이 당시는 윤리를 중요하게 다룬 스토아학파와는 반대로 에피쿠로스학파의 쾌락주의가 성행하여 타락이 극심했다. 그러한 때에 키케로는 아들이 정치가로 성공하기를 바라는 염원을 담아 도덕적인 선이 무엇이며 유익함이 무엇인지 로마에서 아테네로 장문의 편지를 보냈다. 이것이 『의무론』의 시작이다.

키케로는 3권으로 구성한 이 책에서 어떤 행동을 결정할 때 고려해야 할 사항을 세 가지로 나누어 설명한다. 즉 도덕적인 선(1권)과 유익함(2권) 그리고 이 두 요인이 상충(3권)하는지 여부에 대해 고려해야 한다는 것이다.

서양철학에서는 윤리학의 문제로 은혜, 관용, 베풂 등이 유난히 자주 거론된다. 아리스토텔레스의 『니코마코스 윤리학』에서도 은혜를 강조하듯이 『의무론』을 읽다 보면 베푸는 삶에 대해 자주 이야기한다. 키케로는 먼저 1권에서 도덕적인 선에 대해 논하면서 선행과 호의를 베푸는 것보다 인간 본성에 더 적합한 것은 없다고 한다. 주의할 점은 첫째 선행을 베푸는 것 자체가 다른 사람에게 피해를 주지 않도록 해야 하며, 둘째 베푸는 자의 능력 한계를 넘어서는 안 되며, 셋째 친절이 각자 받을 만한 가치에 따라 베풀어지도록 해야 한다는 것이다.

> 길 잃고 방황하는 자에게
> 친절하게 길을 가르쳐주는 사람은
> 마치 자신의 등불로 다른 사람의 등에
> 불을 붙여 주는 것과 같도다.
> 그런데 남에게 불을 붙여 주었다고 해서
> 자신의 불빛이 덜 빛나는 것이 아니니라.

이는 키케로가 즐겨 인용한 고대 로마 시인이자 '라틴 문학의 아버지'로 통하는 엔니우스의 시다. 이 시를 통해 키케로는 "손해가 없다면 낯선 사람일지라도 무엇이든 주라"고 전한다. 받는 자에게는 이익이요 주는 자에게도 손해는 아니기 때문이다. 키케로는 특히 돈이 있다면 자선과 관용을 베푸는 것보다 더 명예롭고 고상한 일은 없다고 아들에게 조언한다. 그런데 사실 키케로는 돈을 아주 좋아했고 빚이 많았으며 사치스러웠다. 무려 여덟 개의 별장을 소유한 것만 봐도 알 수 있다.

『의무론』을 읽다 보면 독특한 표현이 나온다. 도덕적인 선을 위해 수행해야 할 두 가지 개념인 '호네스툼'honestum과 '데코룸'decorum이다. 호네스툼은 도덕적으로 선한 것을 뜻한다. 데코룸은 사물을 적합함으로 올바르게 인식하는 것, 즉 내면의 감정이나 외면의 표상, 언어, 행동, 의상 등에 있어서의 적합함을 의미한다. 데코룸하기 위해서는 반드시 도덕적으로 선한 호네스툼이 선행되어야 한다고 강조한다.

'데코룸하다'라는 의미는 어떤 상황에서 가장 적합한 말씨나 모습, 행동을 이르는 말이다. 'decorum'이란 키케로가 그리스어의 'prepon'을 번역한 라틴어로 '고유하다, 혹은 적절하다'라는 뜻을 지니고 있다. 영어로 데코룸은 'proper'(적합한)라고 쓴다. 키케로는 『의무론』에서 데코룸이라는 단어를 특정 장소, 시대와 신분 등에 따라 해야 할 것과 하지 말아야 할 것을 가릴 줄 알아야 한다는 뜻으로 사용한다. 상황에 맞게 처신해야 한다는 이 말은 시대에 따라 귀족의 예절이나 행동 규범으로 자리 잡으면서 서구 사회에서는 '교양'이라는 말로 폭넓게 사용한다.[40]

예를 들면 어떤 상황에서는 특정한 말과 행동이 어울리는데 어떤 장소에서는 전혀 어울리지 않는다. 데코룸은 언제 어디서나 보편적인 진리로 통용되는 말과 행동은 없기 때문에 행동 주체가 주어진 상황을 읽고 적절하게 처신해야 한다는 의미다. 키케로는 이렇게 구분한다.

이성과 웅변을 사려 깊게 이용하는 것과 행동을 신중히 하는 것, 그리고 모든 사물 중에서 어떤 것이 참됨인가를 직시하여 유의하는 것은 데코룸

데코룸은 동양의 덕에 대한 개념이 모두 혼합되어 있다. 또한 사람들이 원하는 데코룸이란 자연, 즉 인간 본성에 합일한 지점에서 예의 바른 신사의 태도와 함께 중용과 절제가 나타나는 절묘한 태도이다. 여러 세대 동안 중요한 의미를 가지고 있었던 영국 신사gentleman는 영국의 학교에서 키케로를 열심히 익히는 것으로 시작했고 확실히 그러한 훈련을 통해서 양육되었다.[41]

키케로는 신사의 자질에 매우 정통했다. 그는 스토아주의자답게 욕망보다 이성이 우선해야 하며 육체적 쾌락은 경멸하고 버려야 한다고 강조한다. 사치와 낭비로 향락 속에서 유약하게 사는 것이 얼마나 추하며 타락한 삶인지 반면에 절제하고 근검절약하며 진지하고 단순하게 살아가는 것이 얼마나 도덕적으로 선한 삶인지 이해하게 될 것이라고 아들에게 조언한다. 당시 유행하던 에피쿠로스주의를 경계하고 스토아주의를 따르라고 주문한 것이다. 그래야 데코룸하게 처신하는 훌륭한 정치가로 성공할 수 있다고 말이다.

나아가 부친이나 조상이 어떤 분야에서 뛰어난 일을 해 영광을 누렸다면 아들이나 후예 역시 그 분야에서 뛰어나다는 찬사를 받기 위해 노력해야 한다고 말했다. 그러므로 각자에게 데코룸한 것이 무엇인지를 알려고 할 때 우리는 이 모든 것을 심사숙고해야 한다고 조언한다. 말하자면 선조나 부모의 적성도 자신의 적성에 데코룸한지를 결정하는 요소가 된다는 말이다. 키케로는 모든 행동을 결정할 때 무엇보다 욕망을 이성에 복종하도록 해야 하며 이것이 바로 데코룸의 핵심이라고 늘 강조했다. 의무를 수행할 때 이보다 더 적합한 것은 없기 때문이다.

키케로는 늘 데코룸하게 살아야 호네스툼에 이른다고 했지만 정작 자신의 삶에서조차 그 언행과 처신이 데코룸하지 못했다. 그는 권모술수가 난무하는 정치 세계에 적합하지 않은 인물이었다. 역사학자 이디스 해밀턴은 『고대 로마인의 생각과 힘』에서 키케로는 정치가라기보다는 "학자이자 책 애호가, 비평가, 예술적 취향을 가진 사람이었고 우리의 눈으로 보면 결코 공적 생활에 입문하지 않을 부류의 사람이었다. 로마는 그를 정치인으로 만들었다"라고 평했다. 키케로는 정치가보다 사상가, 철학자, 문필가로 살았다면 보다 '데코룸한' 삶을 살았을지도 모른다. 다만 시대가 그를 정치가로 만들었으며 결국은 정치의 희생양이 되고야 만다.

우리는 살아가면서 저마다 삶을 선택해야 하는 갈림길에 놓인다. 하고 싶지 않은 선택을 강요당할 때 사람들은 삶이 주는 무게 때문에 또는 생존 때문에 자신의 적성과 능력에 어울리지 않는 선택을 하고 끙끙대며 살아가기도 한다. 이는 키케로가 말한 데코룸한 삶이 아니다. 데코룸한 삶은 자신이 하고 싶은 일을 자신의 적성과 재능에 맞춰 선택하는 삶이다. 그래야 신이 나고 흥이 나고 충만한 삶으로 이어질 수 있다.

데코룸하게 처신하기 위해서는 무엇보다 세상의 욕망을 덜 쫓는 데서 시작해야 하지 않을까. 쾌락에 충실하지 않으면 생존 경쟁에서 이길 수 없는 현실에서 욕망을 버리기란 힘들다. 다만 이때 욕망을 과도하게 추구하다 보면 자신의 본모습을 잃어버리고 결국 자신의 모든 것을 잃어버리게 된다. 욕망이 욕망을 낳게 마련이다. 그래서 욕망을 쫓다 보면 데코룸한 삶과 점점 멀어지고야 만다. 덧없는 욕망이라 부르는 까닭이 여기에 있을 것이다. 욕망이 자신의 모든 것을 삼켜버리지 않도록 데코룸하게 사는 것, 이 말을 마음에 새겨보자.

국가에 이롭게 하고
남에게 손해를 끼치지 말라

키케로는 『의무론』 2권에서 유익함에 대해 이렇게 말한다.

인간은 인간에게 최대의 이익을 가져다주는 원천이기도 하고, 또 최대의 손해를 끼치는 원천이기도 하다.

살다 보면 누구나 인간이라는 존재에 대해 깊이 생각할 때가 있다. 살라미스 해전을 승리로 이끈 테미스토클레스는 "선하지만 가난한 사람과 선하지는 않지만 부유한 사람 중 누구와 딸을 결혼시켜야 할지 조언해달라"라는 말에 다음과 같이 조언한다.

돈 있는 악한 사람보다는 돈은 없지만 사람다운 사람을 택하겠소.

부모라면 테미스토클레스의 말에 수긍할 것이다.

또한 키케로는 유익한 선행에 대해 개인뿐만 아니라 "국가에도 유익하게 하고 손해를 끼쳐서는 안 된다"고 말한다. 특히 국가에 손실을 끼쳐서는 안 된다고 강조한다. 그 사례로 가이우스 그라쿠스(기원전 123년 혹은 122년의 호민관으로 군사나 민원을 처리하던 관리)의 곡물 배급 정책을 든다. 국가의 선심 정책인 곡물 배급은 대규모로 시행되었지만 이내 국고를 고갈시켰다. 결국 옥타비우스 황제는 후일 그라쿠스의 곡물법을 개정했는데 이는 시민에게도 국가에도 모두 유익한 처사였다고 강조한다. 아무리 뜻이 좋은 정책이라도 시행이 불가하면 소용없다. 예컨대 논란이 된 노인기초연금의 경우에도 이를 공약대로 시행하려다 국고를 고갈시킨다면 그라쿠스의 잘못된 선택에 해당하지 않을까.

키케로는 3권에서 도덕적인 선과 유익함의 상충과 관해 논하면서 이렇게 강조한다.

도덕적으로 선한 것은 무엇이든지 간에 유익하다.

따라서 도덕적으로 선하지 않는 것은 유익하지 않다고 보았다. 그는 유익함과 도덕적 선의 상충 사례로 다음에 나오는 예를 제시하는데 이는 오늘날에도 논술 등 각종 시험에 자주 출제된다.

한때 그리스 로데스 섬에 곡물이 부족해 곡가가 폭등할 때 이집트 북부의 알렉산드리아에서 배에 곡물을 가득 싣고 왔다. 이 정보를 착한 곡물업자가 알고 있다고 하자. 이를 알려주지 않고 곡물을 비싸게 팔아야 할까, 아니면 구매자에게 알려주어야 할까? 스토아철학자 사이에서도 견해가 엇갈린다. 또 다른 예로, 어느 선한 사람이 자신은 알지만 다른 사람은 모르는 상태에서 건강에 해롭고 하자가 많은 집을 팔려고 내놓았다. 붕괴 위험도 있지만 외관상으로는 드러나지 않는다. 이를 구매자에게 말해주지 않고 적정 가격보다 높은 가격을 받고 팔았다면 그는 부정직하거나 도덕적으로 옳지 않은 행동을 한 것일까?

도덕적으로 옳지 않다는 입장에서는 구매자로 하여금 잘못된 판단을 하게 하여 막대한 손해를 입혀 구매자를 파멸시킬 수도 있다. 도덕적으로 옳다는 입장에 서면 판매자가 집을 사라고 강요했다고 할 수는 없다. 그는 자기가 좋아하지 않는 집을 팔기 위해 내놓았던 것뿐이며 물건을 팔려고 내놓은 사람이 그 물건이 지닌 결점을 모조리 밝히는 행위는 어리석다. '나는 지금 건강에 해롭고 살기 나쁜 집을 팔고 있소'라고 소리친다면 이보다 더 어리석은 행동이 어디에 있겠는가. 그러나 키케로의 생각은 다음과 같았다.

곡물 상인은 로데스 인들에게, 가옥 판매자는 구입자에게, 곡물 선박의 도래와 가옥의 하자와 같은 사실을 숨겨서는 안 된다. 나 자신의 이득을 위해 그들에게 알리지 않을 때 그것은 네가 침묵하는 것이 아니라 숨기는 것이다. 정직하지도 않고 교활하고 간교하고 사악하고 많은 나쁜 비난의 수식어가 붙는 명칭을 듣는 행위를 하는 것이 과연 유익한 것이라고 할 수 있겠는가?

이외에도 키케로는 "선한 사람이라는 칭호와 명성을 포기하고 얻어야 할 만큼 이롭고 추구할 만한 가치가 있는 것이 있을까?" "포도주가 품질이 낮다는 것을 알면서도 파는 사람은 사는 사람에게 그 사실을 말해야만 하는가?"라는 사례들을 제시하며 도덕적 선과 유익함의 상충에 대해 논한다. 책을 보면서 자신은 어느 입장에 설지 생각해보면 더 흥미롭게 읽을 수 있을 것이다.

사악하고 부도덕한 유익은
결코 유익하지 않다

키케로는 도덕적인 선과 유익함의 충돌에 관해 자주 언급하며 아들에게 현실적인 조언을 아끼지 않았다.

네가 약속을 한 당사자들에게 유익하지 않은 그러한 약속들은 확실히 지킬 필요가 없다.

너는 네가 약속한 자들에게 불리한 약속들은 지킬 필요가 없으며, 만일 그 약속이 네가 약속한 자에게 이익이 되는 것보다 너에게 더 많은 해를 끼친다면, 작은 것보다 큰 것을 우선함은 의무에 어긋나는 것이 아니다.

그는 신화를 인용한다. 태양의 신 포이보스는 아들 파이톤에게 원하는 것은 무엇이든지 다 들어줄 테니 말해보라고 한다. 파이톤은 아버지의 불마차를 타기를 원했고 포이보스는 약속을 들어주었다. 그러나 그는 불마차를 세우기 전에 벼락을 맞아 즉사하고 말았다. 이 경우, 아버지가 약속을 지키지 않았다면 얼마나 좋았겠는가.

또한 테세우스는 바다의 신 넵투누스에게 자기와의 약속을 충실히 이행할 것을 요구했다. 그것은 어떤 약속이었을까. 어느 날 넵투누스는 테세우스에게 세 가지 소원을 말해보라 하고 그중 한 가지를 택하라고 하자 그는 아들 히폴리토스의 파멸을 원했다. 왜냐하면 테세우스는 아들이 계모와 불륜 관계를 맺고 있다는 의심을 품었기 때문이다. 소원이 성취되자 테세우스는 깊고 깊은 슬픔에 잠겼다.

그리스 비극의 주인공 아가멤논은 어느 해에 자신의 왕국에서 태어난 가장 예쁜 아이를 달빛의 여신 디아나에게 바치기로 약속했다. 그런데 그 해에 태어난 아이 중에서는 자기 딸보다 더 예쁜 아이가 없었기에 그는 자신의 딸 이피레니아를 제물로 바쳤다. 키케로는 이러한 추악한 죄를 범하기보다는 오히려 약속을 지키지 말았어야 했다는 것이다.

> 그러므로 약속은 때로는 지켜서도 안 되며, 반드시 맡겨진 것을 되돌려 주어서도 안 된다. 어떤 자가 정상적인 상태에서 너의 집에 검을 맡겼는데 만일 그가 정신이 나간 상태에서 검을 돌려달라고 요구한다면 돌려주는 것은 잘못을 범하는 것이요 돌려주지 않는 것이 너의 의무인 것이다.

도덕적으로 선한 것처럼 보이는 많은 경우라도 때에 따라 선하지 않게 된다. 약속을 지키고 합의한 바를 고수하며 맡은 물건을 되돌려주는 행동이 유익함이라는 조건이 변하면서 악한 것으로 탈바꿈될 때 도덕적으로도 선하지 않다는 것이다.

나는 신의 없는 자에게는 언제나 신의를 주지 않았고, 지금도 주지 않고 있다.

반면에 전쟁에 관한 법과 적에게 맹세한 신의는 반드시 지켜야 한다고 강조한다. 키케로는 로마에서 일어난 사건을 예로 든다. 로마의 장군 레굴루스가 2대 콘술(로마 공화정 시대의 최고 관직)일 때 한니발의 아버지 하밀카르 장군이 카르타고의 군대를 진두지휘했다. 그때 레굴루스는 하밀카르 휘하의 크산팁푸스 장군의 책략에 걸려 포로가 되었다. 그러자 카르타고에서 그에게 직접 로마로 돌아가 포로로 잡혀 있는 카르타고 귀족 출신의 장군들이 송환되도록 협상을 하되, 만일 송환에 실패한다면 다시 카르타고로 되돌아올 것을 맹세 받고 로마에 보냈다. 이에 레굴루스는 포로를 송환할 필요가 없다고 말하며 제 발로 카르타고로 되돌아갔다. 이는 곧 죽으러 간 것이다. 모든 안락함을 거부하고 전쟁의 약속을 지키기 위해서였다. 포로들은 훌륭하고 젊은 장수인데 반해 자신은 이미 늙고 쇠약하기에 바꿀 수 없다고 말했다.

가령 어떤 사람이 해적들과 목숨을 대가로 합의한 금액을 치르지 않았다면 그것을 사기라 할 수는 없을 것이다. 해적은 부도덕한 공동의 적이기 때문이다.

한편 쾌락에 대하여, 키케로는 모든 쾌락은 도덕적 선에 반한다고 주장한다.

쾌락과 도덕적 선 사이에 어떠한 연결고리 같은 것은 있을 수 없다.

다만 쾌락은 인생에 '양념 같은 맛'을 제공하는 것이라고 말한다. 이러한 스토아학파의 윤리사상을 담은 『의무론』은 서양인의 기독교적인 정신세계와 근대 시민사상에 큰 영향을 끼쳤다. 결론을 요약하자면 다음과 같다.

> 도덕적으로 선한 것, 그것은 유일한 선, 아니면 최고의 선이다. 그런데 선한 것은 확실히 유익하다. 고로 도덕적으로 선한 것은 무엇이든지 간에 유익하다.

키케로의 『의무론』은 '도덕적인 의무를 수행하는 사람은 누구나 행복하게 살 수 있는 세상을 만들어야 한다'는 말로 요약할 수 있다. 당시 로마는 혼돈의 시대였다. 그런 시대일수록 올바른 인식을 통해 도덕적으로 선한 삶을 살아가기 위해 '욕망을 이성에 복종시키는' 인간의 본성을 훈련해야 한다고 강조한다. 이것이 『의무론』이 제시하는 실천 윤리론의 핵심이다. 이 또한 서양철학사에 또 하나 더해진 '플라톤의 각주'라 할 수 있다.

그런데 『노년에 관하여』라는 책을 써 노년을 예찬한 키케로 자신은 정작 악몽 같은 노년을 보냈다. 키케로는 아들에게 "나는 네가 모든 점에서 나를 능가해주기를 바라는 유일한 사람"이라며 아버지의 깊은 뜻을 전한다. 『의무론』의 마지막은 키케로가 아들에게 보내는 당부의 글로 마무리한다. 여느 아버지가 그러하듯 진한 부성애가 느껴진다.

> 내 아들 키케로야, 이제 너는 아버지인 나에게서 큰 선물, 즉 나의 위대한 사상을 받았다. 그렇지만 그 선물은 네가 받아들일 수 있는 정도의 것이다. 그러나 그 가치는 네가 그것을 받아들이는 정신 상태에 달려 있게 될 것이다. 이 책들을 통해서 내 목소리가 네게 전달되었으니, 너는 네가 시간을 낼 수 있는 한 실제로 정성을 들여 많이 읽도록 하여라. 거듭 말하거

니와 그 책들 속에는 도처에서 내 음성이 들릴 것이기 때문이다.

아들은 아버지의 바람대로 높은 관직에 올랐지만 공화주의자인 아버지와는 다른 길을 걸었다. 즉 폼페이우스 편에 서라는 아버지의 당부를 뿌리치고 카이사르의 편에 선 것이다. 정치적으로 아버지로부터 독립한 셈이지만 키케로에게는 큰 배신감을 안겨주었다. 공화정에서 제정으로 넘어가는 로마의 격동기에 살았던 키케로는 이혼과 아들의 정치적인 배신 등이 겹치면서 그의 가정도 인생도 풍비박산이 났다. 그리고 키케로의 죽음과 더불어 공화정도 최후를 맞았다. "나는 어느 편에 가담해야 좋을지 정말 모르겠다"라는 키케로의 한탄에서 보듯이 그는 정치적인 줄서기에서 우물쭈물하다가 화를 자초했다. 사람은 말년 운이 좋아야 한다는데 키케로는 자신이 쓴 책과는 반대로 최악의 말년을 보내고야 말았다. 키케로는 "사람이 지금까지와 달라졌을 때, 살아 있는 흥미를 잃어버린다"라고 했다. 아마도 그는 급박한 정치 상황에서 살아남기 위해 변신을 강요당하면서 삶의 의미와 이유를 잃었다고 생각한 게 아닐까.

플루타르코스는 『영웅전』에서 키케로를 '역경에는 아주 약한 위인'이라고 평했다. 그 말처럼 그는 역경을 이겨내지 못하고 정치적으로 갈팡질팡하다가 비참하기 그지없는 죽음을 맞이했다. 결국 옥타비아누스와 안토니우스의 살생부에 올라 죽임을 당했는데 그때 키케로의 나이 63세였다. 안토니우스는 키케로의 목과 손을 잘랐고 시신은 죽어서도 경멸을 받았다. 한때 로마의 국부로 추앙받던 키케로는 제정시대를 연 옥타비아누스(카이사르 2세)가 '제2의 국부'가 되면서 역사의 도도한 흐름 앞에 사라져야 했다. 앞서 이디스 해밀턴의 평가처럼 철학가나 예술가로서 데코룸하게 살아야 했던 키케로는 불가피하게 정치가로서 로마를 위해 헌신하다 정치적인 줄타기와 권력 투쟁에서 밀려나 참혹한 죽임을 당한 것이다. 그래서 인간은 죽음에 이르기 전까지는 그 누구도 행복하다고 말해서는 안 된다고 했던가!

한때 키케로는 카이사르를 대상으로 '정치론'을 쓸 구상을 하기도 했다. 만일 그가 그 책을 썼다면 아마도 마키아벨리의 『군주론』을 능가하는 고전이 되었을지도 모를 일이다. 키케로는 황제 1인의 지배 체제를 반대한 공화주의자였는데 아마도 그의 정치론은 제정주의를 표방하며 황제의 야심을 키운 카이사르의 전제정치를 찬양했을 터이다.

> 카이사르는 균형감각이 뛰어나고 무슨 일에나 관대하다. 그렇긴 하지만 누구한테나 관대한 것은 아니다. 큰 사업을 수행할 만한 기개가 있고 재능이 풍부한 인재라면 출신 지역도 출신 계급도 따지지 않고 등용한다.

> 카이사르의 문장은 입에서 나오든 글로 쓰이든 상관없이 다음과 같은 특징을 나타내고 있다. 품격이 높고 광채를 발하며 화려하고 웅장하고 고귀하며 무엇보다도 먼저 이성적이다.

이는 『로마인 이야기 5』(한길사, 1996)에 나오는 내용으로 키케로가 카이사르를 칭찬한 글이다. 그의 '정치론'이 쓰였다면 카이사르를 위한 용비어천가가 포함되지 않았을까.

『의무론』 읽는 법

이 책은 키케로가 아들이 정치가로 성공하기를 바라는 마음에 교육 지침을 편지로 써서 보낸 내용이다. 즉 아들에게 정치가로서 현실적인 실천 윤리를 조언하는 아버지의 염원이 담겨 있다. 키케로의 아들은 당시 로마의 상류층 자제들이 대부분 그러했듯 아테네에 유학을 가 있었다. 첫 문장은 "나의 사랑하는 아들 마르쿠스야! 너는 이미 일 년 째 크라팁푸스 스승 밑에서 그것도 아테네에서 수학중이구나"로 시작한다. 군데군데 카이사르를 독재자라며 신랄하게 비난하기도 하는 등 정치적인 논조를 띤다. 결국 이러한 성품으로 말미암아 키케로는 비참한 말년을 보내고야 만다.

『의무론』은 라틴 원전을 옮긴 허승일 번역의 『키케로의 의무론』(서광사, 2006)이 널리 읽힌다. 본문에 별도의 표기가 없는 인용은 허승일이 번역한 책에서 발췌했다.

여기에 이디스 해밀턴의 『고대 로마인의 생각과 힘』(까치, 2009)과 시오노 나나미의 『로마인 이야기 5』(한길사, 1996)에서 키케로 관련 부분을 참고할 만하다.

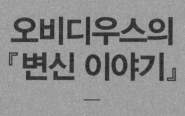

오비디우스의
『변신 이야기』

—

모방과 상상력으로
문학과 예술을 정복하다

—

14

서울대학교 인문강의

〈뷔블리스〉(1884), 윌리암 부게로Adolphe William Bouguereau(1825∼1905)
그리스 신화에서 쌍둥이 오빠를 사랑하다 거절당하자 샘으로 변한 여인 뷔블리스를 그린 작품. 마음을 추스르지
못하고 하염없이 눈물을 흘리는 뷔블리스를 요정들이 마르지 않는 샘으로 만들었다고 한다.

문화 식민지를 극복한
로마의 '모방의 기술'

어떤 위대한 종족의 문학도 로마의 문학처럼 모든 것을 차용해서 시작되지 않았다.

이디스 해밀턴은 『고대 로마인의 생각과 힘』에서 이렇게 말한다. 해밀턴에 따르면 사람들은 흔히 대제국을 건설한 로마가 그리스보다 훌륭한 문학 작품을 더 많이 남겼을 거라고 생각하기 쉽지만 사실 로마의 문학 작품은 초라하기 짝이 없다. 여기에는 우리가 로마인이 다른 어떤 민족보다 진지하고 엄격하며 불굴의 용기를 지닌 민족이라고 생각하는 선입견이 작용한다. 우리가 읽어온 책과 교육이 그런 생각을 심어주었기 때문이다. 그러나 실상을 열어보면 로마 문학은 우리 생각과는 정반대에서 출발한다.

로마는 기원전 753년에 건국되었다. 하지만 최초의 문학 작품이 등장한 것은 그로부터 약 500년이 지난 제1차 포에니 전쟁이 끝난 무렵이다. 다름 아닌 그리스의 호메로스가 쓴 『오디세이아』의 번역본이었다. 로마인은 500년 동안 살아가면서 겪은 경험들을 어떤 형태로든 표현해야겠다는 충동을 거의 느끼지 않았다.

반면에 그리스에서는 문학이 자연스럽게 발전했다. 노래와 이야기가 입에서 입으로 끊임없이 전해졌고 여러 세대를 거치면서 누가 먼저랄 것도 없이 풍성하게 살을 덧붙였다. 농부, 양치기, 전사들은 자발적으로 상상력을 발휘해 표현하고자 했으며, 그런 표현들이 결국 문학의 외양을 갖추고 후대까지 보존되었다.

로마인은 전혀 다른 길을 걸었다. 먼저, 문학의 외양은 그리스로부터 전해졌다. 적절한 표현 수단을 알게 되고 나서야 표현하려는 욕구가 생겨난 것이다. 즉 기원전 3세기에 등장한 로마 문학은 희극뿐만 아니라 다른 모든 분야에서 그리스를 모방했다.

로마 문학은 그리스 양식으로 희극을 쓴 플라우투스(기원전 254~184)에서 시작되고 그의 후계자 테렌티우스(기원전 195~159) 그리고 키케로로 이어진다. 그 사이 도덕론자인 대 $_{大}$ 카토가 쓴 『농업론』만이 기묘하게 남아 있을 뿐이다. 기원전 1세기까지 로마인의 삶을 여러 각도에서 조명하여 정보를 제공하는 사료라고는 두 희극작가가 쓴 작품뿐이다. 퀸틸리아누스(서기 35~96)의 말대로 로마 문학이 독자적으로 개척한 분야는 풍자 장르 이외에는 없다. 서사시, 서정시, 비극, 희극을 망라하는 거의 모든 장르가 그리스에 토대를 둔다.[42] 로마는 그리스 문학을 모방하고 경쟁하면서 문학을 발전시켰다.

그러다 로마 문학이 경쟁력을 갖게 된 데에는 로마 시인 베르길리우스(기원전 70~19), 호라티우스(기원전 65~8) 그리고 오비디우스(기원전 43~

기원후 17) 등이 결정적인 역할을 한다. 엔니우스와 같은 문법학자들도 적지 않은 영향을 주었다. 로마가 교육과 학문의 제도화를 꾀하고 문학 훈련을 받은 문법학자를 배출하면서 '학자−시인'들이 생겨나기 시작했다. 오비디우스가 대표적인 인물이다.

제정 로마 시대의 전기작가 수에토니우스는 그의 책『로마의 문법학자들』에 초기 로마 문학이 그리스 문학의 모방에 그쳤던 사연을 이렇게 해명한다(그는『풍속으로 본 12인의 로마 황제』도 썼다).

> 그때(포에니 전쟁이 끝난 직후인 2세기 초엽) 로마의 문화는 척박했다. 끊임없이 전쟁을 치러야 했기에 학문에 큰 힘을 쏟아부을 만한 여유가 없었기 때문이다.[43]

한 가지 흥미로운 점은 로마 최초의 문학 작품인『오디세이아』번역본에서 발견된다. 로마의 해방 노예 출신인 안드로니쿠스가 기원전 272년에 라틴어로 번역한『오디세이아』는 모방 차원에서 진행된 단순한 번역이 아니라는 것이다. 이미 이 책에서부터 로마와 그리스 문학 사이에 벌어진 경쟁의 전통이 엿보인다고 한다.

이 번역 작품은 당시 로마의 상류층을 지배하던 헬레니즘에 대한 반작용으로 탄생했다. 헬레니즘의 어원은 그리스인 자신을 지칭하는 그리스어 '헬렌'Héllēn에서 나온 말이다. 역사학자 요한 구스타프 드로이젠은 1833년 자신의 책『알렉산드로스 대왕의 역사』에서 고전 그리스 문화를 동경한 알렉산드로스 대왕이 정복 사업과 더불어 광범위한 지역에 그리스 문화를 전파했는데 이때 그리스 정신과 동방 정신을 융합한 범세계적인 문화를 그리스적인 문화, 즉 헬레니즘 문화라 명명했다고 썼다. 헬레니즘 문명은 그리스 고전기 이후, 그러니까 기원전 323년에서

146년 사이(혹은 기원전 30년까지라는 주장도 있음) 고대 세계에 그리스의 영향력이 절정에 달한 시대를 일컫는다. 이후 로마가 그리스를 정복하면서 로마 시대로 넘어간다. 그러나 로마 시대에도 그리스의 문화와 예술, 문학은 사회 깊숙이 스며들었다. 로마 지도층은 라틴어와 마찬가지로 그리스어를 구사했다.

말하자면 당시 로마는 자국의 문화가 그리스 문화에 흡수되거나 동화될지도 모른다는 우려와 걱정으로 그리스 문학을 라틴어로 번역했다는 것이다. 알렉산드로스 대왕의 나라 마케도니아는 아테네는 물론 세계를 제패했지만 문화적으로는 아테네를 중심으로 하는 그리스 문화에 흡수되어 종국에는 자신들의 고유한 언어마저 잃어버렸다. 한국도 역사적으로 서구 문화의 영향력을 우려해 늘 경각심을 가진 까닭이 여기에 있다. 즉 로마인은 자신의 문화 정체성을 상실할지도 모른다는 위기 의식에서 『오디세이아』를 라틴어로 번역한 것이다. 이는 번역서 머리말에서 드러난다.

> 한 남자를 나에게, 키메나 여신이여, 노래해주소서, 많은 곳을 떠돌아다녔던 이를.

주목할 점은 안드로니쿠스가 『오디세이아』의 원본에 나오는 대로 그리스의 무사Musa 여신이 아닌 로마의 여신 키메나에게 노래를 간청하는 것으로 번역했다는 사실이다. 즉 '로마화'라고 할 수 있다. 이를 통해 로마 최초의 문학 작품은 단순한 모방을 넘어 창조적인 경쟁을 시도한 사례라 할 수 있다. 로마 시인이자 학자인 엔니우스 또한 그의 책 『연대기』에서 로마가 그리스 혈통이 아니라 트로이아 혈통이라는 점을 본격적으로 소개하며 그리스 문학에 대한 경쟁심을 드러낸다.[44]

로마 신화는, 그러나, 신의 이름만 다를 뿐 사실상 그리스 신화의 복제 판이라 해도 무방하다. 예컨대 제우스는 유피테르(영어는 주피터), 아폴론은 아폴로, 헤라는 유노, 아프로디테는 베누스(영어는 비너스), 사투르누스는 크로노스(시간이라는 뜻)의 라틴어 표기다.

근대 역사학의 아버지 랑케는 로마 문화를 호수에 비유했다.

> 고대 모든 역사가 로마라는 호수로 흘러들어갔고 근대의 이 모든 역사가 로마의 역사에서 다시 흘러나왔다.

라틴 문학은 그리스 요소 위에 다듬어지지 않은 라틴 요소를 가미하여 그리스 문학을 중세시대로 전해주었으며 서양 문학에 큰 영향을 끼쳤다. 후세에 가장 큰 영향을 준 라틴 문학의 걸작으로 베르길리우스의 『아이네이스』와 오비디우스의 『변신 이야기』를 꼽는다. 두 작품은 서양 문학과 서양인의 자의식 형성에 큰 영향을 주었다. 『아이네이스』가 세계사의 중심에서 로마에 부여된 사명을 장중하고 생동감 넘치는 문체로 노래해 로마를 부각시킨 작품이라면 『변신 이야기』는 그리스-라틴 문학을 통틀어 그리스 신화에 관한 한 다른 문헌에서는 접할 수 없는 귀중한 정보를 제공한다. 나아가 문학 작품 가운데 서양 미술에 가장 많은 소재를 제공해왔다.

중세시대에 그리스와 로마 작가들 가운데 가장 많이 읽힌 작가는 단연 오비디우스다. 그의 『변신 이야기』는 신화 및 전설 속 변신을 주제로 그리스 로마 신화를 집대성하고 연구하는 표준이 되었다. 또한 고대로부터 현대에 이르기까지 미술과 문학 작품에 마르지 않는 영감의 원천을 제공했다. 중세학의 권위자 트라우베(1861~1907)는 서양의 12~13세기를 '오비디우스의 시대'라고 부를 정도였다.

서양 문학의 표준을 만든
타고난 이야기꾼의 탄생

『변신 이야기』는 전 15권으로 된 서사시로 천지 창조에서부터 오비디우스 시대에 이르기까지 변신과 관련된 사물의 유래를 모은 약 250편의 이야기를 들려준다. 이 책의 원제인 '메타모르포시스'Metamorphoses는 사물이 비롯되는 정황을 설명하는 개념이다. 크게 신에 관한 이야기(1권), 영웅에 관한 이야기(6권), 역사적인 인물에 관한 이야기(11권~15권)로 나뉜다. 주로 신들 사이에 벌어지는 질투와 싸움을 소재로 신과 인간이 동물, 나무, 돌 등으로 변하는 이야기를 그린다.

변신에 관한 이야기 외에도 '퓌라스무스와 티스베'의 슬픈 사랑 이야기처럼 서아시아의 전설을 수용하기도 한다. 또 트로이 전쟁에서 율리시스(그리스어로 오디세우스)와 아이아스가 아킬레우스의 무구를 차지하려고 격렬한 언쟁을 벌이는 이야기도 흥미롭다. 이처럼 '변신'만이 중요한 의미를 갖는 것은 아니다. 오비디우스는『변신 이야기』를 쓰면서 당대의 시인인 베르길리우스에게 문학적인 열정을 배웠다. 또한 신화의 이야기를 주제로 전개하는 호메로스의 서사시보다는 이야기를 하나씩 소개하면서 전체를 하나로 묶는『신통기』와『여인들 목록』(모두 헤시오도스 작품)을 모방한 것으로 보인다.

당시 변신은 그리스 신화에 흔히 등장하는 주제여서 다른 시인들도 이를 주제로 많은 책을 남겼다. 보이오스의『새로운 변신』이나 기원전 2세기에 활동한 소아시아 출신 니칸데르가 쓴『변신 이야기』가 있다.

스퀼라(바위 동굴에 살면서 지나가는 뱃사람을 잡아먹는 괴물), 메데이아(마법의 능력을 지닌 여인으로 비극적인 사랑의 주인공), 뷔블리스(쌍둥이 오빠를 사랑하다 샘이 된 여인) 등의 이야기에서 돋보이는 여자에 관한 오비디우스의 섬세한 심리 묘사는 그리스 비극시인 에우리피데스의 영향을 받은 것으로 보인다. 즉 오비디우스는 그리스 신화와 그리스 비극작가들의 이야기를 모방하여 상상력을 가미한 뒤 로마 신화로 재탄생시킨 것이다.

오비디우스는 이야기를 가공하는 창조적인 재능을 발휘한다. 풍부한 상상력과 회화적인 묘사로 현실감과 생동감을 불어넣었다. 그래서『변신 이야기』에 나오는 신과 인간은 신화 속 인물이라기보다 당시 로마 상류사회의 인물을 생생하게 반영했다는 평가를 받는다. 그리하여 오비디우스는 호메로스와 그리스 3대 비극작가, 그리고 베르길리우스와 더불어 중세와 르네상스 시대는 물론이고 오늘날까지 입에 오르내리며 서양 문학과 미술, 나아가 인문학에 끊임없는 활력을 불어넣는 작가로 우뚝 솟아 있다. 특히 셰익스피어와 밀턴, 그리고 현대 작가들에게 지대한 영향을 끼쳤다. 셰익스피어는 오비디우스의 애독자로도 유명한데『변신 이야기』를 읽다 보면 셰익스피어가『로미오와 줄리엣』의 영감을 얻은 대목이 나온다.

퓌라모스는 동방에서 가장 잘생긴 총각이고 티스베는 동방에서 가장 아름다운 처녀로, 이 둘은 앞뒷집에 이웃해 살았다. 처음에는 우정이 싹트다 점차 사랑으로 변해갔다. 부모들은 물론 반대를 했고 이들은 눈짓, 고갯짓으로 사랑을 나누었다.

두 사람은 서로 만나 사랑을 나누지 못하는 신세를 한탄하다 밤에 몰래 성을 빠져나가 바빌로니아 왕의 왕릉이 있는 곳의 뽕나무 밑에서 만나기로 했다. 먼저 티스베 아가씨가 몰래 와 기다렸다. 그런데 그만 사자 한마리가 짐승을 잡아먹고 입가에 피를 흘리면서 그곳에 나타났다. 티스베는 급히 동굴로 몸을 피하려다 너무 놀란 나머지 너울(여자들이 얼굴을 가리기 위해 쓰던 일종의 스카프)을 떨어뜨리고 말았다. 사자는 이 너울을 보자 피 묻은 입으로 갈가리 찢어버렸다.

뒤늦게 도착한 퓌라모스는 피가 묻은 너울을 보고 기겁하고 말았다. 자신이 늦게 오는 바람에 티스베가 사자에게 잡혀 먹었을 것으로 오해한 것이다. 그리고 사자의 이빨에 물려 죽었을 티스베의 심정을 생각하고 자신도 죽어 티스베의 곁으로 가야겠다고 마음먹었다. 그는 허리에 차고 있던 칼을 뽑아 옆구리를 찌르고 말았다.

티스베는 사자가 사라지자 동굴에서 나와 애인을 찾았다. 그런데 이게 웬일인가. 애인이 피 묻은 너울을 잡고서 피투성이가 된 채 쓰러져 있었다. 티스베는 그제서야 전후 사정을 알아채고 울부짖었다. "당신의 손, 당신의 사랑이 당신을 죽였군요. 죽음이 당신을 내게서 떼어놓았지만 죽음도 우리를 갈라놓을 수 없어요"라고 말하고는 티스베도 퓌라모스의 체온이 남아 있는 칼을 가슴에 안고 고꾸라졌다.

『로미오와 줄리엣』 이야기와 매우 흡사하다. 위대한 작가 셰익스피어의 이 작품 또한 순수한 창작이 아니라 오비디우스의 『변신 이야기』에서 플롯을 모방한 것이 아닐까 생각해본다.

어쩌면 세상에 온전한 창조란 없다. 셰익스피어는 오비디우스를 모방하고 이후 수많은 작가들은 셰익스피어를 모방해 새로운 비극을 만들어냈다. 오비디우스 또한 이전에 수많은 작가의 책을 모방했다. 다만 모방에 더해 새로운 관점으로 해석하고 풀어낸 것이다. 여기서 창의적인 사고와 창의적인 작가가 탄생한 배경에는 책이 있음을 알 수 있다. 이렇게 보면 책이야말로 무한한 '변신'을 가능하게 해주는 장본이 아닐까.

오비디우스는 『변신 이야기』에서 아킬레우스에 대해 이렇게 말한다.

> 살아 있을 때는 범 같은 장수였던 아킬레우스도 재가 되었을 때는 항아리 하나도 채우지 못했다. 그러나 그의 영광은 온 세상에 차고 넘쳤다.

트로이 전쟁의 영웅 아킬레우스가 트로이 성에서 죽자 그가 전리품으로 받은 갑옷과 창칼을 서로 차지하기 위한 오디세우스와 아이아스의 논쟁에 나오는 이야기이다. 이는 '창과 창의 논쟁'으로도 유명하다. 결국 오디세우스가 논쟁에서 이기고 아이아스는 자신의 칼로 급소를 찌른다.

> 아이아스는 분노로 마음을 가누지 못했다. 슬픔과 분노가, 어느 누구도 정복하지 못하던 아이아스를 정복한 것이었다.

참으로 명문장이 아닐 수 없다. 아이아스는 검으로 적장을 쓰러뜨린 영웅이지만 자신은 타인의 칼이 아니라 슬픔과 분노로 스스로 무너지고 말았다. 여기서 창과 창의 논쟁 과정을 자세히 살펴보자. 이는 웅변 형식의 대사로 이어진다. 먼저 아이아스가 말한다.

저 헥토르가 우리 함대에 불을 질렀을 때 오디세우스는 도망쳤습니다. 오디세우스는 무기로 하는 싸움보다 말로 하는 싸움을 더 좋아하기 때문입니다. 나는 창칼로 싸우는데 능하지만 오디세우스는 세 치 혀로 싸우는데 능하기 때문입니다. (중략) 오디세우스 역시, 자기에게도 공이 있다고 주장할 것입니다. 그러나 그가 공을 세우는 것을 본 사람, 이를 증명할 사람은 하나도 없습니다. 오디세우스의 공을 증명할 수 있는 것은 어둠뿐입니다.

이어 오디세우스가 트로이 전쟁에 참전하지 않으려고 미친 척한 사실을 언급한다.

나는 트로이아 원정이 시작된다는 말을 듣고는 자진해서 원정대에 합류한 사람이고, 이 오디세우스는 어쩔 수 없이 합류한 사람입니다. 참전하지 않으려고 일부러 미친 사람 행세를 하고 있었던 사람입니다.

사실 오디세우스는 소에다 쟁기를 매어 밭을 갈고는 거기에 소금을 뿌리는 기행을 벌였다. 오디세우스에게 참전을 권하러 찾아간 팔라메데스는 이 모습을 보고 그의 아들 텔레마코스를 안아다 쟁기 앞에 놓았다. 오디세우스가 정말 미쳤다면 쟁기로 아들을 죽일 것이요, 미치지 않았다면 아들을 피할 것이기 때문이다. 결국 오디세우스는 쟁기를 치워 미친 척했음이 탄로 났다. 이날의 악연으로 훗날 트로이 전쟁에서 팔라메데스는 오디세우스의 간사한 꾀에 걸려 목숨을 잃는다. 오디세우스는 팔라메데스의 부하를 매수해 그의 침대 밑에다 트로이 왕의 가짜 편지와 황금을 묻은 다음 팔라메데스가 적과 내통한다는 소문을 퍼트렸고 그는 결국 반역 죄인으로 몰려 박살형을 당한다.

또한 아이아스는 전쟁에서 헥토르와 대적한 사람은 바로 자신이라고 말한다. 아이아스가 던진 바위에 맞아 헥토르가 부상을 입어 후송되었기 때문이다.

오디세우스는 이에 지지 않고 역시 아이아스에게 웅변으로 대적한다. 오디세우스는 자신의 지혜로 그리스 진영을 이롭게 했다고 내세우며 아킬레우스의 갑옷과 창칼을 자신이 상속해야 한다고 주장한다. 아킬레우스 어머니 테티스 여신은 아들이 참전하면 천수를 누리지 못한다는 것을 알고 아들을 여자로 꾸며 궁전에 은밀하게 숨어 살도록 했다. 신탁에 의하면 아킬레우스가 참전하면 천하에 이름을 떨치기는 하나 단명하고, 참전하지 않으면 이름을 떨치지 못하나 천수를 누릴 수 있다고 했기 때문이다. 그런데 오디세우스가 이를 알고 아킬레우스에게 무기를 보여주자 아킬레우스는 가슴속에 타오르는 불길을 억누르지 못했다. 결국 오디세우스의 지혜로 아킬레우스가 그리스 군 원정대에 들어가 승리를 이끌게 되었다는 것이다. 또한 족보를 들먹인 아이아스에게 이렇게 반박한다.

만일 집안을 따져 유산을 상속한다면 마땅히 아킬레우스의 아버지 펠레오스나 그 아들인 퓌로스가 거두어야지 어떻게 아이아스가 여기에 손을 내밀 수가 있습니까?

오디세우스는 적지인 트로이 성에 사신으로 잠입한 것도 자신이었다고 강조한다. 프리아모스 왕을 만나 그리스 연합군이 자신에게 맡긴 사명을 당당하게 말하고, 헬레네를 꼬드겨 간 파리스 왕자를 비난하는 한편 헬레네를 돌려줄 것을 요구했다. 그러면서 10년에 걸친 전쟁으로 지쳐 있을 때 아이아스가 전쟁을 그만두고 그리스로 돌아가자는 '철군파'

에 동조하여 가장 먼저 전장을 떠났다고 지적한다. 반면 오디세우스는 오히려 그리스로 가기 위해 승선하는 자들을 설득해 돌려세웠다고 말한다.

한편 트로이 군이 그리스 함대에 불을 지르려고 했을 때 이 군세를 뒤 엎은 사람은 아킬레우스로 변장한 파트로클로스였다. 파트로클로스는 아킬레우스가 아가멤논과의 불화를 핑계로 싸움에 나서지 않으려 하자 아킬레우스의 갑옷을 입고 출정해 그리스 함대를 불길에서 구해냈다. 그러나 파트로클로스는 헥토르의 손에 죽고 만다. 이에 격분한 아킬레 우스는 전투에 참전했고 결국 죽음을 맞이한다. 오디세우스는 이때 아 킬레우스 시신을 수습한 것이 바로 자신이었다고 강조한다.

> 그러나 그는 이로써 참전을 하지 않으려고 여자로 변신했던 아킬레우스 까지 싸잡아 비난하고 있다는 것을 알지 못합니다. 아킬레우스가 나보다 늦게 원정군에 합류했습니다. 그러면 그가 나보다 더 무거운 죄를 지은 것이 됩니다. 나는 사랑하는 아내 때문에 합류가 늦었고, 아킬레우스는 사랑하는 어머니 때문에 합류가 늦었습니다.

오디세우스는 "나 자신의 과오를 변명하는데 실패할망정 저 위대한 영웅이 나와 함께 매도당하는 것은 참을 수 없다"고 목소리를 높인다.

> 아이아스여, 우리가 이 싸움에서 이기자면 그대의 오른팔이 필요하오. 그러나 그대에게는 그대의 갈 길을 알려줄 내가 필요하오. 그대에게는 힘은 있되 지혜가 없소만 나는 오래전부터 지혜로운 자로 불리던 사람이 오. 그대는 싸울 수 있는 사람이오만, 아트레오스의 아들들(그리스 군 총사령 관 아가멤논과 동생 메넬라오스)은 나와 상의한 연후에야 싸울 때를 정하오. 그

대는 그대의 몸으로만 우리 그리스 군을 섬기지만 나는 온몸과 온 마음으로 그리스 군을 섬기오. 키잡이는 노잡이보다 나은 법이고 장수는 졸병보다 귀한 법이오. 따라서 나는 그대보다는 낫고 그대보다는 귀한 사람이오. 아직도 우리가 해야 할, 위험하고 어려운 일이 있거든, 트로이아를 멸망시키는 데 필요한 일이 아직도 남아 있거든 이 오디세우스를 기억하십시오.

오디세우스의 웅변은 아이아스를 압도했다. 결국 아킬레우스의 유품은 오디세우스의 차지가 되었다.

호메로스가 쓴『일리아스』에는 이 논쟁 장면이 없다. 즉, 오비디우스가 상상력을 동원해 치밀하고 흥미로운 세계를 창조한 것이다. 더욱 흥미로운 점은『변신 이야기』를 '이탈리아판 용비어천가'에 비유하기도 한다는 것이다. 이런 관점에서 본다면『변신 이야기』는 로마 황제 아우구스투스에 대한 찬양이라 할 수 있다. 즉, 오비디우스는 방대한 그리스 신화뿐만 아니라 당시에 떠돌던 소아시아의 설화, 트로이 전쟁의 역사, 로마의 건국 신화까지 총동원해 아우구스투스를 신격화한다.

당시 제2의 국부로 추앙받은 아우구스투스는 황제로 즉위한 뒤 풍속을 바로잡는 등 사회 기강을 다잡기 시작했다. 이때 로마의 작가들은 황제를 위한 노래를 지어 바쳤다. 먼저 리비우스가『로마 건국사』를 쓴 데 이어 호라티우스가 "조국을 위해 죽는 것은 기쁘고도 영광스러운 일"이라고 주장했다. 이에 뒤질세라 베르길리우스가 대작『아이네이스』를 써 로마 황제를 신의 자손으로 묘사해 신성을 부여하던 시절이었다. 이 연장선에 오비디우스가『변신 이야기』를 집필한 의도가 숨어 있다. 그러나 황제에게 용비어천가를 헌정한 오비디우스는 뚜렷한 이유도 없이 아우구스투스에 의해 유배 길에 올랐으며, 그로부터 10년 만에 황량한 유배지에서 죽었다.

중세를 '기독교와 오비디우스의 시대'라고 부르는 이들이 있다. 당시 서양 문화는 기독교와 『변신 이야기』라는 두 축을 중심으로 형성되었기 때문이다. 이 말은 곧 오비디우스가 그려낸 그리스-로마 신화의 새로운 상상력이 수많은 작가와 시인, 화가에게 영감을 제공해 끊임없이 그 시대로 돌아가게 했다는 의미일 것이다. 로마의 시인 호라티우스는 이렇게 표현했다.

정복당한 그리스는 오히려 광포한 로마를 문화로써 재정복했다.

『변신 이야기』의 문학적인 가치는 실로 큰 의미를 지닌다. 『변신 이야기』는 오비디우스의 자신에 찬 결별의 말로 끝맺는다.

이제 내 일은 끝났다. (중략) 로마가 정복하는 땅이면 그 땅의 어느 땅이건, 백성들은 내 시를 읽을 것이다. 시인의 예감이 그르지 않다면 단언하거니와, 명성을 통하여 불사를 얻은 나는 영원히 살 것이다.

그의 말대로 '오비디우스'의 이름은 불사를 얻었다.

『변신 이야기』 읽는 법

오비디우스의 『변신 이야기』는 이윤기의 『변신 이야기 1, 2』(민음사, 1998)와 천병희의 『변신 이야기 : 원전으로 읽는』(숲, 2005) 두 책이 읽을 만하다. 본문의 인용은 이윤기의 번역을 발췌했다. 이디스 해밀턴의 『고대 그리스인의 생각과 힘』, 『고대 로마인의 생각과 힘』(까치, 2009)을 함께 읽으면 더 이해하기 쉽다. 또한 호메로스의 『일리아스』(숲, 2007)도 함께 읽으면 보다 깊은 감동을 느낄 수 있다. 아울러 토머스 불핀치가 쓴 『그리스 로마 신화』(혜원출판사, 2011) 혹은 『미솔로지』(오늘의책, 2011) 그리고 해밀턴의 『그리스 로마 신화』(문예출판사, 2010)를 비교해가며 읽는다면 훨씬 체계적으로 그리스 로마 신화를 이해할 수 있다. 여기에 헤시오도스가 쓴 『신통기』(민음사, 2003)까지 곁들인다면 신들의 계보를 꿰뚫을 수 있을 것이다.

참고 논문은 안재원이 쓴 「무사, 카메나, 세이렌 : 오비디우스의 『변신 이야기』 읽기」(인간·환경·미래, 제6호) 등이다.

『장자』

—

어지러운 세상에서
절대 자유를 노래하다

—

15

장자의 호접지몽을 그린 작품(16세기), 육치Lu Chih(1496~1576)
나비의 꿈. 꿈에서 나비가 된 장자는 꿈에서 깨어 내가 꾼 꿈이 나비인지, 나비가 꾼 꿈이 나인지 꿈과
현실을 구분하는 것이 덧없음을 깨닫는다. 즉 사물과 내가 하나가 되는 물아일체의 경지를 비유한 것
으로 인생의 덧없음을 나타내기도 한다.

모든 인위적인 것은
자유를 구속할 뿐이다

조선시대 과거시험은 말도 많고 탈도 많았다. 1, 2차 시험에 합격하고도 국왕의 최종 허가에서 낙방하는 비운의 주인공이 있었다. 학문이 깊더라도 왕의 노여움을 사거나 심기를 불편하게 하면 가차 없이 떨어뜨린 것이다. 과거시험 답안지에 주자 이외의 학문을 논하는 것도 금기였다. 삼보컴퓨터 창업자 이용태 회장의 직계 선조인 운악 이함 (1554~1632)은 장자의 말을 인용하여 과거에서 불합격했다.

이함은 1600년(선조 33)에 별시에 합격하였으나 장자의 글을 인용하여 삭과되고 정거停擧 당하였다. 과장문자 科場文字에는 일정한 정식程式이 있어서 여기에 어긋나면 합격해도 소용이 없었다. 즉, 과거 문장에 노불 老佛(도교와 불교에 관한 글)의 글을 쓸 수 없었다.

『국조문과방목』(조선 태조 때부터 영조 때까지 역대 문과 급제자의 인명록)의 이함 항목에는 "이함은 재차 시험에 도전해 광해군 1년 때인 56세에 재급제했다"는 주註가 달려 있다. 이때는 『장자』를 인용하지 않은 것은 물론이다.

노자와 장자를 글이나 입에 올리는 것만으로도 수모를 당하던 시대가 있었다. 장자는 성인이나 지혜와 같은 것을 인위적인 문명이라고 비판하고 자연스러운 삶, 즉 절대 자유를 추구한다. 『제자백가의 사상』(현음사, 1994)에는 다음과 같은 장자의 말이 전해진다.

> 성인을 없애고 지혜를 버리면 큰 도적이 없어질 것이다.

> 천하의 성인이 정한 법을 다 파괴하고 없애버리면, 백성들은 비로소 함께 논의할 만하게 될 것이다. 성인이 제정한 육률의 음악을 다 뒤흔들어 없애고 우슬(현악기)을 태워 없애면 세상 사람들은 비로소 참된 청각을 회복할 것이다.

즉 요순 임금이나 공자와 같은 성인은 오히려 세상을 혼란하게 하고 자유를 구속할 뿐이며 이들이 강조한 지혜를 모두 쓰레기통에 버려야 한다는 말이다.

> 증삼과 사추의 행실을 깎아버리고 양주와 묵적의 입을 틀어막고 인의를 내던져 버려야만 세상 사람들의 도덕은 비로소 현묘한 경지에 합일되게 될 것이다.

장자는 공자의 애제자인 증삼의 행실을 비난하는가 하면 공자와 맹자가 그토록 강조한 인의도 내던지고 버려야만 도덕이 바로 서는 세상이 된다고 역설한다. 장자는 이렇듯 지혜도 일종의 규제와 간섭으로 보았다. 예컨대 군자가 되기 위해 제시된 수많은 덕목조차 인위적이며 자유롭게 노니는 소요유逍遙遊를 방해할 뿐이라는 말이다.

또한 장자가 공자를 비꼬는 듯한 내용이 등장한다. 심지어 자공이 스승인 공자를 에둘러 비판하는 다음과 같은 이야기도 등장한다.

> 일찍이 나는 세상에 오직 한 사람(공자)만 있는 줄 알았지 또 다시 저런 분이 계신 줄 몰랐네.

자공이 장자를 두고 이런 생각을 하면서 노나라로 돌아와 공자에게 이야기하자 공자는 장자에 대해 이렇게 말했다고 적는다.

> 그 사람은 혼돈씨의 방술을 닦은 사람이네. 그는 하나(자연)는 알지만 둘(인간사회)은 모르네. 내면(마음)은 다스리나 밖의 일(세상사)은 다스리지 못하네…….

그나마 이 부분에서는 장자가 공자를 '조금' 성인으로 대우하는 것 같다. 조선시대 왕이나 지배층이 왜 노자와 장자의 글귀를 과거시험에 인용하면 불합격 처리했는지 알 수 있다. 성인에 대한 불경죄나 괘씸죄를 적용했을 것이다.

장자(기원전 369~286)는 이름이 '주'周이고 송나라 몽지방 사람이다. 또한 맹자와 동시대 인물이다. 기록에 따르면 『장자』는 원래 52편이었다고 전해지는데, 현존하는 『장자』는 33편으로 내편 7편, 외편 15편, 잡편 11편으로 이루어져 있다. 현재 우리가 보는 『장자』는 노장사상이 전성기였던 북송의 곽상이 여러 사본을 정리하여 65,000여 자, 33편으로 편집한 것이다. 내편은 장자의 생각이고 외편은 제자나 후학의 생각을 담은 것으로 보는 게 정설이다.

장자는 상상력이 동원된 환상적인 비유와 풍부한 우언寓言(우화와 같은 말로 흔히 『이솝우화』를 꼽는다), 그리고 탁월한 문체로 중국 문인들에게 미학적으로 굉장한 영향을 끼쳤다. 그의 글은 철학적이고 문학적인 작품으로 평가받는다. 절대 자유와 그것을 가능하게 하는 변화와 초월, 이것이 『장자』를 관통하는 주제이며 가르침의 궁극 목표라 할 수 있다.

흔히 장자는 '상대주의 인식론'에 바탕을 둔다고 말한다. 상대적으로 인식하면 더 자유로울 수 있다는 말이 아닐까. 『장자 : 오강남』(현암사, 1999)에 나오는 '빈 배'의 우화를 비롯해 약에 관한 이야기, 모자장수 이야기에서 이를 엿볼 수 있다.

배로 강을 건너는데 빈 배虛舟 하나가 떠내려오다가 그 배에 부딪쳤다. 그 사람 성질이 급한 사람이지만 화를 내지 않았다. 그런데 떠내려오던 배에 사람이 타고 있으면 당장 소리치며 비켜가지 못하겠느냐고 한다. 한 번 소리쳐서 듣지 못하면 다시 소리치고, 그래도 듣지 못하면 결국 세 번째 소리치는데, 그땐 반드시 욕설이 따르게 마련이다. 처음에는 화를 내지 않다가 지금 와서 화를 내는 것은 처음에는 배가 비어 있었고, 지금은 배가 채워져 있기 때문이다. 사람들이 모두 자기를 비우고 인생의 강을 흘러간다면 누가 능히 그를 해하겠는가?

필자는 『장자』를 읽을 때 '빈 배' 우화가 많이 와 닿았다. 인간은 사회생활을 하면서 살아갈 수밖에 없는데 그러자면 이런저런 사람들을 만나게 된다. 더러는 성가신 존재이지만 그렇다고 외면할 수 없는 관계도 많다. 이때 빈 배가 와서 부딪칠 때 아무렇지 않게 넘기는 자세를 생각해본다면 한결 마음이 가볍지 않을까.

상대주의 인식은 장자가 혜자에게 들려준 이야기에서도 잘 드러난다. 손이 트지 않게 해주는 약에 관한 이야기다.

> 송나라에 손이 트지 않게 하는 약을 만드는 사람이 있었는데, 그 약을 손에 바르고 무명을 빨아서 바래는 일을 대대로 하였다네. 지나가던 길손이 그 말을 듣고 금 백 냥을 줄 테니 그 비방을 팔라고 했지. 그 사람은 가족을 모아놓고 '우리가 대대로 무명을 빨아 바래 왔지만 기껏 금 몇 냥밖에 만져보지 못했는데 이제 이 약의 비방을 백 냥에 사겠다고 하니 팝시다' 하였다네. 그 길손은 오나라 왕에게 가 그 약의 효험을 설명했네. 마침 월왕이 싸움을 걸어오자 오왕은 그 길손을 수군대장으로 삼았다네. 그 약으로 수군들의 손이 트지 않도록 할 수 있었기에 겨울에 수전을 벌여 월나라를 대패시켰네. 왕은 그 사람에게 땅을 떼어 주고 영주로 삼았다네.

약은 한가지인데 한쪽은 그것으로 영주가 되고 다른 쪽은 무명 빠는 일밖에 못했으니 똑같은 것을 가지고도 쓰기에 따라 이렇게 달라지는 것이다. 먹고살기에 바빠 책을 멀리하고 시장 상황이나 정세를 읽지 못하면 도량이 좁은 사람에 머물고 만다. 장자는 작은 일만 생각하는 이런 마음을 '쑥 같은 마음'蓬之心, 즉 좀생이 같은 마음이라고 했다. 위기가 닥칠수록 조급하게 생각하지 말고 넓게 생각하려는 마음을 가진다면 어떤 위기에도 능히 대처할 수 있다.

다음에 나오는 송나라 모자장수 이야기도 앞을 내다보지 못하는 경우를 들려준다.

송나라 사람이 예식 때 쓰는 모자를 잔뜩 가지고 월나라에 팔러 갔습니다. 그러나 월나라 사람은 모두 머리를 짧게 깎고 몸에는 문신을 해서 모자가 필요 없었습니다.

『장자』를 읽으면 사람이나 현상을 단계별로 구분하는 표현이 자주 나온다. '메추라기만 한 사람' '쑥 같은 마음' '송나라 모자장수' '송나라의 손 트는 데 쓰는 약을 만드는 사람' 등은 모두 속이 좁은 사람이나 앞을 내다보지 못하는 사람, 그릇이 작은 사람을 일컫는다. 이런 사람이 되지 말아야 하겠지만 세상 사람들은 대부분 이런 부류에 머문다.

장자는 사람을 네 단계로 구분한다. 사람이 이를 수 있는 초월의 경지를 '상식인–송영자–열자–지인' 순으로 구분한다. '상식인'은 메추라기처럼 시야가 좁은 사람이다. 이들은 기껏해야 과장이나 부장, 이사 혹은 장관 따위 사다리를 하나하나 오르는 것을 인생의 유일한 목표로 삼고 거침없이 나아가며 살아가는 사람이다. '송영자'는 송나라 사상가로 평화주의자이며 칭찬이나 모욕에 개의치 않고 초연했다고 알려진 사람이다. 이 단계는 아직 칭찬받으려는 사람을 못마땅하게 여긴다는 점에서 분별의 마음이 있는 상태다. 장자는 분별심보다 초월심을 더 자유로운 마음으로 본다. 사실 송영자 단계까지 올라가는 것도 쉽지 않다. '열자'列子는 행복에 연연하지 않고 초연하다. 그러나 아직 아무것도 의지하지 않을 만큼 초연하지 못하다. 마지막으로 '지인'至人은 신인, 즉 성인의 단계다. 자신에 집착하지 않고 공적에 무관하고 명예를 탐내지 않는다. 즉 장자가 이르는 절대 자유의 단계로 도와 함께 노니는 소요유의 단계라 할 수 있다. 장자나 공자 등이 이에 해당한다고 하겠다.

평범한 사람들은 대부분 '상식인'의 단계에 머문다. 극히 일부만이 그나마 송영자나 열자 단계의 자유를 누린다. 밥벌이를 하며 살아가다 보면 누구나 메추리 같은 시야와 쑥 같은 마음을 지닐 수밖에 없는 순간이 있다. 자칭 지인, 신인은 많지만 과연 그 누가 도달할 수 있을까. 장자가 이렇게 분류한 것은 인간은 누구나 자신의 입장에서 상대적으로 사물을 관찰하고 사람을 대하며 세상을 바라본다는 의미일 터이다.

비우고 내려놓을수록
자유롭다

『장자』를 읽으면 궁극적으로 초월의 경지, 즉 도에 이르는 사람이 되어야 한다고 강조한다. 그리고 도의 가장 높은 경지에 오른 지인(신인 혹은 성인)이 노니는 마음의 놀이를 다음과 같이 일컫는다.

오상아吾喪我 : 나는 나를 잃어버렸다.
심재心齋 : 마음을 굶기다.
좌망坐忘 : 앉아서 자신을 잊는 자유로운 경지

또한 지인은 '3망' 혹은 '3무'의 경지에 있다고 말한다.

망공忘功 : 공을 잊는다.

망명忘名 : 이름을 잊는다.

망기忘己 : 몸의 안위를 잊는다.

달리 말하면 무기無己, 무공無功, 무명無名의 절대경지라 할 수 있다. 자기가 없고 공로가 없고 이름이 없는 것이 아니라, 이런 것들에 집착하거나 연연하지 않는 것이다. 이런 사람들은 자아나 공로나 명예의 굴레에서 완전히 풀려났다고 할 수 있다.

오강남이 번역한 『장자』에는 장자의 사상을 보여주는 비유와 일화가 많이 등장한다. 백정인 포정의 소각뜨기는 바로 절대경지를 비유한다. 포정은 처음 소를 잡을 때는 눈에 보이는 것은 온통 소뿐이었다고 한다. 삼년이 지나자 통째인 소가 보이지 않게 되었다. 그런데 지금은 신神으로 대할 뿐 눈으로 보지 않는다고 한다. 그가 소를 잡을 때 감각 기관은 쉬고, 신이 원하는 대로 움직인다는 것이다.

하늘이 낸 결을 따라 큰 틈바귀에 칼을 밀어넣고 큰 구멍에 칼을 댑니다. 이렇게 정말 본래의 모습에 따를 뿐 아직 인대나 건腱을 베어본 일이 없습니다.

훌륭한 요리사는 해마다 칼을 바꾸는데 살을 자르기 때문이라고 한다. 보통의 요리사는 달마다 칼을 바꾼다. 뼈를 자르기 때문이다. 그러나 포정은 19년 동안 하나의 칼로 소를 수천 마리나 잡았다고 한다. 그러나 그 칼날은 이제 막 숫돌에 갈려 나온 것 같다고 했다.

소의 뼈마디에는 틈이 있고 뼈마디에 들어가니 텅 빈 것처럼 넓어, 칼이 마음대로 놀 수 있는 여지가 생기는 것입니다. 칼을 극히 미묘하게 놀리면 뼈와 살이 툭하고 갈라지는데 그 소리가 마치 흙덩이가 땅에 떨어지는 소리와 같습니다.

포정이 이야기하는 대상은 임금이다. 가장 하층민인 백정이 지존인 임금(문혜군)에게 참되게 사는 방식을 가르쳐 임금이 감탄한다. 임금도 백정에게 배울 게 있다. 이 이야기는 그런 세상의 이치를 역설하는 게 아닐까.

포정이야말로 최고 경지에 오른 '달인'이라고 할 수 있다. 장자 방식으로 표현하자면 지인이자 신인이다. 우리 주변에도 달인이 많다. 그러고 보면 도는 멀리 있는 게 아닌 것 같다. 포정의 소각뜨기야말로 물질과 정신이 하나가 된 '물아일체'라 할 수 있다.

물아일체는 흔히 호접지몽(나비에 관한 꿈)에 비유한다. 장자가 어느 날 꿈을 꾸었다. 나비가 되어 꽃들 사이를 즐겁게 날아다녔다. 그러다 문득 깨어보니 다시 자기가 되어 있었다. 그런데 대체 내가 꿈속에서 나비가 된 것인지, 아니면 나비가 꿈에 내가 된 것인지를 구분할 수 없었다. 나와 나비는 분명 별개의 것이건만 그 구별이 애매함은 무엇 때문일까? 이것은 사물이 변화하기 때문이다. 꿈이 현실인지 현실이 꿈인지, 도대체 그 사이에 어떤 구별이 있는 것인가?

장자와 나비 사이에는 피상적인 구별이나 차이는 있어도 절대적인 변화는 없다. 장자가 곧 나비이고, 나비가 곧 장자라는 경지, 이것이 바로 여기서 말하고자 하는 세계이다. 물아의 구별이 없는 만물일체의 절대경지에서 보면 장자도 나비도, 꿈도 현실도 구별이 없다. 다만 보이는 것은 만물의 변화에 불과할 뿐이다. 너와 나, 이편과 저편의 구별을 잊는 것, 또는 물아일체의 경지를 비유해 호접지몽이라 한다. 오늘날에는 인생의 덧없음에 비유하기도 한다.

전쟁이 끊이지 않는 불안한 전국시대를 살았던 장자는 인간의 참 자유란 무엇인지 사유하게 되었고, 자유를 추구하는 일에 평생을 바쳤다. 그 결과 옳고 그름, 선과 악, 아름다움과 추함, 부유함과 가난, 복과 재앙 등을 구분 짓는 일이나 지혜를 추구하는 일조차 어리석은 것임을 깨달았다. 그리고 만물은 결국 하나의 세계로 귀결된다는 '무위자연'無爲自然을 제창했다. 호접지몽 고사에 이러한 생각이 잘 나타나 있다.

전국시대는 수많은 사상이 자유로이 논쟁한 '백가쟁명의 시대'라고 불린다. 그렇듯 현실세계에 관한 여러 해석과 처방이 제공되었다. 유가와 묵가를 비롯한 제자백가는 나름대로 인간의 적극적인 실천을 통해 당대 사회문제를 해결하고자 했다. 그러나 이들과 달리 장자는 가장 중요한 것은 공동체 문제의 해결이 아니라 그보다 더 근원적으로 공동체를 구성하는 한 사람 한 사람의 '자유와 해방'에 있다고 보았다. 즉, 개인주의와 자유주의 철학을 표방한다.

당시 점점 퍼져가는 사회 혼란과 잦은 전쟁의 발발로 개인을 지도하고 감독하고 통제하려는 국가의 규제와 간섭이 장자에게는 불행을 불러오는 인위적인 재앙으로 보일 수밖에 없었다. 이에 장자는 단순히 생명이라는 물리적인 보존뿐만 아니라 물질 범주를 넘어서는 정신의 자유를 본격적으로 추구했다. 그러나 장자는 "삶을 즐거워하는 것이 미혹 아닐까?"라며 "죽음을 싫어하는 것은 어려서 집을 잃고 돌아갈 줄 모름과 같은 것 아닐까?"라고 말한다.

이를 미녀 여희麗姬 이야기에 비유한다. 여희는 애艾라는 변경지기의 딸이었다. 여희는 진나라 왕에게 시집올 때 너무 울어서 옷깃이 눈물에 흠뻑 젖을 정도였다. 그러나 왕의 처소에 이르러 왕과 아름다운 잠자리를 같이하고 맛있는 고기를 먹게 되자 울던 일을 금세 후회했다는 것이다. 그러면서 장자는 이렇게 말한다.

죽은 사람들도 전에 자신이 삶에 집착한 것을 후회하지 않을까.

또한 죽음에 관한 장자의 비유는 웃음을 짓게 한다. 한 제자가 "저희는 까마귀나 솔개가 선생님의 시신을 먹을까 봐 두렵습니다"라고 말하자 장자는 이렇게 대답한다.

땅 위에 있으면 까마귀나 솔개의 밥이 되고, 땅속에 있으면 땅강아지와 개미의 밥이 되거늘 어찌 한쪽 것을 빼앗아 딴 쪽에다 주어 한쪽 편만 들려 하는가?

죽음을 두려워하는 인간에게 죽음 앞에서 웃게 만드는 것이 또한 장자의 매력이 아닐까. 그러나 장자가 말한 소요유의 자유는 상대주의 인식론을 통해 철저하게 자신 안에 내면화된 정신의 해방이기 때문에 현실세계는 조금도 변한 것이 없었다. 앞서 공자가 아래와 같이 지적했듯이 말이다.

그는 하나(자연)는 알지만 둘(인간사회)은 모르네. 내면(마음)은 다스리나 밖의 일(세상사)은 다스리지 못하네.
— 『제자백가의 사상』(현음사, 1994)

한편 장자는 공자와 그 제자들을 자주 등장시켜 공자를 간판만 앞세우고 외양을 중시하며 위선이 가득한 사람으로 풍자한다. 절대 자유에 이르기 위해서는 외양이나 간판이 아니라 무엇보다 내면의 진심이 중요함을 드러내기 위해서다.

일본 한자학의 최고 권위자 시라카와 시즈카는 『주술의 사상』이라는 책에서 『장자』는 형이상학적인 사유이고 『논어』는 현실적인 사유를 대변한다고 주장한다. 장자는 사변에 능해 사제계급인데 반해 공자는 현실적인 예법이나 처세의 도를 논하는 것으로 보아 장례를 주관하는 계층이라는 파격적인 주장을 편다.

　　몽중몽몽夢中夢夢 : 꿈속에서 꿈을 꾼다.

　장자의 말이다. 무엇이 진짜고 무엇이 가짜인지 알 수 없다는 뜻이다. 달리 말하자면 필자가 이 글을 쓰는 지금과 이 글을 쓰기 전의 '나'는 같을 수 없고 조금은 변화한 나일 것이다. 그렇다면 이 글을 쓰기 전의 나와 지금의 나는 어느 것이 진짜일까.

『장자』읽는 법

오강남의 『장자』(현암사, 1999)는 다양한 해설과 함께 초보자가 쉽게 읽을 수 있게 구성했다. 안동림의 『장자』(현암사, 2010)는 33편을 내편, 외편, 잡편으로 나눈 곽상의 분류대로 소개한다. 안동림의 번역본은 《교수신문》에서 '최고의 장자 번역서'로 선정한 바 있다. 본문의 인용은 두 책을 중심으로 발췌했다. 송영배의 『제자백가의 사상』(현암사, 1994)은 제자백가와의 연속선에서 장자를 이해할 수 있게 돕는다.

제자백가

—

가장 혼란한 시절에
사상의 전성시대를 열다

—

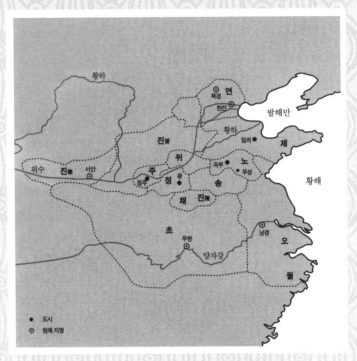

전국시대 형세도
제후들이 독립을 지향해 제각기 왕을 칭하며, 진나라의 시황제가 중국을 통일할 때까지 멸망하지 않고
살아남은 국가들이 세를 다툰 시대이다. 이때가 사상가들이 가장 왕성히 활동한 시대이기도 하다. 이른
바 '제자백가'가 그들이다.

만물은 평정을 잃으면
소리 내어 운다

당송팔대가(당나라와 송나라에서 손꼽히는 여덟 명의 산문가)의 한 사람인 한 유는 송나라 이후 성리학의 선구자로 특히 옛 문장을 바탕으로 한 그의 자유로운 문체는 조선에도 큰 영향을 끼쳤다. 한유가 쓴 「맹동야를 보내 는 글」送孟東野序은 특히 압권으로 꼽히며 지금까지 회자된다.

만물은 평정을 얻지 못하면 소리 내 운다. 초목은 본디 소리가 없으나 바 람이 흔들면 소리 내 울고, 물은 본디 소리가 없으나 바람이 치면 소리 내 운다. 솟구치는 것은 무언가가 그것을 쳤기 때문이고, 내달리는 것은 무 언가가 그것을 막았기 때문이며, 끓어오르는 것은 무언가가 그것에 불질 을 했기 때문이다. 금석은 본디 소리가 없지만 두들기면 소리 내 운다. 사 람이 말을 하는 것도 마찬가지다. 도무지 어쩔 수가 없어서 말을 하는 것이니, 노래를 하는 것은 생각이 있어서고, 우는 것은 가슴에 품은 바가 있어서다. 입에서 나와 소리가 되는 것들은 모두 평정치 못한 바가 있기 때문이다!

『한유문집 1』(문학과지성사, 2009)에 나오는 이 글은 '울다'鳴라는 한 글자로 이룬 문장으로 그야말로 독창적인 틀이며 불세출의 필력이라 평가받는다. 이 글은 춘추전국시대의 여러 학파인 제자백가를 '명' 즉 울음에 비유한다. 한유가 '백가쟁명'百家爭鳴이라는 표현에서 절묘하게 빌려와 명문장을 내놓은 것이다. 이 글은 한유의 책『자를 테면 자르시오』(태학사, 2005)에 이렇게 이어진다.

주나라가 쇠하자 공자의 무리들이 울어 그 소리가 크고 널리 퍼졌다. 전하는 말에 '하늘이 공자로 하여금 목탁이 되게 했다' 하였는데, 어찌 믿지 못할 손가! 그 뒤 장주가 황당한 문사로 울었고, 초나라는 대국이었는데 그 나라가 망할 때 굴원이 울었다. 양주, 묵적, 관이오, 안영, 노담, 신불해, 한비, 신도, 전변, 추연, 시교, 손무, 장의, 소진의 무리들은 모두 술법으로 울었다. 진나라가 흥기할 때는 이사가 울었고, 한나라 때에는 사마천, 사마상여, 양웅이 가장 잘 운 사람들이었다. 그 뒤로 위, 진때부터 우는 것이 예전만 못했지만 그래도 우는 것이 끊긴 적은 없었다.

제자백가 사상가들은 자신의 주장을 여러 군주에게 펼쳤고 군주들은 자신의 입맛에 맞는 학파를 기용해 부국강병을 꾀했다. 수많은 제자백가 가운데 군주에 의해 채택된 학파로는 춘추전국시대를 끝내고 천하통일을 이룬 진나라의 '법가'를 꼽을 수 있다. 그 후 한나라에 이르러 '유가'가 채택되면서 공자는 중국 역사에서 가장 잘 운 사상가가 되었다.

한유의 글에서 제자백가는 동주시대에서부터 시작해 진나라가 통일하기까지 약 기원전 770년부터 기원전 221년까지 활동한 사상가들을 일컫는다.

제자백가 연구자인 아사노 유이치에 따르면 제자백가 학파들 가운데 유가와 묵가, 병가를 제외하고는 활동 당시에는 학파의 이름이 존재하지 않았다고 주장한다. 즉 명가나 법가, 음양가 등 대부분의 학파 이름은 그들이 활동한 춘추전국시대가 아니라 전한(기원전 202~220) 말의 학자인 유흠에게 비롯되어 학파 이름이 일반화되기 시작했다.

유흠은 아버지 유향이 쓴 『별록』이라는 책의 교정 작업을 황제인 애제哀帝로부터 명 받아 『칠략』七略을 지었다. 『칠략』에는 제자백가 사상가에 대한 '제자략'諸子略이 나온다. 제자략은 유가, 도가, 음양가, 법가, 명가, 묵가, 종횡가, 잡가, 농가, 소설가 등 열 가지로 분류된다. 오늘날 명명되는 제자백가의 학파 이름 대부분은 유흠의 『칠략』에 기원을 둔다.

청나라 말 사상가이자 '변법자강운동'을 펼친 캉유웨이는 『공자개제고』孔子改制考를 써 제자백가를 분류했다. 그에 따르면 일반적으로 제자백가는 옛것에 의지해 새로운 학파를 창립하는 토대 위에서 제도 개혁을 부르짖는 이른바 '탁고개제'托古改制의 방법을 따랐다고 주장한다. 즉 공자뿐만 아니라 주나라와 진나라의 제자백가 또한 옛사람의 도를 빌려(탁고托古) 현실을 개혁(개제改制)하려 했다는 것이다. 즉 노자는 황제에 가탁했고, 묵자는 우禹왕에 가탁했으며, 허행은 신농에게 가탁했다. 캉유웨이는 '탁고개제'라는 기준, 즉 각 학파가 내세운 일종의 독창적인 제도와 가탁한 대상을 기준으로 제자백가의 성립과 학파 간 분류를 시도했다.

한유의 문장을 빌리면 제자백가는 제왕들에게 자신의 학파를 알려 통치 기반으로 삼게 하기 위해 '잘 울어야' 했다. 이때 제후들의 심금을 울리기 위해서는 먼 옛날 이상정치를 실현했다는 황제와 신농, 요순과 우임금 등을 빌려 와 현실의 문제를 해결할 수 있다고 외친 것이다. 수많은 제자백가 가운데 가장 잘 운 이가 바로 '유가, 묵가, 병가'였고 그 중에서 유가가 가장 잘 울었다고 할 수 있다.

춘추전국시대,
누가 가장 잘 울었는가

　춘추전국시대라는 말은 공자가 편찬한 노나라 역사서 『춘추』와 유향이 전국시대 제후들에 관해 편찬한 『전국책』에서 유래한 말이다. 남회근은 『논어강의-상』에서 중국문화는 '유·불·도'의 삼가三家로 요약할 수 있으며, 삼가는 세 개의 큰 '가게'에 비유할 수 있다고 한다.

　먼저 불가는 백화점에 비유한다. 그 안에는 수많은 물건이 여기저기 진열되어 있고 웬만한 것은 다 갖추고 있어 돈과 시간만 있으면 구경할 수도 있고 물건을 살 수도 있다. 설사 물건을 사지 않아도 되고 아예 구경하지 않아도 되지만 사회는 이것을 필요로 한다. 도가는 약방에 비유한다. 병이 나지 않으면 안 가도 되지만 병이 나면 가지 않을 수 없는 곳이 바로 약방이다. 병이 난 것은 마치 변란을 맞은 것과 같아서 변란을 평정하려면 도가를 연구하고 응용해야만 한다. 도가 사상은 병가, 종횡가의 사상과 천문, 지리, 의약 등을 포함하므로 국가와 민족에게 병이 나면 이 약방에 가지 않을 수 없다. 유가는 양곡가게에 비유한다. 공자와 맹자의 사상은 날마다 먹어야 하는 식량과 같다.

그런데 1919년 5월 4일, 중국에서 일어난 항일운동이자 반제국주의 혁명인 5.4운동 때 사람들은 '약방'과 '백화점'은 부수지 않고 한사코 '양곡가게'만 부쉈다. 양곡가게를 부수자 사람들은 밥 대신 서양 빵을 먹게 되었다. 남회근은 진나라 이후 청나라에 이르도록 사서오경四書五經은 헌법이 없던 시대에 실질적인 헌법 사상이었다고 말한다. 그중에 유가가 가장 큰 영향력을 끼쳤음은 두말할 나위 없다. 다만 단 한 시기, 즉 춘추전국시대에는 사뭇 달랐다. 캉유웨이는 당시를 '유·묵·도'의 삼파전이 치열하게 펼쳐진 시대라고 한다.

전국시대와 진·한 교체 시기에는 공자의 도가 크게 유행하였고, 그 무리들이 천하에 가득 넘쳤지만, 묵자의 학문이 전국시대에 강력하게 경쟁하였고, 노자의 학문이 한나라 초기에 맹렬하게 번창하였으니, 한나라 무제武帝 이전에는 세 학문이 거의 대등하게 정립하고 있었다![45]

즉 유가와 함께 묵자와 노자가 전국시대 이후 최대 학파를 형성하며 경쟁 관계에 있었다는 것이다.

먼저 춘추시대 후기에 공자가 유가를 탄생시켰다. 말하자면 유가가 춘추전국시대를 연 최초의 학단이다. 공자는 주 왕조가 쇠퇴한 이후 혼란에 빠진 나라를 자주 개탄하며 본래 있어야 할 질서의 회복을 주장했다. 그가 제시한 방법은 문왕·무왕·주공의 시대, 즉 주나라 초기의 국가 제도를 회복하려는 데에 있었다. 공자는 노나라에 주나라를 대신할 새로운 왕조를 수립해 스스로 왕자王者가 되고 자기 손으로 복원한 주나라의 제도를 부활시키려고 했다.

그러나 현실은 좌절의 연속이었고 결국 이상을 이루지 못한 채 세상을 떴다. 공자가 세상을 떠난 뒤 자공, 자하, 자장, 증삼 등 70명의 수제자가 각자 자신의 문하생을 모아 노나라와 제나라를 중심으로 활동을 벌이며 공자 사상을 알리기 시작했다. 유가가 훗날 모든 제자백가를 제압하고 지배 사상이 될 수 있었던 것은 이들의 노력이 컸다.

유가에 이어 노나라에서 묵가가 등장하며 유가와 대립한다. 묵자의 사상은 유가와는 달리 비례非禮, 비락非樂, 절용節用, 절장節葬 등을 말한다. 장자는 유가와 묵가의 대립된 주장을 '유묵의 시비'라고 부른다. 묵자는 공리주의 입장에서 형식에 얽매인 예의를 거부하고, 실용적이지 못한 음악을 거부하고, 장례의 간소화 등 검소한 정신을 주장한다. 묵가는 유가와 쌍벽을 이루며 전국시대 전 기간을 통틀어 가장 큰 세력을 과시할 정도로 강력한 학단을 형성했다.

묵가에 앞서 공자와 거의 같은 무렵 오나라에서는 병법가인 손무가 활약한다. 제나라 출신으로 오왕을 섬겨 장군이 된 손무가 바로 『손자병법』 13편을 쓴 인물이다. 오왕은 손무의 병법으로 강대국인 초나라의 수도 영穎에 입성한다. 이때 초왕은 목숨만 간신히 건진 채 북쪽으로 도망쳤다. 이 승리로 병법가 손무의 명성은 천하에 널리 퍼졌고 『손자병법』 13편을 받드는 학파가 형성되었다.

『손자병법』에는 '우직지계'迂直之計라는 말이 나온다. 우는 '멀리 돌아가다', 직은 '곧장 가로질러 가다'는 의미로 공격할 때는 서두르지 말고 멀리 돌아가되 목적은 빨리 달성하라는 뜻이다. "급할수록 돌아가라"는 한국 속담과 일맥상통한다.

한편 유가, 묵가, 병가의 탄생을 전후로 도가의 시조가 된 노자가 등장한다. 『사기』에서는 노자를 공자와 거의 동시대인 춘추 말로 보지만 전국 전기(기원전 304~343)에 성립했다고 보기도 한다. 묵자의 죽음을 전후로 춘추시대에서 전국시대로 바뀐다. 전국시대에 들어서면서 점점 많은 사상가가 나타나 본격적으로 제자백가의 시대를 연다. 유가, 묵가, 병가, 도가를 이어 법가가 등장한다. 법가 사상가로는 오기, 상앙, 신불해, 신도 그리고 한비자 등이 활약한다.

양주의 개인주의 사상도 이미 독립적인 학파를 이루고 묵자와 대립하며 활발하게 활동했다. 『맹자』에는 "양주와 묵적의 말이 천하에 가득 찼다. 천하의 언론이 양주에게로 쏠리지 않으면 묵적에게로 쏠려 간다"라고 쓰여 있다. 양주 사상의 핵심은 사회적인 위기 속에서 상호 불간섭주의를 바탕으로 한 사람 한 사람 생명의 존엄과 온전함을 추구한 '경물중생'輕物重生에 있다. 그러나 당대의 중요한 학술사상의 발전을 평가하여 기술한 『장자』의 「천하」 편과 『순자』의 「비십이자」 편에는 양주 사상에 대한 언급이 빠져 있다. 이는 맹자가 활약하던 시기에는 쟁쟁하던 양주 사상이 시대 흐름에 따라 영향력이 크게 줄었음을 보여준다.

또한 반전비투反戰非鬪의 평화주의를 내걸고 활동한 송견(송영자)은 "천하가 편안해져 백성의 목숨을 살리고, 백성의 다툼을 막고 공격을 금하고 무기를 없애 세상의 전쟁을 막으려" 했다.[46] 『맹자』는 「고자 하」 편에서 송견을 선생이라 불렀다. 송견은 『맹자』에서는 송경宋牼으로, 『장자』에서는 송영자(사람이 이를 수 있는 자유의 단계에 따라 '상식인-송영자-열자-지인'의 순으로 분류)로 그리고 『한비자』에서는 송영으로 기록되어 있다.

추연은 '오덕종시'五德終始를 주장했다. 『사기』에 따르면 인의와 왕도정치를 부르짖은 공자와 맹자보다 제후들에게 더 인기가 있었다고 한다.

추연은 제나라에서 존중을 크게 받았다. 그가 양나라에 갔을 때 혜왕이 교외까지 나와 그를 마중하고 손님과 주인의 예를 갖추어 대했다.

오덕종시론은 다섯 세력이 하나씩 순차적으로 끝나면 다시 시작된다는 결정론적인 역사 순환론을 의미한다. 『문선』文選에는 다음의 구절이 있다.

추연의 오덕종시의 순서는 이길 수 없는 것이 뒤에 온다. 토덕 뒤에 목덕이 이어지고 금덕이 그 다음이고 화덕, 수덕이 그 다음이다.

이것이 이른바 '오행상승설'의 순서이다. 오행상승설은 타고난 운명의 무상함을 말한다. 당시에 중국 역사는 황제(토), 우왕(목), 탕왕(금), 문왕(화)이라는 네 선왕이 천명에 따라 순차적으로 지배해왔다. 따라서 앞으로 나타날 새로운 왕은 토-목-금-화에 이어 하늘로부터 수덕水德의 징표를 받는다는 것이다. 진나라에 의한 중국 통일을 앞두고 허수아비가 된 주 왕조를 대신할 새로운 통일국가의 출현을 역사적인 필연으로 설명하려는 강력한 표현이었다. 즉 진나라는 불을 대신할 수 있는 것은 물에 해당하므로 하늘은 장차 물의 기가 우세함을 보일 것이라 했다. 그래서 진시황은 황하 강의 이름을 덕수德水로 고치기도 했다.

국가의 사상이 발전하려면
리더가 나서야 한다

제자백가의 사상가들은 바람직한 통치 방법과 이상적인 인간상 등 다채로운 아이디어를 제출하며 문하생을 이끌고 전국 각지로 유세를 다녔다. 그리고 당도하는 곳마다 군주들에게 자신의 사상을 받아들이도록 주장을 펼쳤다. 학파끼리 논쟁하는 진풍경도 벌어졌고 서로 영향을 주고받으며 발전해갔다. 이러한 상황에 박차를 가한 것은 동쪽에 있는 제나라의 위왕과 선왕이 본격적으로 사상가를 초빙하고 우대한 정책 덕분이다.

제나라의 수도 임치에는 사상가들이 모여드는 요람인 '직하학궁'이 마련되었다. 사상가들이 '직하학사'를 중심으로 활동하면서 임치는 학술과 사상의 중심지가 되었다. 이는 곧 직하학파를 형성한다. 성악설을 주창한 순자도 직하학궁에서 세 번이나 학장(좨주)을 맡으면서 활동했다.

순자는 제자백가에 대해 비판을 가한다. 제자백가 사상가들의 인식은 단편적이고 평면적인 관점에 머문다는 것이다. 묵자는 실용에 사로잡혀 예악의 문화를 몰랐고, 송자는 욕망의 문젯거리에 사로잡혀 적절한 욕망을 인식하지 못했다고 비판한다. 또 장자는 자연세계에 사로잡혀 인간세계를 몰랐다고 비판한다.

> 실용의 입장에서 도를 말하니 세상 사람들은 다 공리를 추구하고, 법의 입장에서 도를 말하니 모두 다 법률조문을 찾게 되고, 권세의 입장에서 도를 말하니 모두 다 방편을 쫓게 되고, 논리의 입장에서 도를 말하니 변론을 쫓고, 자연의 입장에서 도를 말하니 자연에 내맡김을 따른다.

순자는 이렇게 열거된 몇 가지는 도의 일부일 뿐이며 왜곡해서 아는 사람은 단면만을 보기 때문에 도를 인식했다고 할 수 없다는 것이다.

반면 공자에 대해서는 '가리움 없는 인식'이라고 평가한다. "공자는 인자하고 지혜롭고 마음이 가리어지지 않았다"며 후한 점수를 내린다.

> 이 한 사상가만은 전체적인 도를 얻어서 그것대로 행했으니 공자만은 덕이 주공과 같고 명성은 삼대의 제왕과 나란히 일컬어지니 이것은 마음이 가리어지지 않은 데서 오는 복록이다.

진나라의 재상 여불위(기원전 235~290)는 식객 3천 명을 동원해 『여씨춘추』를 편찬하게 했다. 여불위가 세력을 잃고 물러나자 그의 이념도 폐기되었고 이를 대신해 다가올 통일국가의 이념이 된 것이 바로 한비자의 법술사상이다. 진나라는 민간인이 책을 소지하는 것을 금하는 '협서의 율'을 실시하며 엄격하게 사상을 통제하기 시작했다. 진나라의 통일로 동방의 여러 나라가 멸망하고 지금까지 자신들을 보호해주던 왕이 모습을 감추자 제자백가도 활동 무대를 잃어버린다. 협서의 율에 따라 책을 불사르고 사상 통제가 거듭되자 결국 제자백가의 시대는 막을 내린다.

사마천이 쓴 『사기열전』(서해문집, 2006)의 마지막 글인 「태사공 자서」는 「백이열전」과 함께 역사를 이해하는 가장 핵심적인 내용이다. 사마천의 아버지 사마담은 후대에 학자들이 학문의 뜻을 제대로 터득하지 못하고 스승의 가르침을 왜곡하는 것이 안타까워 육가六家, 즉 음양가·유가·묵가·명가·법가·도가의 학문 요지를 다음과 같이 논했다.

> 모든 사물의 근본은 하나지만 저마다 생각이 다르고 자연의 이치는 한곳으로 귀착되지만 그에 이르는 길은 저마다 다르다(『역경』의 「계사전」).

육가는 바른 정치를 실현하고자 하는 점에서는 모두 같지만, 길을 달리하였기에 잘 살폈느냐 잘 살피지 못했느냐의 차이만 있을 뿐이다.

먼저 음양가의 학술은 지나치게 자세하고 금해야 할 일이 많아 백성에게 구속감과 두려움을 느끼게 한다. 음양가는 사계절, 팔괘의 위치, 십이지, 24절기마다 따라야 할 교령을 정해 이에 따르는 자는 흥하고 거스르는 자는 망한다고 했다. 하지만 반드시 그런 것은 아니며 오히려 많은 이들이 교령에 구애를 받고 두려워한다. 다만 사계절 순환에 따른 자연의 법칙을 보고 큰 그림을 정확히 세운 점은 놓쳐서는 안 된다. 봄에 생명이 나고 여름에는 자라며 가을에 거두고 겨울에 저장하는 것은 변함없는 하늘의 이치다. 이에 따르지 않는다면 천하의 기강을 세울 수 없다.

유가의 학문은 매우 광범위해 핵심을 파악하기가 쉽지 않다. 유가는 육경六經(시경詩經, 서경書經, 예기禮記, 악기樂記, 역경易經, 춘추春秋)을 법도로 삼는데, 그것의 경서와 주석이 너무나 많아 평생에 걸쳐 배워도 정통할 수 없고 여러 세대에 걸쳐 배워도 이치를 터득하기가 힘들다. 그래서 눈 밝은 학자들이 정리한 책을 곁들이면 좋다. 또한 유가는 실천한 노력에 비해 효과가 적다. 유가에서는 군왕은 천하의 모범이 되어 길을 열면 신하는 그에 응해야 하고, 군왕이 앞장서면 신하는 그 뒤를 따라야 한다고 생각한다. 그 결과 군왕은 지치고 신하는 안일해진다. 하지만 군신과 부자의 예를 세우고 부부와 장유의 질서를 세운 것은 매우 값진 일이다.

묵가의 학문은 절약과 검소만을 지나치게 내세우므로 실천하기가 어렵다. 묵가는 죽은 자를 보낼 때 얇은 오동나무 관을 썼고, 소리 내어 울면서도 슬픔을 자제했다. 이처럼 그는 검소한 장례를 치러 백성의 모범이 되었다. 그러나 천하의 법을 모두 이와 같이 한다면 윗사람과 아랫사람의 분별이 사라질 것이다. 세상이 변하면 사람의 규범도 달라지기 마련이다. 다만 "근본을 튼튼히 하고 재물을 아껴 써라"는 가르침은 새겨 둘 만하다. 사람과 집이 모두 넉넉해지는 길이므로 제아무리 학식이 뛰어난 제자백가라 하더라도 이를 버릴 수 없다.

명가는 사람의 마음을 명분에만 얽매이게 하므로 사물의 진실을 쉬이 잊게 만든다. 명가는 지극히 세세하고 철저한 논리를 강조하며 반대 의견을 용납하지 않는다. 따라서 명분에 눌려 실질을 잃기 쉽다. 그러나 명분과 실질의 관계를 세운 점은 살피지 않을 수 없다. 명분을 바르게 하고 실질을 부합해 일의 사정을 명확히 하려는 점은 높이 사야 한다.

법가는 매우 엄격하며 인애라는 것이 없다. 법가는 친소 관계나 신분의 귀천을 무시하고 모든 사람에게 똑같은 법을 적용하므로 온정이 끊어지고 말았다. 이 가르침은 한때는 따를 수 있을지라도 오래가지는 못한다. 그러나 군신과 상하의 본분을 바르게 잡은 점은 중요하다. 관계를 명확히 하고 분수와 직책을 밝혀 월권을 방지한 것은 오늘날에도 유용한 가르침이다.

도가는 사람의 정신을 하나로 모이게 한다. 보이지 않는 도에 합치하게 하며 만물을 풍족하게 한다. 이는 음양가의 큰 법칙 안에서 유가와 묵가의 장점을 취하고, 명가와 법가의 요점을 채택하여 시간과 사물의 변화에 따라 유연하게 대응하도록 한다. 또한 가르침이 단순해 실천하기 쉽고, 노력에 비해 효과가 크다. 대도에 이르는 길은 힘과 탐욕을 버리고 총명을 내세우지 않으며 모든 일을 도에 맡기는 것이다. 도는 자연의 법칙이다. 정신을 지나치게 쓰면 메마르고 육신을 지나치게 쓰면 약해지는 법이다. 정신과 육신을 함부로 소진하면서 천지의 법칙 안에 영원히 존재하기란 불가능한 일이다.

한나라 초기에는 진나라 때의 가혹한 법치에 대한 반발심과 오랜 전쟁 통으로 누적된 피로감, 불로장생에 대한 욕구 등으로 황제와 노자의 생각을 뒤섞어 체계화한 '황로사상'이 유행했다. 사마담도 황로 사상에 영향을 많이 받았다. 이는 육가의 요지를 논할 때 잘 드러난다. 즉 사마천은 아버지의 말씀을 빌려 도가에 후한 점수를 준다.

청나라 사상가 캉유웨이는 중국 고대 문명이 싹트고 번영해가는 관점에서 제자백가를 바라본다. 즉 중국의 고대 문명은 제자백가가 있었기에 최상의 상태에 도달할 수 있었다는 것이다. 중국 고대의 요순 시대로부터 시작된 중화 문명은 하·은·주 시대를 거치면서 개화하기 시작했고, 춘추시대에 제자백가 전성기를 기점으로 절정에 이르렀다. 제자백가의 사상은 중화 문명의 실체를 이해하기 위한 핵심 코드라 해도 과언이 아니다.

경영학의 아버지로 불리는 피터 드러커는 『프로페셔널의 조건』에서 세계적인 리더의 공통점은 바로 추종자가 있다는 점이라고 했다. 추종자가가 없다면 진정한 리더라 할 수 없다. 공자가 바로 진정한 리더에 해당하겠다. 공자의 제자, 즉 추종자들이야말로 리더의 사상과 철학을 외부세계로 알리는 홍보 전략가였다. 제자백가의 운명 또한 이와 같이 한다. 여러 학파는 추종자를 얼마나 두었느냐에 따라 그 운명이 갈렸다. 추종자 가운데 가장 강력한 추종자는 바로 왕이다. 왕이 그 학파의 사상을 수용하면 그는 곧 헌법과 같은 통치의 사상적 기반이 되었다. 그런 점에서 제자들에 의해 가장 널리 퍼져나갔고 한 대에 이르러 새로운 통치 사상이 된 유가야말로 제자백가 시대에 이르러 진정한 도약의 발판을 마련했다고 할 수 있다.

제자백가 읽는 법

아사노 유이치가 쓴 『한 권으로 읽는 제자백가』(천지인, 2012)는 10명의 제자들을 소개한다. 송영배가 엮은 『제자백가의 사상』(현음사, 1994)은 원문 중심으로 제자백가 사상의 특징을 소개한다. 이 책에도 원문 일부를 실었다. 제자백가 중에서 노자의 『도덕경』, 묵적의 『묵자』, 순자의 『순자』, 한비의 『한비자』는 원전 번역본 읽기를 추천한다.

참고 논문으로 김동민이 쓴 「제자백가諸子百家의 성립과 분류에 관한 강유위康有爲 『공자개일반 논문 : 제고(孔子改制考)』의 접근법」(동양철학연구회, 제73호)도 또 다른 해석을 엿볼 수 있다.

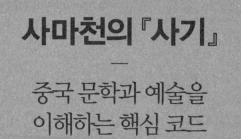

사마천의 『사기』

—

중국 문학과 예술을
이해하는 핵심 코드

—

17

서울대 권장도서 · 17선

공자와 제자들

추종자가 없다면 진정한 리더라 할 수 없다. 공자야말로 진정한 리더에 해당하겠다. 공자의 제자, 즉 추종자들은 리더의 사상과 철학을 세계로 알리는 마케터라고 할 수 있다. 제자백가의 운명 또한 이와 같이한다. 여러 학파는 추종자를 얼마나 두었느냐에 따라 그 운명이 갈렸다.

불운의 시대에 탄생한 중국 역사서의 최대 걸작

오비디우스(기원전 43~기원후 17)의 『변신 이야기』가 서양 문학과 예술에 지대한 영향을 끼친 '창조의 샘'이라면 동양에는 오비디우스보다 약 100년 전에 태어난 사마천(기원전 145~87)의 『사기』가 있다. 『사기』는 2천 년이 넘게 중국의 문학과 예술에 마르지 않는 창작의 샘이 되었다. 흥미로운 것은 『변신 이야기』는 그리스 신화를 모태로, 『사기』는 고대 중국 역사를 모태로 한다는 점이다. 즉 서양의 문학과 예술은 신화라는 허구에 상상력을 가미해 새로운 허구를 창조했다면 중국의 문학과 예술은 역사적인 사실에 상상력을 가미해 새로운 허구를 창조했다.

또 하나 흥미로운 점은 두 사람의 삶이다. 오비디우스는 아우구스투스 황제에 의해 영문도 모른 채 유배를 당해 결국 유배지에서 『변신 이야기』를 완성한 뒤 쓸쓸한 죽음을 맞이한다. 사마천은 흉노족의 포로가 된 친구 이릉을 변호하다 궁형(죄인의 생식기를 없애는 형벌)이라는 형을 당한 와중에 『사기』라는 위대한 역사서를 완성했다. 오비디우스가 50세에, 사마천이 48세에 각각 유배와 궁형이라는 치욕을 당했다. 하지만 이들은 개인적인 고난을 이겨내고 위대한 작품을 남겼다. 궁형을 당한 사마천은 "이것이 내 죄인가? 이것이 내 죄인가? 몸이 망가져 쓸모없게 되었다"고 심경을 토로했지만 이내 정신을 가다듬고 『사기』의 마지막 부분인 「태사공자서」에 이런 글을 남겼다.

> 옛날 서백창(주나라를 창건한 무왕의 아버지)은 유리에 갇히게 되자 『주역』을 풀이했으며, 공자는 진나라와 채나라 사이에서 곤경을 당하자 『춘추』를 지었다. 초나라의 굴원 또한 추방당한 몸이 되어 『이소』를 지었고, 좌구명은 실명한 이후에 『국어』(춘추시대 8국의 역사를 나라별로 적은 책)를 남겼다. 손빈은 다리를 잘리는 형을 받은 후 『병법』을 저술했고, 여불위는 촉으로 유배된 이후에 『여씨춘추』를 남겼으며, 한비자도 진나라에 갇힌 몸이 되어서 『세난』의 「고분」 편을 지었다. 『시경』에 수록된 300편의 시는 대체로 성현들이 발분해서 지은 것이다. 이들은 모두 마음에 깊이 맺힌 바가 있으나 그 뜻을 직접 표현할 수 없었기에 지나간 사실을 빌려 미래에 그 뜻을 전했던 것이다.　　　　　　　　　　　　　 － 『사기열전』(서해문집, 2006)

여기서 이른바 '발분저서'發憤著書라는 말이 유래했다. 어떤 사람이 곤경에 처하거나 가난할 때 한스러운 상황이 도리어 그 사람을 분발하게 하고 걸작을 만든다는 말이다. 몹시 딱하고 어려운 사정에 불운이 겹친 시절에 마음을 굳세게 하면 역작이 나온다는 것이다. 공자에 이어 500년 뒤 사마천의 삶도 그러했는데 사마천은 "나도 그들의 마음과 똑같았다"고 토로했다.

궁형은 남자의 성기를 자르는 것으로 고대 중국에서는 가장 치욕스러운 형벌이었다. 궁형을 당하면 수치심에 못 이겨 자살하는 게 관례였다. 하지만 사마천은 꿋꿋이 살아남아 아버지가 쓰다 남은 『사기』를 저술하는데 전념했다. 『사기』는 기원전 110년, 사마천이 아버지 사마담의 유지를 받들어 저술하기 시작해 기원전 90년에 완성했다.

그 사이에 하마터면 『사기』를 완성하지 못할 위기가 찾아왔다. 기원전 91년, 사마천은 54세에 또다시 곤혹스런 일을 만난다. 사마천에게는 친구 임안이 있었다. 한나라 무제 말년에 간신의 이간질로 황제와 황태자 사이에 오해가 일어 군대까지 동원해 혈전을 벌였고 결국 황태자가 자살하고야 말았다. 이때 임안은 어느 쪽에도 끼지 않고 관망했고 결국 양다리를 걸친 노회한 관리로 지목되었다. 임안은 당시 황제인 한무제의 비서실장이던 사마천에게 편지를 보내 구명을 요청했다. 하지만 『사기』가 거의 완성 단계에 있던 터라 집필을 마쳐야 한다는 이유를 내세워 친구의 요청을 거절한다. 당시 사마천은 임안에게 '보임안서'라는 제목의 편지를 보내 궁형을 당한 이후의 생활을 이렇게 고백한다.

> 간장은 하루에도 아홉 번이나 꼬이고 집에 있을 때는 멍하여 뭔가 잃어버린 듯, 길을 나서도 어디로 가야할지 망망했으며, 궁형을 상기할 때마다 식은땀이 흘러 옷을 흥건하게 적시지 않은 적이 없었다.

6년 전에는 친구 이릉을 위하여 분연히 나섰지만 이제는 임안을 위해 단 한마디 말도 못하는 자신의 심정을 이렇게 고백한 것이다. 그는 거절하면서 궁형을 당한 기억을 떠올리며 몸서리쳤을 것이다. 결국 임안은 처형당했다.

『사기』에는 강렬한 현실 비판 의식과 인간 중심 사상이 깃들어 있다.

어쩌면 사마천이 궁형을 당한 것과 깊은 연관이 있는지도 모른다. 『사기』는 크게 「본기」(제왕의 역사), 「세가」(제후의 역사), 「열전」(제왕이나 제후를 보좌한 사람들의 역사) 등으로 이루어져 있다. 그중 「세가」와 「열전」, 특히 공자를 비롯해 오자서, 범저, 인상여, 형가, 굴원, 항우, 한신, 계포 등 인물에 관한 글을 읽다 보면 격정적으로 와 닿는 지점이 있다. 이들은 사마천이 『사기』의 인물 중에서도 특별히 자신의 감정과 이상을 투영한 인물이라고 할 수 있다.

죽는 것이 어려우랴? 죽음에 처했을 때가 어려운 법이다.

사마천이 인상여에 대해 말한 내용이다. 또한 오자서를 평하며 이렇게 말했다.

오자서가 만일 아버지를 따라 함께 죽었다면 땅강아지나 개미의 목숨과 무슨 차이가 있었으랴. 사소한 의리를 저버리고 큰 복수를 하여 이름을 후세에 남겼으니 너무나 감동적이다. 그러므로 참고 참고 또 참아 만난을 이겨내고 과업을 이루었으니 열혈남아가 아니고 그 무엇이랴.

계포에 대해서는 이렇게 평한다.

항우 휘하에서도 계포는 용맹으로써 이름을 날렸으니 장사이다. 그런데도 구차하게 노예가 되다니 무슨 망신인가. 그러나 계포는 자신의 실력을 믿었기에 그렇게 모욕을 당하면서도 태연했다. 언젠가 실력 발휘할 날이 있을 거라 믿었기 때문이다. 결국 한 제국의 명장이 되었다. 생각이 있는 자는 함부로 죽음을 이야기하지 않는다. 하찮은 인간들이 감상에 젖어 자살하곤 하는데 그것은 용기가 아니라 막다른 골목에 몰려 뭘 더 해보려고 해도 실력이 없기 때문이다.

이는 곧 사마천 자신의 이야기이며 스스로에게 한 말이라 할 수 있다.

치욕을 참아야 사람 구실을 할 수 있다.

「계포난포열전」의 이 말은 사마천 자신의 심정을 대변한 것이다.

사마천은 『사기』에서 그가 생각한 군주와 신하의 관계에 대한 이상적인 모습을 담아낸다. 대표적으로 「하본기」에 등장하는 이야기이다. 순임금이 신하인 우, 고요, 백이 등과 함께 치국에 관해 대화를 나누고 있었다. 이때 신하들은 순임금에게 이렇게 말한다.

일거수일투족에 신중하십시오, 정직한 자를 발탁하여 덕정을 행하도록 하십시오.

그러자 순임금은 다음과 같이 말한다.

그대들은 나의 양손이 되어주시구려. 내가 잘못한 점이 있으면 교정해주시구려. 내 앞에서는 비위를 맞추고 뒤로 돌아서서는 험담을 하지 마시구려.

사마천은 아마도 이렇게 솔직 담백하고 격의 없는 분위기인 군신 관계를 그리워하지 않았을까. 사마천은 한무제에게 상소를 올렸다가 씻을 수 없는 상처를 입었기 때문이다. 그가 「장석지풍당열전」에서 덕정을 위해 직언을 서슴지 않던 신하 장석지와 풍당을 칭송하고, 그 직언을 받아들인 한문제를 높게 평가한 까닭은 그 때문이었을 것이다. 한문제는 사마천이 그린 이상적인 군주인 셈이다.

사마천은 신하의 맹목적인 충성을 반대했다. 흔히 왕조 시대에는 왕에 대한 신하의 맹목적인 충성이 강조되었다. 「제세가」에는 제나라의 왕 장공이 최저의 아내를 탐하다가 최저에게 살해되는 내용이 나온다. 당시 재상이었던 안영은 어떻게 행동했을까. 군주를 모시던 재상으로서 죽음으로 최저를 응징해야 했을 테지만 안영은 그렇게 하지 않았다.

> 군주께서 국가를 위해 죽었다면 나도 따라 죽겠다. 국가를 위해 망명했다면 나도 따라 망명하겠다. 그러나 개인적인 일로 죽었다면 그건 스스로 감당하셔야 한다.
> – 이상 『사기』(살림, 2005)

이렇게 말하고 장공의 주검에 엎드려 한바탕 곡을 하는 것으로 끝난다. 사마천은 안영의 기개를 극찬했다. 사마천이 생각한 왕도정치는 공자가 생각한 맹목적인 충성과는 사뭇 달랐다. 이는 궁형이 몰고 온 사상의 변화가 『사기』에 투영된 대목이다.

또한 사마천은 공자의 성공을 빗대어 그의 제자인 자공의 역할을 이렇게 적었다.

> 자공은 공자의 제자 중 가장 부유했다. 공자의 제자 중 원헌 같은 이는 비자나 쌀겨도 제대로 먹지 못하고 뒷골목에서 숨어 살았다. 자공은 사두마차를 타고 호위병들을 거느리며 제후들과 교제했다. 제후들은 몸소 뜰로 내려와 제후의 예로써 그를 맞이했다. 공자의 이름이 천하에 알려진

것도 그가 스승을 모시고 다녔기 때문이다.

– 『사기열전』(서해문집, 2006)

사마천이 공자의 제자 가운데 자공을 높이 평가하는 까닭은 그가 재물에 밝고 관리를 잘한 것도 한몫한 듯하다. 사마천은 정당한 수단으로 재물을 모아 부자가 되는 일을 금기로 여기지 않았다.

열심히 일하고 절약하는 것이 먹고사는 바른 길이다. 그러나 부자가 되려면 반드시 머리를 굴려야 한다. 재물은 유능한 자에게 몰리며 무능한 자는 쥐어줘도 놓아버린다.

그는 「화식열전」에서 이익을 추구하는 게 인간의 본성이라고 밝힌다.

잘살려고 하는 것은 배우지 않아도 깨우치게 되는 인간의 타고난 본성이다. 그러니 재물이란 것은 능력만 있으면 하염없이 긁어모으려는 게 인간의 본성이지 돈을 벌 수 있는데도 손 털고 남에게 순순히 양보하는 예는 결코 없다.

사마천은 이어 백이숙제를 예로 든다.

백이숙제처럼 고매한 인격을 견지하다가 가난해졌다면 혹시 모르겠다. 그렇지도 못한 사람이 부모와 처자식을 굶주리고 때맞춰 조상께 제사 지낼 형편도 못되는 주제에 입으로만 인의도덕을 외친다면 정말 부끄러운 일이다.

– 이상 『사기』(살림, 2005)

유방과 항우의 패권 다툼을 틈타 양곡을 매점매석하여 갑부가 된 선곡 사람 임씨 이야기를 비롯해 목축업자 오지현 이야기, 사업가 과부 청 이야기 등 재물에 관한 이야기가 심심찮게 나온다. 사마천은 "이처럼 시골뜨기 목장주인이나 외딴 산골의 과부도 천자와 똑같은 대우를 받고 이름을 천하에 드러냈으니 어찌 부유했기 때문이 아니겠는가?"라고 강조한다. 조선시대에 이름을 떨친 제주도의 거부 김만덕은 청 이야기에 비유할 수 있겠다.

사마천은 부자들을 일컬어 '소봉'素封이라 한다. 소는 무늬 없는 옷감이라는 뜻으로, 소봉이란 직함이 없을 따름이지 지위가 높은 벼슬처럼 누릴 것은 다 누리는 신분이라는 뜻이다.

> 천금의 부자는 한 도읍의 군주에 맞먹고 거만 금을 가진 부자는 왕과 즐거움을 같이 한다. 그들이야말로 어찌 이른바 소봉이라고 할 만한 자들인가? 아닌가?

사마천은 한나라의 왕 문제와 경제가 다스릴 때 부유하게 된 원인을 설명하며 경제력이 인간의 지위를 결정한다고 주장한다.

> 백성들 사이에서 열 배 잘사는 사람을 대하면 비굴해지고, 백 배 잘사는 사람을 만나면 경외심이 들고, 천 배면 밑으로 들어가 일을 하고, 만 배면 종이 되는 것은 자연의 이치가 아니겠는가.
>
> ― 이상 『사기열전 2』(민음사, 2007)

이어 "가난한 사람이 부를 얻는 방법으로는 상인이 으뜸이요, 그 다음이 기술이며, 농업이 가장 못하다"고 했다. 이는 유가의 전통 계급인 '사농공상(선비, 농부, 장인, 상인)'을 부정한다. 어쩌면 중국인의 상인 기질은 상인을 으뜸이라 여긴 사마천에게서 시작된 것은 아닐까.

더불어 사마천은 부자가 되면 베풀 것을 강조한다. 중국 속담에 이런 말이 있다.

> 백 리 밖에 나가 땔감을 팔지 마라. 천 리 먼 곳에 나가 곡식을 팔지 마라.
> 일 년 살려거든 곡식을 심고, 십 년 살려거든 나무를 심으며, 백 년 살려
> 거든 덕을 베풀어라.
> – 『사기열전』(서해문집, 2006)

너무 멀리 물건을 가지고 나가면 노력에 비해 이익이 적고, 덕을 베풀면 그 자손이 은덕을 입기 때문이라고 부연한다. 다시 말하자면 부자가 되어도 사회적으로 베풀지 못하면 부자로서 존재할 가치가 없다는 뜻을 강조한다.

마음을 움직이는 인물이
훌륭한 사회를 만든다

『사기』는 「본기」本紀, 「표」表, 「서」書, 「세가」世家, 「열전」列傳의 5부로 구성되어 있다. 총 130권 중 「열전」이 70권을 차지한다. '기전체'란 「본기」와 「열전」을 줄여서 부르는 말로 사마천이 창안한 새로운 역사 서술 체제이다. 기전체는 이후 중국 역사 서술의 모범이 되었다.

제왕이나 제후를 보좌한 사람들의 이야기인 「열전」에 등장하는 인물은 다양하다. 백이숙제, 노중련, 굴원은 의로운 사람으로 관중, 범저, 여불위, 이사는 기회를 포착하여 대성한 사람으로 손자, 오자서, 소진, 장의, 인상여, 유경은 탁월한 인물로 그린다. 또한 잔혹하고 무자비하며 아첨꾼인 공손홍, 환관 등의 영행집단, 조폭에 가까운 유협집단, 재치가 있는 손우곤, 우맹, 우전의 골계(익살을 부리며 교훈을 주는 일)집단, 점쟁이 집단 등도 등장한다. 「열전」의 인물은 윤리나 도덕적인 판단으로 선정한 것이 아니라 시대상을 반영하거나 역사적인 의미를 기준으로 기록했다.

사마천은 그 시대의 전형적인 인물을 통해 사회의 정체성을 드러내려 했다. 예컨대 「유경숙손통열전」에 나오는 숙손통은 진시황부터 한나라 유방까지 10명의 왕과 제후를 보좌했다. 숙손통은 타협에 능한 전형적인 인물인 셈이다. 숙손통은 진 제국 치하에서 학술로 발탁되어 국정 자문을 맡았다. 당시 진승, 오광 등이 반란을 일으키자 30여 명의 자문위원은 황제에게 반란을 진압할 것을 아뢰어 청했다. 이에 숙손통이 말하기를 "저분들 말씀은 모두 틀린 줄 아뢰오. 훌륭한 군주가 위에 계시고 아래로 관리들이 직무에 충실한데 누가 감히 반란을 일으킨단 말입니까. 그저 좀도둑 몇 놈이 소란을 피우는 것인즉 괘념하실 필요가 없사옵니다. 지방 관리들이 체포해 심문하고 있으니 안심하옵소서" 그러자 황제는 "그러면 그렇지" 하며 유쾌하게 대꾸했다.

숙손통이 궁문을 나서자 유생들이 도대체 무슨 아부를 그렇게 하느냐며 숙손통을 힐난했다. 그러자 숙손통은 "속을 모르시네. 호랑이 굴에서 간신히 빠져 나왔다오!"라며 말을 마치자마자 걸음아 나 살려라 고향 땅 설읍으로 내뺐다.

그런데 설읍은 이미 진승의 반란군에게 함락되었다. 숙손통은 항량의 군대를 따라 들어갔으나 항량이 전사하자 의제에게 투신해 그를 모셨다. 그런데 항우가 대권을 잡자 곧 의제를 떠나 항우를 모셨다. 한나라 왕 유방이 다섯 제후와 협력하여 항우의 도읍지 팽성을 함락시키자 숙손통은 다시 유방에게 투항했다. 심지어 유방이 유생 복장을 싫어하자 즉시 초나라 복장으로 갈아입었다.

이후 유방이 천하를 통일하자 장수들이 저마다 자신의 공로를 내세워 싸움질을 했다. 이때 숙손통은 유방의 심리를 파악하고 유생들을 꾸려 조정 의례를 만들고 싶다고 아뢰었다. 그리하여 숙손통은 유생 30여

명을 초빙하기 위해 노나라로 갔다. 숙손통은 유생을 대동하고 장안으로 돌아와 자신의 제자들까지 합세하여 100여 명의 단원을 조직했다. 그리고 조정의 예법을 제정하고 실습하게 했다. 모든 벼슬아치 모양을 허수아비로 만들어 귀천에 따라 자리를 배치한 뒤 가상 의례를 한 달 남짓 반복해서 연습했다. 이후 유방은 문관과 무관 등 모든 벼슬아치에게 조정의 예법을 연습하도록 하고 음력 10월에 조회를 거행하겠다고 선포했다.

이로써 초대 황제 유방은 나라 각지의 제후와 모든 관리에게 알현을 받았다. 의식이 끝날 때까지 어느 누구도 감히 떠들거나 실례하는 자가 없이 분위기에 압도되어 바들바들 떨었다. 그러자 유방이 입을 열었다.

"비로소 오늘 황제가 이렇게 좋은 줄 알았네."

만족한 유방은 숙손통을 종묘제례를 관리하는 책임자인 태상에 임명하고 황금 오백 근을 하사했다. 숙손통은 제자들에게도 관직을 내려달라 청했고 이에 황제는 그들을 비서관에 임명했다. 제자들은 "숙손 선생은 진짜 성인이시다. 시대의 요청을 알고 계셔!"라며 그를 칭송했고 숙손통은 중국 역사상 가장 타협에 능한 인물로 손꼽히며 후대 정치인을 비롯해 수많은 이들에게 영향을 끼쳤다.

또 다른 흥미로운 인물로 용맹한 장수로 알려진 항우가 있다. 우리가 『초한지』를 통해 많이 접해온 「항우본기」 이야기로 한편의 소설 같은 내용을 전해준다.

글이야 자기 이름을 쓸 정도면 족하고 검술은 사람 하나를 상대하는 일이라 배울 맛이 안 납니다.

이는 항우가 숙부 항량에게 한 말이다. 하루는 진시황제가 순시를 하며 근처를 지나는 광경을 보고 항우는 "저 황제를 내가 해봐?"라고 중얼거렸다. 이에 항량은 "입조심해, 여차하면 가문이 몰상당한다"라고 훈계한다. 항우의 성격을 엿볼 수 있다.

또한 전국시대에 천하 쟁패를 다투던 항우와 유방의 일화다. 유방은 항우에게 쫓겨 탈출하다가 길가에서 아들 효혜와 딸 노원을 만나자 마차에 실었다. 그런데 항우 군대의 추격이 워낙 집요해 죽자 사자 마차를 몰아 도주했다. 유방은 마차가 무거워 속도가 느리다며 아들과 딸을 발로 차 마차 밖으로 떨어뜨렸다. 이때 유방의 부하가 왕자와 공주를 다시 태웠다. 이렇게 하기를 무려 세 번, 결국 탈출에 성공했다.

결국 항우는 유방의 심리전에 말려들어 천추의 한을 남긴다. 기원전 204년 항우가 방어선을 거의 돌파해 유방에게 치명타를 주었다. 이때 진평이 유방에게 반간계(두 사람이나 나라를 중간에서 서로 멀어지게 하는 술책)를 조언한다. 항우의 측근인 범증과 종리매가 큰 공을 세웠는데도 제후에 임명되지 못하자 홧김에 유방에게 투항하려 한다는 헛소문을 퍼뜨렸다. 게다가 항우가 파견한 밀사가 유방 진영을 방문했을 때 유방은 일부러 성대한 잔칫상을 차려놓았다. 유방은 밀사에게 짐짓 누가 보냈느냐고 묻고서 범증이 보낸 밀사라고 한다면 그대로 먹게 하고, 항우가 보낸 사람이라면 잔칫상을 치울 계획이었다. 항우가 보낸 사람이라고 하자 잔칫상을 치우고 못 먹을 음식을 내놓았다. 밀사가 돌아가 항우에게 보고하자 항우는 범증과 종리매를 불신하게 되었다. 결국 범증은 항우를 떠났다. 용맹한 장수 종리매도 강등을 당했다. 전략가가 사라지자 항우는 유방에게 농락당하고 이길 수 있는 기회를 놓쳐버리고 만다.

내가 지금까지 8년 동안 70여 차례 전투를 거치며 승승장구하여 마침내 패왕이 되었다. 그런데 오늘 이 지경에 빠진 것은 하늘이 나를 망친 탓이지 전투를 못한 탓이 아니다.

여기서 '하늘이 나를 망친 것'이라는 말은 중국인의 전형에 해당하는 말이다. 승패를 자신의 잘못이 아니라 하늘의 뜻으로 여기는 것이다. 항우는 포위망을 뚫기 위해 나아갔다. 그는 강동으로 건너는 나루터에서 노인장에게 자신의 말을 내주고 마지막으로 친구인 한나라 여마동에게 덕을 베풀겠다며 스스로 목을 베었다. 여마동은 항우의 시신을 다섯 토막으로 나눠 유방에게 가져갔다. 이에 유방은 여마동에게 1만 호의 봉읍지를 나눠주었다.

강유위의 제자이자 중국의 사상가 양계초는 "후세 역사책의 열전은 대부분 역사 사실로써 인물을 전하지만 『사기』의 열전은 인물을 통해 역사 사실을 밝힌다"고 했다. 이어 자신의 주장을 더욱 발전시켜 다음과 같이 말했다.

인물을 통해 일종의 현상을 반영하고 있지 개개인의 자잘한 사생활을 기록한 것이 아니다.

『아큐정전』으로 잘 알려진 소설가 루쉰은 『사기』를 일컬어 "역사가의 절창, 산문체의 이소"라고 했다. 『이소』는 빼어난 시로 알려진 굴원의 대표작으로 산문으로서는 이와 버금간다는 비유이다. 아닌 게 아니라 사마천 이전과 이후 『사기』와 같은 역사책은 나온 적도 없고 나오지도 못했다.

사마천은 『사기』에 명언을 많이 남겼다. 대표적으로 '토사구팽'兔死狗烹은 교활한 토끼가 잡히고 나면 충실한 사냥개가 쓸모없어져 잡아먹는다는 뜻이다. '관포지교'管鮑之交란 관중管仲과 포숙아鮑叔牙의 사귐이란 뜻으로, 형편이나 이해관계에 상관없이 친구를 무조건 위하는 두터운 우정을 일컫는다. '구우일모'九牛一毛는 사람이란 한 번 죽을 뿐인데 어떤 죽음은 태산보다 무겁고 어떤 죽음은 아홉 마리 소에서 털 하나 뽑아내 듯 가볍다는 뜻으로 그러므로 '대야를 머리에 이고 하늘을 우러러보는' 자세로 불후의 걸작을 남겼다는 의미가 담겨 있다. 구우일모는 사마천 이 『사기』의 집필을 끝낸 뒤 친구에게 보낸 편지에 언급했다.

또한 리더십의 핵심에 대해서도 언급했다. "한 사람의 이익을 위해 세상 모든 사람이 손해를 볼 수 없다"라 하여 지도자의 첫째 덕목은 덕德이며, 최악은 백성과 싸우는 정치라 했다.

사마천의 『사기』는 중국의 문학과 예술에 지대한 영향을 주었다. 한유의 『모영전』이나 유종원의 『송청전』은 『사기열전』의 형식과 서술 방식을 모방했다. 또한 『초한지』를 비롯해 장편 무협소설 『수호전』의 「유협열전」에도 영향을 주었다. 「사마상여열전」에서 사마상여와 탁문군의 사랑 이야기는 후세 연애소설의 원류가 되었다. 염파와 인상여의 아름다운 사랑 이야기는 유명한 현대 경극 〈장상화〉에, 항우는 소설과 경극 〈패왕별희〉에 소재를 제공했다.

한국에서도 『사기』는 예부터 애독서로 읽혔다. 조선 중기에 활약한 시인 김득신의 서재 이름은 '억만재'億萬齋인데 「백이전」을 무려 1억 1만 3천 번이나 읽었다고 하여 지은 이름이다. 연암 박지원은 16세에 전주이씨와 결혼하면서부터 공부하기 시작했다. 이때 『사기』에 완전히 매료되었다고 한다. 성리학은 나라를 잘살게 하지도 못하면서 말만 앞세우고 양반의 이익만 채울 뿐이라는 이유에서였다.

명나라 문학가 모곤은 『사기』를 이렇게 평했다.

사람들이 『사기』 「유협열전」을 읽으면 곧 죽음을 가볍게 여기려 하고,

「굴원가생열전」을 읽으면 곧 눈물이 쏟아지려 하고, 「장자열전」, 「노중련 열전」을 읽으면 곧 세상을 등지고 은둔하려 하고, 「이장군열전」을 읽으면 당장이라도 전투에 나서려 하고, 「만석군열전」을 읽으면 허리가 절로 숙여지려 하고, 「위공자열전」 및 「평원군열전」을 읽으면 곧 식객을 양성하려고 한다.

– 이상 『사기』(살림, 2005)

이처럼 『사기』의 매력은 사람들에게 자신의 뜻을 세우도록 하고 마음을 움직이는 힘이 아닐까 싶다.

학문에 조예가 깊었던 군주 정조도 『사기』를 좋아해 「열전」을 엮어 『사기영선』을 펴낼 정도였다. 『사기영선』은 정조가 몸소 『사기』와 중국 후한의 역사가 반고의 책에서 뛰어난 작품들을 골라 편집한 것이다. 『사기』는 모두 52만 6,500자의 방대한 분량으로 황제시대부터 전국시대를 거쳐 진나라의 통일과 한제국의 성립까지 중국 고대 역사를 모두 응축했다. 역사의 샘이자 상상력의 원천이 되었음은 자명하다. 이문열이 쓴 『초한지』 또한 『사기』를 원작으로 했다.

마지막으로 덧붙이자면 사마천의 『사기』는 여행의 산물이다. 사마천은 19세 때 아버지가 근무하던 수도 장안 근처로 이주했다. 그리고 이듬해 20세에 여행을 떠난다. 오랜 기간에 걸쳐 당시 한 제국의 세력권이 미치는 전 지역을 답사하듯 여행했다. 『사기』에 그가 답사한 지역을 여행 이야기와 연관해 소개한다. 오늘날로 치면 사마천의 아버지 사마담이 아들의 장거리 배낭여행을 지원한 것으로 보아 의도적으로 보냈을 가능성이 충분하다. 사마담은 아들에게 훗날 중차대한 임무를 부여하기 위해 견문을 넓히도록 여행을 지원한 게 아닐까. 사마천의 사례를 통해 여행의 중요성을 다시 한번 되새긴다.

『사기』 읽는 법

『사기』는 「열전」을 중심으로 읽어도 무방하다. 이인호가 쓴 『사기』(살림. 2005)는 전체를 간략하게 소개한다. 완역서로는 김원중의 번역으로 「본기」, 「세가」, 「표」, 「서」, 「열전」(1. 2)을 모두 엮은 민음사 시리즈를 추천한다. 또한 연변대학 고전연구소가 엮어 옮긴 『사기열전』(서해문집. 2006)은 간략하게 읽을 만하다.

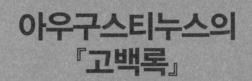

아우구스티누스의
『고백록』

—

인생의 무상함은
신을 통해 극복할 수 있다

—

18

아우구스티누스 동상
이탈리아의 팔레르모 성당 앞에 있다. 정욕에 빠진 한 인간에서 위대한 철학자이자
사상가가 된 아우구스티누스. 초대 그리스도교 교회가 낳은 성인이자 고대 문화 최후
의 위인으로 중세 문화를 여는 선구자의 역할을 했다.

정욕에 빠진 삶을 청산하고
종교에 귀의하다

　서기 385년 늦가을, 밀라노에 사는 중년의 어느 수사학 교사는 잊을 수 없는 두 가지 일을 경험한다. 하나는 수사학 교사로서 황제의 공덕을 기리는 송사頌辭를 바치는 임무이고, 다른 하나는 주정뱅이 거지와의 만남이다. 황제를 찬양하는 역할은 수사학 교사에게 명예로운 임무였다. 황제나 집정관을 비롯해 고위층 앞에서 열변을 펼치며 그들을 감탄시키기 위해 밤을 꼬박 새우며 심혈을 기울였다. 그의 송사는 열띤 박수를 받았다. 수사학 교사의 마음은 행복감에 도취되어 기쁨과 행복으로 넘쳐흘렀다.

　그가 집으로 돌아오는 도중에 한 거지가 눈길을 사로잡았다. 거지는 술 때문인지 흥겹게 휘파람을 불며 거리를 걷고 있었다. 우연히 그 모습을 바라본 그는 묘한 충격을 받았다.

'나는 명예와 칭찬을 얻었기에 행복에 젖어 있다. 저 거지는 사람들에게서 구걸한 몇 푼의 돈으로 산 술로 기분이 좋아져서 행복감을 맛보고 있다. 대체 어느 쪽이 더 행복한 걸까. 나 자신의 행복은 진짜일까.'

밤새 고심하여 송사를 썼고 열렬한 박수 세례를 받았지만 결국 그것은 허위로 가득 찬 게 아닐까 하는 생각이 문득 그의 뇌리를 스쳤다.

'14세에 불과한 황제 발렌티니아누스 2세에게 찬양할 무엇이 있다는 말인가. 황제의 마음에 들기 위해 그저 의미 없는 찬사를 늘어놓았던 것에 지나지 않은가.'

모두가 그 공허함을 알면서도 형식적으로 박수를 보냈을 뿐인데 자신은 그걸 알면서도 어찌 그것을 기뻐하는지 서글픈 생각이 들었다. 겉치레에 불과한 성공과 내실 없는 행복에 기뻐 어쩔 줄 몰라 하는 자신을 발견하고 중년의 수사학 교사는 깜짝 놀랐다.

'저 걸인을 보라. 진심으로 즐기고 있지 않은가.'

거지에게는 지위도 명예도 없으나 거짓 또한 없었다. 그가 황제에게 올린 송사와 같이 교묘한 언변은 없지만 있는 그대로를 살고 있다. 그에 비해 자신은 진리를 추구하고 지혜를 사랑하고 선을 논하면서도 현실은 모순과 기만으로 가득 찬 생활을 보내고 있지 않은가. 수사학 교사는 문득 이런 생각마저 들었다.

'거지의 만족은 야망을 품은 자의 비참보다 낫다.'

밀라노에 사는 수사학 교사는 다름 아닌 중세사상의 출발점이 된『고백록』의 저자 아우구스티누스(354~430)이다. 당시 31세의 혈기 방장한 아우구스티누스는 보장된 신분과 직분으로 야망을 충족하며 행복에 도취된 생활을 하고 있었다. 그런데 밀라노의 길 위에서 뜻밖에 한 거지와의 만남(『고백록』6권 6장 9절)을 통해 불현듯 자신의 생활 속 깊은 문제점을 깨달았다. 행복감 안에 감춰져 있던 자신의 내면을 돌이켜보는 경험을 한 것이다. 이후 아우구스티누스는 내면의 반성에 눈을 뜨기 시작했다. 그것은 이듬해 이른바 '영적 회심'의 단계로 나아가는 결정적인 계기가 되었다. 불교 방식으로 표현하면 '돈오점수'頓悟漸修에 해당할 것이다. 돈오점수란 문득 깨달음에 이르는 경지에 이르기까지는 반드시 점진적인 수행 단계가 따른다는 말이다. 아우구스티누스는 키케로와 신플라톤주의 책들을 탐독하면서 '지적 회심'으로 나아간다.

그로부터 12년 뒤 그는 마침내 기독교 사상의 정수가 담긴 『고백록』을 쓰기에 이른다. 이 책은 모두 13권에 이르는 방대한 내용으로 방황하던 젊은 날에 대한 솔직한 고백과 인간과 신에 대한 성찰, 그리고 신에 의한 구원과 찬양을 담았다. 특히 그는 정욕에 빠졌던 젊은 나날들을 반성하며 자신이 과거에 어떤 자였으며 어떤 죄인이었는지, 그런 자신을 버리지 않고 신은 무한한 연민으로 어떻게 자신을 회개로 이끌어주었는지 이야기한다. 즉 '참회록'으로 불리는 이 책은 한 인간이 정욕에 이끌린 삶을 살다가 거기에서 빠져나와 위대한 신학자로 탄생하는 과정, 그리고 그 여정에서 겪은 인간적인 고뇌와 지혜, 깨달음에 대한 환희를 담고 있다. 그 누구도 쉽게 고백할 수 없는 내밀한 인간의 욕정까지도 담아낸다는 점에서 그 어떤 책보다 인간적인 울림이 강한 책이다.

소년 시절 아우구스티누스는 문학과 사랑의 열정이 가득했다. 그것이 또한 그를 정욕의 노예로 만들었지만 영적인 회심으로 가는 과정에서 필수적인 여정이기도 했다. 독서를 통해 아우구스티누스의 재능은 점점 성장했다. 시와 희극, 소설을 통해 사랑하는 인간의 모습을 마주한 아우구스티누스는 관능적인 사랑의 달콤함에 눈을 뜬다. 이때부터 향락적인 생활 방식에서 기쁨과 행복을 찾았고 이를 긍정하는 쾌락주의 문학이나 연극 작품들이 아우구스티누스의 젊은 정욕을 부추겼으며, 스스로도 그렇게 살기를 원했다.

16세가 된 아우구스티누스는 본능의 노예가 되어 욕망이 이끄는 대로 생활을 즐겼다. 30년 뒤에 젊은 날을 돌이키며 쓴『고백록』(제2권 1장 1절)에서 "나는 육욕에 지배되어 미쳐 날뛰며, 완전히 욕망이 이끄는 대로 살았다(2장 4절)"고 말한다.

18세에 동거를 시작해 이듬해에 사내아이가 태어났다. 그러다 31세에 13년 동안 동거하던 여인을 버렸다. 어머니 모니카의 권유로 재력가의 딸인 열 살 연하 여성에게 새장가를 들기 위해서였다. 그는 마지못해 어머니의 권유를 받아들였다. 또한 2년 동안 약혼 중이면서도 다른 여성을 만나 바람을 피웠다. 이때까지 아우구스티누스는 정욕과 부귀와 권세와 야망을 추구한 속된 남자였다. 동거하던 여인은 열두 살 난 아들 아데오다투스를 남겨두고 평생 혼자 살겠다고 말하고는 아프리카로 돌아간다. 모친의 이기적인 선택에 아우구스티누스도 암묵적으로 동조한 셈이다. 어머니 또한 아들을 야망의 세계로 이끈 극성스러운 어머니였다.

아우구스티누스는 정욕에 빠진 생활을 하면서도 야망과 명예를 드높일 직업을 찾았고, 수사학의 대가를 꿈꾸었다. 어느 날 학교에서 키케로의 책『호르텐시우스』를 집어들었다. 그는 이 책을 읽고 키케로의 매력 넘치는 문장과 내용 자체의 훌륭함에 압도당하는 느낌을 받았다고 한다. 자기도 모르게 가슴 깊은 곳에서 뜨거운 무언가가 북받쳤다.

> 이때 갑자기…… 믿을 수 없을 정도의 뜨거운 가슴으로 영원의 지혜를 추구하며…… 더욱 이 책이야말로 나의 생각을 바꾸고…… 나의 소원과 바람을 전혀 다른 방향으로 전환하게 했다.

아우구스티누스의 마음은 지상의 순간적이고 공허한 것으로부터 영원히 불변하는 것으로 향하기를 절실히 원했다고 한다. 그는 "키케로의 책은 나의 마음이 철학을 향해 불타게 했다"면서 '제2의 탄생'이라고까지 표현한다. 그때 마니교가 그에게 다가왔다. 마니교는 보이지 않는 신을 믿으라는 성경보다 이성을 중시한 종교이다. 유명한 마니교의 주교 파우스투스가 카르타고를 방문하자 아우구스티누스는 진리에 관한 의문을 그에게 물었다. 질문을 다 들은 파우스투스는 "나로서는 대답할 수 없다"고 답했다.

진리를 찾아 방황하던 아우구스티누스는 로마로 갔다. 그곳에서 마침내 그가 꿈꾸던 길이 열린다. 먼저 밀라노의 수사학 교사로 선발된다. 이때 그는 마니교의 유력자들에게 청탁해 시장에게 로비를 하는 한편 선발 테스트에 대비해 연설문을 써서 응모하기도 했다. 마니교의 진리에 의문을 품으면서도 출세를 위해 마니교를 이용한 것이다.

그렇게 30세가 되던 서기 384년, 아우구스티누스는 공무용 마차를 타고 밀라노에 도착했다. 수사학 교사로서 부임한 곳에 도착한 그는 밀라노의 주교 암브로시우스를 방문했다. 암브로시우스는 당시 이단에 가까운 그리스도교를 제창하는 궁정과 대립하고 있었다. 마니교도인 아우구스티누스는 그의 설교 자세와 내용, 사상과 인격, 생활 태도 및 사회적인 활동을 가까이 접하면서 결정적인 영향을 받는다.

아우구스티누스는 마니교의 영향으로 성경은 모순으로 가득하다고 믿었다. 그런데 암브로시우스는 설교 중에 자주 "문자는 죽이고 영은 살린다"는 바울로의 말(「고린도인에게 보내는 두 번째 편지」 3장 6절)을 인용했다. 아우구스티누스는 암브로시우스의 설교를 통해 문자와 영혼, 말과 사물의 본질적인 관계에 대한 새로운 관점을 얻었다. 이때 그는 자발적으로 성경을 다시 읽기 시작했다. 특히 암브로시우스가 기도와 독서에 잠겨 있는 모습은 아우구스티누스에게 잊을 수 없는 인상을 남겼다. 활동적인 교회 정치가와는 또 다른 경건한 주교로서의 면모를 보게 된 것이다.

아우구스티누스는 32세인 386년에 가톨릭 성인으로 알려진 마리우스 빅토리누스가 라틴어로 번역한 신플라톤주의(플라톤 철학에 동방의 유대 사상을 절충한 학파) 책을 읽기 시작했다. 그때까지 마니교의 영향으로 눈에 보이는 형체로서의 존재만을 믿었으나 신플라톤주의로 인해 보이지 않고 형체가 없는 존재에 대해서도 생각하는 길이 열렸다. 인간은 육체를 소유하고 있으므로 물질적 존재이기는 하나 동시에 이성과 영혼을 지니고 있으므로 물질을 초월하여 사유할 수 있다는 것이다.

신플라톤주의는 변화하지 않는 것은 변화하는 것보다 우수하다고 설명한다. 신플라톤주의에 따르면 존재하는 것은 모두 선이므로, 악은 '비존재'라고 하지 않을 수 없다. 즉 악은 존재하지만 실체로서 존재하는 것이 아니며 선이 결여된 것으로 이해한다. 아우구스티누스는 신플라톤주의를 통해 마니교의 유물론을 극복하고 영적인 세계와 신의 존재에 대한 새로운 인식을 얻었다. 이른바 '지적 회심'을 경험한 것이다.

하지만 해결해야만 하는 과제가 남아 있었다. 바로 정욕에 빠진 그의 생활 방식에 관한 문제였다. 아우구스티누스는『고백록』에서 밝히듯 회심에 이르기까지 세 단계를 거친다. 먼저 제6권에서 암브로시우스의 설교를 통해 성경에 새로이 눈을 뜬 것, 다음은 제7권에서 신플라톤주의 책을 통해 경험한 지적 회심, 그리고 제8권에서 맞이한 도덕적이고 영적인 회심이다.

즉, 아우구스티누스에게는 마지막 회심의 단계가 남아 있었다. 그는 고민을 상담하기 위해 철학과 신학에 정통한 심플리키아누스를 방문한다. 정신적인 편력과 세간의 유혹에 사로잡힌 생활을 털어놓자 심플리키아누스는 빅토리누스의 회심담을 들려준다. 로마의 수사학자 빅토리누스는 우상 숭배자였는데 성경을 읽고 그리스도교 연구에 전념했다. 그러나 마음속으로는 신앙인이 되는 것에 동의하면서도 실제로는 결심을 굳히고 교회에 참석하지 않았다. 그러다 마침내 결심하고 공개적으로 신앙을 고백했다. 그 길로 수사학 교사를 그만두고 성경과 신학 연구에 몰두했다. 빅토리누스 이야기를 들은 아우구스티누스는 그를 본받고 싶다는 생각을 한다. 자신과 같은 직업을 가졌던 빅토리누스를 역할 모델로 삼은 것이다.

그럼에도 오랫동안 나쁜 생활에서 벗어날 수 없었다. 인간은 그리 쉽게 변하지 않는다. 아우구스티누스에게는 아직 진심으로 변하려는 강력한 의지가 없었다. 그러던 어느 날 아프리카 출신으로 궁정 고관의 지위에 오른 폰티키아누스가 찾아왔다. 폰티키아누스는 열렬한 그리스도교 신자였다. 그는 아우구스티누스에게 이집트 은둔 수도사 안토니우스의 이야기를 들려주었다. 안토니우스는 황야에서 20년 동안 고독한 금욕 생활을 하고 심신을 단련한 뒤 뜻을 같이하는 이들과 수도생활을 했다. 이것이 수도원의 기원으로 안토니우스는 '수도원의 아버지'로 불린다.

이야기를 들으면서 아우구스티누스는 자신의 행보를 회고한다. 키케로의 『호르텐시우스』를 읽으며 정신을 가다듬고 지혜와 진리를 추구했다. 불안한 영혼의 편력을 보낸 12년 동안 미신과 회의에 이끌리고 육신의 쾌락에 취했으며 명예를 쫓았다. '학문은 있으되 마음이 없는' 생활의 연속이었다. 아우구스티누스의 내면은 다시 동요했다. 생각은 집중되다가도 흩어졌다. 오랜 세월 나쁜 습관의 고리에서 벗어나고 싶은 마음과 그것을 방해하려는 의지, 세속의 쾌락을 그리워하는 몸과 마음, 세상에 집착하려는 의지와 신을 향하려는 의지가 격렬하게 다투기 시작했다. 번민으로 마음이 요동쳤다. 그때 정원에서 노는 아이들의 맑은 노랫소리가 들려왔다.

"들고 읽어, 들고 읽어."

아우구스티누스는 서둘러 방으로 돌아가 성경을 손에 들고 읽었다.

그곳에는 이런 문구가 있었다.

> 낮과 같이 단정히 행하고 방탕과 술에 취하지 말며, 음란과 호색하지 말며, 쟁투와 시기하지 말고, 오직 주 예수 그리스도로 옷 입고, 정욕을 위하여 육신의 일을 도모하지 말라.
>
> — 「로마인에게 보내는 편지」 13장 13~4절

아우구스티누스의 마음은 요동치듯 떨렸으나 이윽고 진정되었다. 아련한 빛과 평안이 비쳐 들었다. 32세의 아우구스티누스는 밀라노의 정원에서 영적 회심에 이르면서 그리스도교 신앙에 입문을 결심했다.

아우구스티누스는 빅토리누스를 본받아 신앙을 고백하고 수사학 교사를 그만두었다. 그리고 안토니우스 및 다른 수도사를 본받아 세속을 떠나 금욕생활을 시작했다. 신앙에 귀의한 뒤에 밀라노 교외로 떠나 친한 사람들과 카시카이쿰 별장에서 5개월 동안 수도원 공동생활을 시도한 뒤 387년에 세례를 받았다. 밀라노에서는 물론 이듬해 388년 로마에 체제할 때에도 수도원을 방문해 생활양식을 익혔다.

다시 고향 아프리카로 돌아온 뒤에는 타카스테를 비롯해 몇 개의 수도원을 설립하고 그 안에서 일생을 보냈다. 히포에서 주교로 지내며 40년간 교회의 목자로서 설교에 종사했다. 시편 전체를 200회 이상 강독하고 일생 동안 4,000번의 설교를 했다. 76세에 반달족에 의해 히포가 포위되자 아우구스티누스는 멀리서 반달족의 외침을 들으며 운명한다.

시간의 개념을 초월한
영혼의 울림

　정리하자면 아우구스티누스는 18세 때부터 정욕의 노예로 살았다. 야망과 명예욕에 사로잡혀 밀라노에서 수사학 교사로 일한다. 거지와의 운명적인 만남을 계기로 야망의 헛됨을 깨닫는다. 32세 때 신플라톤주의 책을 읽고 영적인 세계에 눈을 뜬다. 암브로시우스의 설교를 듣고 감명을 받아 성경을 탐독하며 「사도 바울로의 편지」를 읽고 깊은 의미를 이해한다. 33세에 세례를 받고 34세에 고향 타가스테로 귀향해 공동생활을 시작한다. 41세에 히포-레기누스 교회의 주교가 되고 43세에 집필을 시작해 46세에 완성한 것이 바로 『고백록』이다.

　한편 독일의 철학자 카시러는, 아우구스티누스는 『고백록』(제11권 14장 28절)을 통해 서양철학사에서 처음으로 시간에 관한 문제를 포괄적으로 연구하고 저술한 사람이라고 논평한다. 아우구스티누스는 시간을 '영혼의 팽창'이라고 비유한다. 그에 따르면 우리가 시간을 객관적으로 파악하고자 하면 항상 수수께끼로 남지만 인간이 내면에 의식된 시간을 경험으로 파악하려고 하면 수수께끼가 풀린다고 한다. 내면의 의식 속에 지나간 과거는 기억으로 남는다. 그래서 우리는 과거를 기억으로 알게 된다. 아우구스티스는 이것을 '과거적인 현재'라고 부른다. 또한 미래는 아직 오지 않았지만 앞으로 다가올 일에 대한 기대 안에 존재한다. 이것은 '미래적인 현재'라고 부른다. 현재는 계속 지나가고 있다. 하지만 우리는 직관으로 '현재적인 것의 현재'로 이해한다. 즉 과거, 현재, 미래는 우리의 경험과 심상 안에서 기억, 직관, 기대의 형태로 파악된다. 아우구스티스에게 시간은 과거, 현재, 미래가 따로 존재하는 것이 아니라 인간의 영혼 안에 존재하는 현재적인 시간의 세 가지 모습일 따름이다.[47]

그는 허무한 시간 속에서 신에 의해 유도된 직선적인 시간의 패턴을 발견했다고 한다.

> 만약 미래와 과거가 엄연히 존재하는 것이라면 그것이 어디에 있는지 알고 싶습니다. 나는 그것에 대한 지식은 없을지 모르지만 적어도 그것이 어디에 있든지 그것은 각각 미래와 과거로 있는 것이 아니라 그것이 존재하는 곳은 언제나 '현재'라는 것을 잘 알고 있습니다. 왜냐하면 미래가 미래로서 있다면 그것은 아직은 존재하지 않으며 또한 과거가 과거로서 있다면 그것은 더 이상 존재하지 않기 때문입니다. 따라서 미래와 과거가 어디에 있든 간에 이 두 시간은 오로지 현재로서만 존재할 수가 있습니다.[48]

아우구스티누스는 "오 마음아, 나는 네 안에서 내 시간을 재노라"라고 말한다. 따라서 과거의 시간이 길다는 것은 과거의 시간이 긴 것이 아니고, 과거에 대한 우리의 기억이 길다는 것이다. 미래가 길다는 것은 오직 오지 않은 미래의 시간이 길다는 것이 아니라 미래에 대한 우리의 기대가 길다는 것이다. 시간의 세 가지 모습이 마음의 활동인 기억, 직관, 기대의 상호 일치를 통해 마음속에서 측정되고 파악되기에 아우구스티누스는 시간을 '영혼의 팽창'이라고 표현한 것이다.

시간은 물체의 운동이 아니다.

아우구스티누스는 시간과 그것을 체험하는 마음을 분리하여 생각하지 않았다. 그렇지만 객관적인 질서로 작용하는 시간을 부정하는 것은 아니다. 외적인 시간의 질서를 인정하되 그것을 파악하는 것은 내적인 인간의 체험을 떠나서는 있을 수 없다고 보는 것이다. 아우구스티누스의 시간관을 한마디로 정의하자면 '영원한 신에 의해 창조되었으며 시간의 무상함은 그리스도를 통해서만 극복될 수 있다'는 관점이다.[49] 즉, 아우구스티누스는 신을 찾아야 하는 이유를 시간이라는 개념으로 설명한 것이다.

13권으로 구성된 『고백록』은 정욕에 이끌린 삶을 살던 한 인간이 거기에서 빠져나와 위대한 신학자로 탄생하는 과정, 그리고 그 여정에서 겪은 인간적인 고뇌와 지혜, 깨달음에 관한 환희를 담고 있다. "인간의 정욕은 처음에는 거미줄과 같이 가느다란 줄이지만 그것이 나중에는 굵은 새끼줄이 되는 것이다. 자기 자신을 극복하는 자는 참으로 강한 자이다"라는 대문호 레프 톨스토이(1828~1910)의 이 말은 바로 아우구스티누스에게 가장 적합한 말일 것이다. 정욕을 이겨낸 아우구스티누스는 고대 문화 최후의 위인이자 중세의 새로운 문화를 탄생하게 한 선구자가 되었다.

『고백록』 읽는 법

아우구스티누스의 『고백록』은 한국에 여러 번역서가 있다. 그중 김희보와 강경애가 옮긴 『고백록』(동서문화사, 2008)은 부록에 아우구스티누스의 생애와 사상이 일목요연하게 잘 나와 있다.

참고 논문은 변채민이 쓴 「T. S. 엘리엇의 『네 사중주』에 반영된 성 어거스틴의 시간관」(현대영미시연구, 제15호) 등이다.

한국 고전시가

—

우리글이 있어야 비로소
우리 문학이 풍성해진다

—

19

최치원의 초상화. 채용신(1850~1941) 작품.
최치원은 신라 시대 학자이자 문장가로 간담이 서늘한 글쓰기를 선보여 한문학의
종주국인 중국에서도 이름을 날렸다. 일찍이 당나라에서 유학한 최치원은 외국인으
로는 유일하게 '당송 100대 시인'에 포함될 정도로 실력을 인정받았다.

우리글이 없어도 감출 수 없는
문학에 대한 열망

고대 그리스에는 이오니아 방언이 있었다. 호메로스는 기원전 9세기에 이오니아 방언으로 『일리아스』와 『오디세이아』를 썼다. 호메로스를 읽은 헤로도토스도 이오니아 방언으로 『역사』를 썼다. 이오니아 방언은 다른 말로 헬라스어(또는 헬라어. 페니키아어가 모태)라고 한다. 즉 그리스 문학은 헬라스어가 있었기에 탄생했다. 인도는 고대 언어인 산스크리트로 말미암아 기원전 9세기부터 스승과 제자 사이의 은밀한 가르침인 『우파니샤드』를 기록으로 전승할 수 있었다. 고대 중국 또한 기원전 1500년 무렵부터 한자를 사용해 기원전 11세기에 『주역』을 기록했고 이후 『논어』 등 위대한 유산을 전승했다. 말하자면 인류의 정신을 지배한 사상과 고전을 탄생시킨 '축의 시대'는 문자가 있었기에 가능했다.

한국은 세종이 한글을 창제한 1443년까지 고유의 문자가 없었다. 한

글 창제 이후에도 오랫동안 한글로 쓴 글을 '언문'諺文(상말을 적는 문자)이라 하며 비하했다. 즉 한글은 주류 사회에서 배척되었고 일부 삐딱한 지식인이나 여성에 의해 기록되었다.

한국문학은 한자로 기록된 문학까지 포함한다. 달리 말하자면 근대 이전에 한국문학의 주류를 이룬 언어는 한자이다. 따라서 한국문학은 한글로 쓰인 문학과 한자문학, 그리고 입에서 입으로 전해진 구비문학까지 포함된다. 기록문학은 한자의 전래와 더불어 점점 모습을 다듬어 나간 것으로 보인다. 한자는 그 자체로 전래되어 습득한 것이 아니라 새로운 문물이나 제도 등을 담는 그릇의 형태로 들어왔다가 문학의 도구로 거듭나게 되었다. 이렇게 생겨난 기록문학이 바로 향찰문학과 한문문학이다.

향찰은 신라 때 한자를 빌려 우리말 문장 체계를 적은 표기법으로 주로 향가를 적어 문학 작품으로 남겼다. 한문문학은 우리의 체험을 중국어 체계로 형상화한 것이다. 이때 향찰이나 한자로 기록문학이 되기까지는 노래로 구전되었다. 대표적인 한국문학은 고대시가, 향가, 고려속요, 경기체가, 악장, 시조, 민요, 가사, 잡가 등으로 분류한다.

고대시가에는 「공무도하가」(고조선 중엽), 「황조가」(17년), 「도솔가」(24년), 「구지가」(42년) 등이 있다. 우리 고유의 문자가 없던 시절에 부른 노래들이기에 대부분은 구전으로 전해지다가 사라지고 한자로 남아 있던 몇몇 작품만 노랫말이 번역되어 지금까지 전해진다.

한국의 고전시가를 접하면 동서양을 통틀어 인류의 그 어떤 고전시가와 견주어도 손색없는 아름다움을 느낀다. 다음은 한국에서 가장 오래된 고전시가로 꼽히는 「공무도하가」이다. 물론 원문은 한자로 기록되어 있다. 뱃사공 곽리자고는 새벽에 배를 젓다가 어느 미친 사내가 머리를 풀어 헤치고 술병을 낀 채 강을 건너는 모습을 목격한다. 그 아내가 따라가면서 말렸지만 결국 남편은 물에 빠져 죽고 말았다. 이에 아내가 하늘에 대고 흐느껴 울다가 공후(하프와 비슷한 동양의 옛 현악기)를 치면서 노래한다.

> 임이여, 물을 건너지 마오.
> 임은 그예 물을 건너시네.
> 물에 휩쓸려 돌아가시니
> 가신 임을 어이할꼬.
> – 이하 『청소년을 위한 한국고전문학사』(두리미디어, 2009)

노래를 마치고 그녀 역시 스스로 몸을 던져 죽었다. 곽리자고는 집으로 돌아와 아내 여옥에게 그 노래를 들려주니 여옥이 슬퍼하며 공후를 치면서 곡조대로 재현한다. 이 노래를 듣는 자마다 눈물을 흘리지 않는 사람이 없었다. 여옥이 이 곡을 이웃 여인 여용에게 전하니 이름 하여 '공후인'이라 한다.

고조선 시대에 공후 반주에 맞춰 부르던 이 노래는 중국 후한 때 쓰인 책 『금조』에 실려 전해 내려왔다. 한국에서는 17세기 초에 차천로의 『오산설림초고』에 처음 등장했고 조선 후기 실학자 한치윤의 『해동역사』에도 실려 있다. 공후인 이야기는 요즘과 같은 실업 시대에 실의에 빠져 삶을 마감하는 남편이 연상되는 작품으로 우리가 사는 현대에도 여전히 공감을 불러일으키기에 충분하다. 예나 지금이나 삶은 처절하고도 비통하다.

백제 노래는 「정읍사」가 유일하게 전해진다. 입에서 입으로 전해지다가 조선 성종 때 편찬된 『악학궤범』에 수록되었다. 「정읍사」는 한글로 기록된 노래 가운데 가장 오래된 작품으로 행상인의 아내가 남편이 무사히 돌아오기를 달에게 기원하는 내용이다.

> 달님이시여, 높이높이 돋으시어
> 아, 멀리멀리 비추어 주십시오.
> 시장에 가 계시옵니까?
> 아, 진 데를 디딜까 두렵습니다.
> 어느 곳에나 놓으십시오.
> 아, 내 임이 가는 곳에 날이 저물까 두렵습니다.

　중종 실록에는 이 노래를 행상 나간 남편이 다른 여인과 사랑에 빠지지 않을까 하는 의구심과 질투를 드러낸 속된 노래로 보아 폐기했다고 기록한다. 노래 가운데 "진 데를 밟을까 두렵습니다"의 '진 데'는 화류항을 뜻한다는 것이다. 달밤 장터의 질척거리는 곳을 밟을까 두렵다는 것은 글자 그대로의 의미가 아니라 숨은 의미를 해석하자면 그렇게 볼 수 있다. "어느 곳에나 (짐을) 놓으십시오. / 내 임이 가는 곳에 날이 저물까 두렵습니다"라는 부분은 "어느 여인에게 마음을 빼앗기고 계십니까. / 당신과 내가 함께하는 인생길이 저물까 두렵습니다"로 풀이하기도 한다. 이러한 여인의 심정은 고려가요 「가시리」나 황진이의 시조, 김소월의 「진달래꽃」으로 이어진다.

　신라에서 고려 초까지 지속된 향가는 한자 표기를 우리 식으로 바꾼 향찰문학으로 『삼국유사』에 모두 14수, 『균여전』에 11수 등 25수가 전해진다. 향가도 입에서 입으로만 전해지다 1281년에 이르러 일연이 지은 『삼국유사』에 기록되면서 비로소 전승되었다. 지금까지 전해지는 향가로는 「서동요」가 가장 오래되었다. 「처용가」도 대표적으로 알려진 향가이다. 처용은 헌강왕이 개운포에 놀러 갔다가 서라벌로 데리고 와 미녀를 아내로 삼게 하고 벼슬을 내린 인물로 동해 용왕의 일곱 아들 가운데 한 명이다. 어느 늦은 밤 처용이 집에 돌아와 보니 역신이 그의 아내를 범하였는데 이를 어찌할 도리가 없다는 심정을 노래한다.

> 서울 밝은 달밤에
> 밤이 늦도록 놀고 지내다가
> 들어와 잠자리를 보니
> 다리가 넷이로구나.
> 둘은 아내의 것이지만
> 둘은 누구의 것인가?
> 본래 내 것이다마는
> 빼앗긴 것을 어찌하리오.

전해지는 향가 가운에 가장 나중의 작품으로는 신라 49대 헌강왕 때(897년)의 노래이다. 최치원이 당에서 귀국한 시기로 국운이 쇠퇴하던 혼란기였다. 혼란기에는 기존의 가치관과 도덕 관념이 타락하는 시기이기도 하다. 최치원은 흔히 한문학(여기서는 한자로 지은 한국의 문학을 말함)의 시조로 일컬어진다. 대표작으로 「토황소격문」을 비롯해 한시 「추야우중」과 「제가야산독서당」 등을 꼽는다. 최치원은 22세에 쓴 「토황소격문」으로 간담이 서늘한 글쓰기를 선보여 중국에서도 이름을 날렸다.

> 천하 모든 사람이 다 너를 죽이려고 생각할 뿐 아니라, 문득 또한 땅속의 귀신도 벌써 남몰래 베기를 의논하였다.

다음은 「제가야산독서당」이라는 시로 세상을 등지고 은둔하고자 하는 최치원의 의지를 드러낸다. 또한 불우하던 그의 삶을 대변한다.

거센 물결 바위 치며 뭇 산을 울게 하니
사람 소리 지척에도 알아듣기 어렵네.
이 세상 시비 소리 내 귀에 들릴세라
일부러 흐르는 물로 온 산을 싸게 했네.
  - 『한국 한시 작가 열전』(한길사, 2011)

우리 민족의 건국 신화인 단군신화와 삼국의 건국 신화는 『삼국유사』
에 실려 있다. 일연은 신화와 역사를 엮어 신화에 역사성을 부여하고 이
를 통해 민족의 정통성을 확보하려 했다. 마치 고대 그리스의 헤로도토
스가 신화와 역사를 엮은 것과 같은 맥락이라고 하겠다. 말하자면 『삼국
유사』나 『삼국사기』는 한국의 역사뿐만 아니라 구전되어 내려오던 문
학이 모두 흘러든 호수라고 할 수 있다. 오비디우스의 『변신 이야기』나
사마천의 『사기』가 각각 로마와 중국 문학에 거대한 영감의 호수가 된
것처럼 말이다.

한국의 도미설화는 구약성서에 나오는, 다윗왕이 장군의 아내 밧세바
를 탐하는 이야기가 연상된다. 도미설화는 열녀 이야기의 원형으로 아
내에 대한 남편의 믿음과 남편에 대한 아내의 정절이 잘 드러난다. 비록
남편은 왕 때문에 두 눈을 잃었지만 아내는 왕을 속이고 탈출해 결국 남
편을 만나 고구려로 도망가면서 이야기는 해피엔드로 막을 내린다. 이
설화는 일명 '관탈官奪 열녀형 설화'로 관의 힘을 이용해 민간의 여인을
빼앗는 유형의 설화이다. 판소리에서는 〈춘향전〉이 대표적이다.

고려시대에는 당나라와 송나라의 영향으로 한시가 유행했다. 고려 말
이규보는 『동국이상국집』에서 당시의 분위기를 이렇게 전한다.

세상의 학자들이 처음에는 과거시험에 필요한 문체를 익히느라 풍월을 일삼을 겨를이 없다가 과거에 합격하고 나서 시 짓는 법을 배우기 시작하면 소동파의 시 읽기를 무척이나 좋아하기 때문에 매년 과거의 방이 나붙은 뒤에 사람마다 금년에 또 서른 명의 소동파가 나왔다고 여긴다.

『삼국사기』를 쓴 김부식·부철 형제는 소식(소동파의 본명)·소철 형제의 이름을 따서 김부식, 김부철이라는 이름을 지었을 정도다. 또한 고려의 대표 시인 정지상의 「송인」은 '이별 시의 백미'라 불린다.

> 비 개인 강 언덕에 풀빛도 고운데
> 님 보내는 남포엔 걸핏하면 슬픈 노래
> 대동강 저 물결 언제나 마르랴
> 해마다 이별 눈물, 푸른 물에 보태는데.
> ―『한국 한시 작가 열전』

옛사람들은 이 시를 중국인에게도 자랑할 만한 작품으로 내세웠다고 한다. 그 당시 중국에서 사신이 오면 대동강변의 부벽루에 걸린 많은 시판詩板을 모두 철거하는데 까닭은 한시의 종주국에서 오는 사람들에게 내놓기가 부끄러워서였다고 한다. 그런데 이 시만 유일하게 남겨두었다는 것이다. 조선 후기 시인 신위는 "서경의 고금제영(제목을 붙여 시를 읊음) 중에는 단지 두 수의 절창이 있을 뿐인데 이색의 시 「부벽루」와 정지상의 「송인」이 그것이다"라고 했다. 그만큼 뛰어난 작품이라는 말이다.

이인로의 『파한집』은 한국 최초의 비평서에 해당한다. 이인로는 문학에 대해 이렇게 강조한다.

세상사 중에 빈부나 귀천으로 그 높고 낮음을 정할 수 없는 것은 오직 문장뿐이다.

또한 완벽한 인간이란 없고 하나의 재능이 있으면 또 다른 재능은 결핍되기 마련이라며 문장으로 일가를 이룬 사람은 권세 등 공명으로는 일가를 이룰 수 없다고 이인로는 갈파한다.

이 세상의 모든 만물에게 아름다운 것만을 독점하게 할 수는 없었으므로, 뿔이 있는 것에게는 이빨를 버리게 하고, 날개가 있으면 두 다리만 있게 했으며, 이름 있는 꽃에는 열매가 없고, 채색 구름은 흩어지기 쉽게 되었으니, 사람에게 있어서도 역시 마찬가지다. 뛰어난 재예를 갖추면 빛나는 공명은 주지 않게 되는 이치가 이렇기 때문이다.

– 이상 『청소년을 위한 한국고전문학사』

한글의 탄생으로
드디어 국문학이 꽃피다

　진정한 국문학의 시작은 훈민정음 창제와 더불어 시작되었다. 한자문학을 한글문학으로 풀어서 쓰는 '언해'도 본격적으로 시작됐다. 최초의 언해는 두보의 작품인 「분류두공부시언해」이다. 두보는 당나라 성당시대盛唐時代 인물로 최고의 시인인 시성詩聖으로 추앙받았다. 두보의 시는 유교적이고 우국적이어서 조선의 국가 이념과 잘 맞을 뿐만 아니라 한시의 형식과 내용 면에서도 모범이 될 만한 작품이 많았다.

　두보는 정도전의 문학관에도 영향을 미쳤다. 재도지기載道之器라 하여 "문학과 시는 도를 싣는 그릇"이라 정의했다. 조선의 문학관은 조선 건국의 주역인 정도전을 따르므로 '재도적 문학관'이라 하기도 한다. 즉, 조선시대에는 문학을 도를 담는 수단으로 생각하는 경향이 있었다. 퇴계 이황의 「도산십이곡발」에도 이러한 견해가 드러난다. 여기서 '발'은 작가의 견해를 밝혀놓은 글이라는 뜻이다. 이황은 "감흥을 주려면 노래로 불려야 하는데 한시는 노래로 부를 수가 없으므로 이속의 말인 우리말로 노래를 지어야 하며 이에 이별의 '육가' 형식을 본떠 언지와 언학으로 이루어진 도산십이곡을 짓는다"라고 밝힌다.

세조 14년에 장원에 급제한 채수의 저승 이야기가 담긴 『설공찬전』은 귀신이 사람의 몸에 들어간다는 내용이다. 사촌의 몸에 들어간 설공찬이 사촌들과 화해하는 이야기와 저승에 관한 이야기로 구성된다. 채수는 성종 때 폐비 윤씨에 대한 애석함을 표현했다가 왕의 노여움을 사 벼슬에서 물러났다. 마치 중국 시인 왕유나 백거이, 두보처럼 말이다. 그러다 1485년에 충청도 관찰사로 관직에 돌아와 연산군 때는 외관직에 머무르며 무오사화(조선의 정파 분쟁 중 첫 번째 사화)를 피한다. 그 뒤 종종반정(연산군을 몰아내고 중종을 왕으로 추대)에 가담한 공으로 인천군에 봉해진다. 하지만 여기에는 흥미로운 이야기가 숨어 있다.

채수가 중종반정에 가담한 것은 채수 자신의 의지가 아니었다. 반정 인물들이 채수에게 동참을 청했으나 응하지 않자 반정을 일으킨 당일에 채수의 사위가 장인에게 술을 먹여 만취한 채수를 부축해 반정 장소인 대궐 앞으로 데리고 갔다. 이 일을 알게 된 채수가 "어찌 이게 감히 할 짓이냐"라는 말을 두 번 반복하면서 거사에 가담한 사실을 부끄럽게 생각했다. 그리하여 처가인 상주에 은거하며 68세에 책을 썼다. 그러나 "간언하다 죽은 충신은 저승에서도 높은 벼슬을 받는다"는 내용이 궁의 심기를 건드려 사헌부에서 그의 책을 모조리 수거해 소각하고 채수는 파직당한다. 채수가 책에서 "여성도 글만 알면 관직을 맡을 수 있다"는 내용으로 남존여비를 비판한 것 또한 책을 소각당한 이유이기도 하다.

선조 때 한시의 대가로는 손곡 이달을 꼽는다. 그는 『홍길동전』을 지은 허균과 허난설헌에게 시를 가르치기도 했다. 재능은 있었으나 서얼이기 때문에 뜻을 펴지 못한 이달이 『홍길동전』의 소재가 되었다고 한다.

> 절집이 흰구름에 묻혀 있기에
> 흰구름을 스님은 쓸지를 않아
> 바깥손님 와서야 문 열어 보니
> 온 산의 송화는 하마 쇠었네.

이는 이달의 「불일암 인운 스님에게」라는 한시다. 마치 왕유의 시처럼 시 안에 한 폭의 산수화가 담겨 있는 듯한 작품이다.

서포 김만중은 『서포만필』에서 우리말을 버리고 중국의 말을 쓰는 것은 마치 앵무새가 사람의 말을 흉내 내는 것과 같다고 하면서 국문학이야말로 참된 문학임을 주장한다.

> 지금 우리나라 시문은 자기 말을 버려두고 다른 나라 말을 배워서 표현한 것이니 설사 아주 비슷하다 하더라도 이는 단지 앵무새가 사람의 말을 하는 것과 같다. 여염집 골목길에서 나무꾼이나 물 긷는 아낙네들이 에야디야 하며 서로 주고받는 노래가 비록 저속하다 하여도 그 진가를 따진다면 정녕 학사대부들의 이른바 시부詩賦라고 하는 것과 같은 입장에서 논할 수는 없다.

그리고 다산 정약용에 이르러 '조선시 선언'을 하기에 이른다. 다산은 "나는 조선 사람이어서 조선시를 즐겨 짓는다"라고 선언한다. 다산은 시를 짓되 절구와 율시 등 까다로운 규범을 버리고 느낌이 떠오르는 대로 바로 나타내야만 진실을 얻을 수 있다고 주장한다. 다산은 관리들의 횡포를 고발하는 「애절양」을 비롯해 「탐진촌요」, 「고양이」 등 현실 비판적인 성격의 시를 지었다. 다음은 「탐진촌요」의 일부이다.

새로 짜낸 무명이 눈결같이 고왔는데
이방 줄 돈이라고 황두(지방관리)가 뺏어 가네.
누전(근거조차 없는 토지) 세금 독촉이 성화같이 급하구나.
삼월 중순 세곡선이 서울로 떠난다고.
– 이상 『청소년을 위한 한국고전문학사』

한글문학의 정수는 우리 민족의 정서가 절절하게 녹아 있는 민요나 규방가사 등이라 할 수 있다. 우리말과 글로 표현했기 때문일 터이다. 고등학교 교과서에 실려 있는 「시집살이 노래」에서 이를 확인할 수 있다.

시어버니 호랑새요 시어머니 꾸중새요
동세 하나 할림새요 시누 하나 뾰족새요,
자식 하난 우는 새요 나 하나만 썩는 샐세.
귀먹어서 삼년이요 눈 어두워 삼년이요
말 못해서 삼년이요 석 삼년을 살고 나니
백옥 같은 요내 손길 오리발이 다 되었네.
열새 무명 반물치마 눈물 썻기 다 젖었네.
두 폭 붙이 행주치마 콧물 맏기 다 젖었네.
울었던가 말았던가 베개 머리 소(沼)이 졌네.
그것도 소이라고 거위 한쌍 오리 한쌍
쌍쌍이 때 들어오네.

이 중에서 "그것도 소이라고 거위 한쌍 오리 한쌍 / 쌍쌍이 때 들어오네"에서는 어린 자식들이 어머니 품에 파고드는 모습을 해학적으로 표현한 것으로 현실의 고통을 견뎌내고자 하는 화자의 태도를 엿볼 수 있다. 우리의 어머니 할머니 그 할머니의 어머니와 할머니는 이런 삶을 살았다. 그 어머니들의 희생으로 지금 우리가 존재한다. 우리는 나 자신만으로는 존재할 수 없다. 수많은 사람의 피와 땀, 노력과 희생으로 비로소 존재한다.

서민문학이 일어난 이후 조선 숙종 때부터 영·정조 시대에는 중인을 비롯한 부녀자, 시조작가, 상인, 몰락한 양반, 사대부 등이 주로 남긴 작품으로 사설시조辭說時調가 있다. 사설시조는 형식에 구애받지 않고 자유로워 내용 면에서도 점점 대담한 묘사로 인간의 실상을 사실적으로 담아내었다. 더러는 노골적인 작품도 있다.

간밤에 자고 간 그놈 아마도 못 잊으리.
기와공의 아들놈인지 진흙에 뿜내듯이,
두더지 아드님인지 국국이 뒤지듯이,
사공놈의 큰 아들인지 삿대로 찌르듯이,
평생에 처음이요 흉중에서 야릇해라.
전후에 나도 무던히 겪었으되 참 맹세하지,
간밤 그 놈은 차마 못 잊을까 하노라.
– 신경숙 외 『한국의 고전을 읽는다 2』(휴머니스트, 2006)

이 노래의 여성 화자 목소리는 매우 도발적이다. 간밤 자기 생애 최고의 만족을 못 잊겠다는 언급만으로는 성이 안 차는지 '기와공, 두더지, 사공놈'의 비유를 동원해 쾌감의 강도를 적나라하게 드러낸다. 성적 대상을 두고 거침없이 '그놈'이라고 말하기도 한다. 조선시대에 이렇게 거친 표현을 했다는 데 매우 놀라게 된다. 작품을 쓴 이는 영조 때 대제학(정이품의 으뜸 벼슬)까지 지낸 이정보이다. 이정보는 조선에서 유일하게 4대에 걸쳐 대제학을 지낸 명문가 태생이다. 이렇게 지체 높은 가문의 대제학 나리께서 비속한 말을 섞어가며 노골적인 성행위를 드러낸 작품을 썼다는 게 믿기지 않을 정도다. 이 시조는 김수장이 쓴 가집 『해동가요』에 실려 있다.

한국의 문학사에서 한글이 기록문화의 주류 언어가 된 것은 100년에 불과하다. 우리 고유 문자가 없던 시대에는 한자가 그 자리를 대신했다. 중국의 언어를 빌어 우리의 생각과 문화를 기록으로 남겼다. 문자로 기록되지 못한 작품은 오랫동안 입에서 입으로 구전되어 왔다. 최초의 고전시가인 「공무도하가」가 고조선 중엽에 지어졌다고 하니 우리말이 없던 시절에도 한자를 차용해 기록함으로써 문학에 대한 열망을 표현했다고 하겠다.

한국 고전시가를 읽다 보면 사람의 생각과 마음, 문화와 문학을 담는 도구로서 문자가 얼마나 중요한지를 떠올리게 된다. 아울러 기록의 중요성을 절실히 느낀다.

아우구스티누스가 『고백록』에서 "인간 내면의 의식 속에서 이미 지나간 과거는 기억으로 남게 된다. 그래서 우리는 과거를 기억으로 알게 된다"라고 과거적인 현재를 언급했듯이 고전시가를 대하다 보면 과거는 그저 지나간 일이 아니라 우리 마음속에 여전히 기억되고 존재하는 과거적인 현재라는 것을 새삼 느낀다. 단순한 과거의 작품이 아니라 현재에도 미래에도 영원히 기억될 것이기 때문이다.

한국 고전시가 읽는 법

한국 고전시가는 김은정과 류대곤이 함께 쓴 『청소년을 위한 한국고전문학사』(두리미디어, 2009)가 잘 정리되어 있다. 송재소의 『한국 한시 작가 열전』(한길사, 2011)은 한국 옛시의 백미를 한껏 만끽할 수 있다. 당시 등 중국 작품에 비교해도 손색이 없다. 또한 이헌홍 등이 함께 쓴 『한국 고전문학 강의』(박이정, 2012) 등을 참고할 만하다.

『당시선』

—

중국 문학의 꽃,
시에서 구하는 삶의 위안

—

20

양귀비의 초상화(1821). 다카쿠 아이가이高久靄厓**(1796~1843)**
당시가 절정을 이룬 시기는 현종 왕 때이다. 어쩌면 그가 시와 풍류를
즐겼기 때문인지도 모른다. 특히 현종과 양귀비의 못다 이룬 사랑은 당
대뿐만 아니라 시대를 초월하여 수많은 시인에게 영감을 주었다. 중국
시인 백거이가 지은 「장한가」의 한 구절은 오늘날에도 연인들이 사랑
을 맹세할 때 읊조리는 시구이다.

나라를 다스리려면
무릇 시인이 되어야 한다

　부시언지賦詩言志라는 말이 있다. 중국인의 문화전통 가운데 『시경』의 시 한 구절을 읊어서 넌지시 자신의 의사를 전달하는 관행을 뜻한다. 여기에는 시를 통치의 보조수단으로 이용하려는 관념이 숨어 있다. 시를 짓는 것은 당대에 과거시험의 필수과목이며 관리와 교양인의 자질이자 덕목이었다. 시를 짓지 못하거나 이해하지 못하면 사람 구실을 제대로 할 수 없다고 여겼다.

　　시를 배우지 않으면 담벼락을 마주한 듯 꽉 막힌 사람이 된다.

　공자가 한 말이다. 그래서 제자들과 학문을 논할 정도의 경지에 오르면 이렇게 칭찬했다.

사야, 이제 비로소 너와 시를 이야기 할 수 있겠구나!

사는 공자의 애제자 자공을 가리킨다. 자공은 드디어 스승과 인생을 논하는 수준이 되었다는, 말하자면 자격증을 받은 셈이다. 그래서인지 당나라 때에 이르러서는 시를 짓는 재능으로 인재를 선발하는 과거시험(진사과)이 있었다. 때문에 관리가 되려면 무릇 시인이 되어야 했다.

중국을 대표하는 시인들의 특징을 단 하나 꼽으라면 단연 술이다. 시선(신선의 기풍이 있는 천재적인 시인)으로 불리는 이백, 시성(위대한 시인)으로 불리는 두보, 장한가의 백거이 등 당대의 시인뿐만 아니라 그 이전에 살았던 진나라 시인 도연명 등은 이른바 '주시'酒詩를 많이 쓴 시인이자 애주가들이다. 더욱이 두보는 「음주팔선인」飲酒八仙人이라는 시를 썼다.

이백은 한 말의 술에 시 백 편을 짓고, 장안의 저잣거리 술집에서 잠을 자네. 천자가 불러도 배에 오르지 않고, 스스로 술 취한 신선이라 부르네.[50]

시에는 이백뿐만 아니라 하지장, 여양왕, 이진, 이적지, 최종지, 소진, 장욱, 초수 등 여덟 명의 시인이 등장한다. 이들이 바로 '음주팔선인'이다. 이 가운데 이백은 음주선인의 으뜸일 것이다. 하지장은 이백의 재능을 발탁한 시인이며 「회향우서」回鄕偶書라는 시로 잘 알려져 있다. 젊어서 고향을 떠나 늙어 돌아가 보니 아는 사람 없고 다만 고향 사람들이 "손님은 어디서 오셨소?"라고 묻더라는 시이다.

술 한 잔에 시 한 수一觴一詠

왕희지가 『난정집』 머리말에 쓴 것처럼 내로라하는 중국 시인들은 대부분 애주가였다. 그래서인지 중국에는 유독 술에 관한 시가 많다. 『시경』에 실린 305수 가운데 술과 관련된 시는 50수로 여섯 수 중 한 수 꼴이다. 당시는 현재까지 5만여 편이 전해지는데 이 가운데 술을 소재로 한 시는 10%에 이른다. 이백은 1,500여 수 가운데 170수(11.3%), 두보는 1,400수 가운데 300수(21.4%)가 술에 관한 시다.

그런데 「달 아래 혼자 마시는 술」月下獨酌을 지은 이백이 두보보다 많은 음주 시를 썼을 거라는 예상과 달리 두보가 이백보다 훨씬 많이 썼다. 두보 또한 만만치 않은 주당이었다고 한다. 그렇다면 가장 많은 음주 시를 쓴 시인은 누구일까? 바로 '취음선생'醉吟先生으로 불린 백거이다. 백거이는 2,800여 수의 시 가운데 무려 800여 수의 술에 관한 시를 남겼다. 당에 앞서 진나라 시인 도연명은 '음주'飮酒라는 연작시 20수를 비롯해 총 50수의 술에 관한 시를 남겼다.[51] 그리고 보면 술을 좋아하거나 술에 관한 시를 많이 남긴 시인일수록 명성이 높은 것 같다.

당대의 시를 총망라한 시집으로 『당시별재집』唐詩別裁集이 있다. 5만여 수의 당시 가운데 청나라 때 문학평론가인 심덕잠이 뽑아 엮은 1,950수의 당시 선집이다. 두보의 시가 255수로 가장 많고, 이백 140수, 왕유 104수, 위응물 63수, 백거이 61수, 잠삼 58수, 이상은 50수, 한유 43수, 유종원 40수, 맹호연 36수 등이다. 청나라의 손수가 엮은 『당시삼백수』는 총 320수가 실렸는데 여기에도 두보의 시가 39수로 가장 많고 이어 이백 34수, 이상은 24수, 두목 10수 등이다.

이를 통해 중국인들은 이백보다 두보의 시에 더 후한 점수를 주었다는 것을 읽을 수 있다. 이는 두보가 공자의 유가 사상을 시를 통해 드러냈다고 하여 '시성'이라 부른 것과도 연결된다. 임금에 충성하고 애국하는 측면에서 두보의 시를 높이 평가하고자 했다는 주장도 이어져왔다. 송대의 정치가 왕안석의 말에 잘 나타난다.

세상의 좋은 언어는 두보가 이미 다 말했다.

『아큐정전』의 작가 루쉰은 또 다른 의미로 이렇게 말했다.

모든 좋은 시는 당대에 지어졌다.

당대에 활동한 시인은 2천 명에 달했다. 그중에 문학사에서 의미 있는 발자취를 남긴 시인만 100명에 이른다. 당시를 '근체시'라고 하는 이유도 그 이전의 고시, 즉 '고체시'와 구분하기 위해서다. 참고로 근체시란 엄격한 규칙이 있는 한시로 중국 당나라 때에 정형이 이루어졌으며 고체시란 글자 수 등에 제한이 없어 비교적 자유로운 형식의 한시이다.

중국의 시는 기원전 1100년부터 끊임없이 발전해왔고 마침내 당대에 이르러 만개하여 황금시대를 맞이했다. 당시를 중국시의 꽃이라고 하는 이유다. 당시의 대표 주자로 이백과 두보를 합쳐 '이두'로 상징하며, 한유와 백거이까지 묶어 '이두한백'이라는 말 또한 회자된다.

전통적으로 중국인은 술을 좋아해서이든 정치적인 입장에서이든 이백보다 두보의 시를 더 높이 평가했지만 문화혁명 때 자신의 글을 모두 태우고 싶다는 '분서선언'으로 유명해진 곽말약은 반대로 '존이억두'(이백을 두보보다 더 존숭함)를 주장하기도 했다. 어쨌든 중국시의 절정은 다름 아닌 '이두'가 쌓은 문학적인 성취라 할 수 있다.

나라의 운명과 함께한
중국시의 발전사

　당나라(618~907)는 약 300년을 지속하는 동안 중국 역사상 유례없는 시의 전성기를 열었다. 중국 송나라 말의 시인이자 시론서 『창랑시화』를 쓴 엄우에 따르면 당시의 흐름은 초당初唐, 성당盛唐, 중당中唐, 만당晚唐의 네 시기로 나눈다. 각 시기에 따라 분위기가 다르다. 당시는 특히 성당과 중당 시기에 절정을 이루었다.

　먼저 '초당'은 현종이 즉위하기까지 약 100년 동안이다. 이때는 '성당'의 황금기를 불러 올 준비 기간이다.『시경』에서 시작해 1,700여 년을 거친 고대 시의 전통이 계승되는 동시에 새로운 시형인 절구(오언절구와 칠언절구로 구분되는데 모두 기·승·전·결 4수로 이루어짐)와 규칙이 제법 까다로운 율시의 형식이 완성되었다. 초당 시절에는 '사걸'로 불리던 대표 시인 왕발, 양형, 노조린, 낙빈왕이 있다.

'성당'은 당시가 최고 절정기를 이룬 시절로 현종이 재위(712~756)한 약 50년 동안이다. 이때 당은 정치적, 경제적으로도 무르익었다. 이백과 두보와 같은 불세출의 천재들이 이때 배출되어 시의 수준을 한껏 끌어올렸다. 여기에 '시불'詩佛이라 불릴 정도로 불교적인 정취를 그윽하게 표현한 왕유도 가세한다.

시대정신은 시인의 생각에 반영되어 문학 작품에 영향을 미치기 마련이다. 이백과 두보 역시 시대상을 반영해 독특한 시풍을 만들었다. 또한 자신만의 성격이 선명하게 드러나기 마련이다. 특히 '오골'傲骨이라는 단어는 이백의 기질을 함축적으로 보여준다.[52] 즉, 이백은 "그의 몸을 굽히게 할 수 없으니, 허리 사이에 단단한 뼈가 있다"라고 묘사된다. 이백의 시 구절에는 그의 자신감이 그대로 드러난다.

황하의 물이 하늘로부터 흘러 내려온다. (「장진주」에서)

긴 바람 타고 파도 헤칠 때 반드시 있을 것이다. (「행로난」에서)

이백은 호방한 기백으로 시를 썼고 삶 또한 그러했다. 한번은 당 현종이 이백을 궁궐로 호출했다. 당시 현종은 궁궐 뜰에 모란이 피자 양귀비의 손을 잡고 산책을 했다. 궁중음악가 이구년이 옆에서 노래를 부르며 흥을 돋웠다. 현종은 늘 듣던 곡이라고 싫증을 내며 "한림학사 이백을 불러 새로운 노래를 만들게 하라"고 지시했다. 측근인 환관 고역사가 한림원으로 사람을 보내 이백을 찾았지만 행방이 묘연했다. 장안에 비상이 걸렸다. 이백은 낮부터 술집에서 만취해 자고 있었다. 관리가 이백을 깨웠지만 여전히 인사불성이었다. 궁궐로 끌려온 이백을 본 현종은 그를 쉬게 한 뒤 직접 해장국까지 떠먹였다. 이백은 그제야 잠에서 깼다.

황제가 노래를 새로 지어 달라고 하자 이백은 "신은 한 말의 술로 시 백 편을 쓰고, 취한 뒤 시흥이 샘물과 같다"며 술부터 요청했다. 마지못해 현종이 술을 내렸다. 이에 양귀비를 찬미해 "모란꽃과 경국지색 서로 반기니, 임금은 미소 짓고 바라보네"라는 시를 지었다. 이때 지은 것이 「청평조」 세 수이며 다음은 「청평조」의 두 번째 시다.

> 이슬 머금은 한 송이 모란꽃을
> 무산의 비구름에 견줄 것인가.
> 옛날의 누구와 같다고 할까.
> 한나라의 비연이면 혹시 모르리.
> ─ 『당시』(현암사, 1996)

시를 보고 황제는 이백에게 두 번 절하여 사례를 올렸다. 그런데 결국 이 시로 인해 이백은 양귀비의 미움을 사 궁중에서 쫓겨나 기나긴 방랑 길에 올라야 했다.

평소 이백에게 앙심을 품었던 고력사가 시에 등장한 비연을 문제 삼았다. 즉 양귀비도 비연처럼 자살이라는 비극적인 최후를 맞이한다는 저주가 담겨 있다며 양귀비를 자극했다. 이에 발끈한 양귀비는 현종에게 이백을 처벌하라고 요구하여 결국 이백은 궁에서 추방당했다. 그래서인지 시가 더욱 가슴을 울린다. 개인적인 비극에서 시가 탄생한다는 말은 이백에게도 적용된다.

이 말은 두보에게도 역시 적용된다. 이백과 달리 두보는 현실주의적인 시풍을 대변한다. 성도의 초당 제사에 쓰인 문구는 두보의 성격과 정신을 상징적으로 표현한다.

필저창랑 민간창이筆底滄浪 民間瘡痍 : 붓은 천하와 백성의 고통에 미친다.
–『당시사 연구』(에피스테메, 2009)

또한 석호촌 관리가 사람을 징벌하는 광경을 고발한「석호촌의 관리」
에도 두보의 성격이 잘 드러난다. 아들 삼 형제를 전쟁터에 보낸 터라
할아버지마저 전쟁에 끌려갈 판국이 되자 할머니가 노역을 자처하는
장면이 가슴을 저미게 하는 시다.

> 삼 형제가 다 업성 싸움에 나갔답네다. 한 아들에게서 편지가 왔는뎁쇼.
> 두 애는 죽었다는군요. 산 사람은 어떻게라도 우선 산다지만 죽은 놈이
> 야 그만 아닙네까. 집에 사내란 이제 없고 있다면 젖먹이 손자놈뿐입죠.
> 이 할멈이 늙었으나 나으리를 따라갔으면 하와요. 급히 하양 역사役事하
> 는 데 가면 이래도 밥쯤이야 넉넉히 해냅죠.   –『당시』

다음 날 길을 나서는데 할멈은 안 뵈고 영감하고만 인사를 나누었다
는 이야기로 시는 마무리 된다. 두보의 이 시는 현실주의적인 시 세계를
보여준 백거이의 정신과 맥락이 닿아 있다.
　백거이는 군역을 면하기 위해 자신의 팔을 스스로 자른 비극을「절비
옹」折臂翁이라는 작품을 통해 비판한다. 마치 정약용의 「애절양」을 대하
는 듯하다. 절양은 남자의 생식기를 자른다는 뜻이다. 당시 조선은 이미
죽은 사람과 갓난아이까지 이름을 군적에 올려 세금을 가혹하게 거둬
들였다. 정약용은 군포를 감당할 수 없었던 아버지가 더 이상 아이를 낳
지 않겠다며 자신의 생식기를 자른 것을 보고 시를 통해 기막힌 현실을
고발한다.
　두보는 건전한 정신과 균형 감각으로 현실을 직시하면서 현실의 비

애와 고통을 짊어지고 근원을 해부하고자 했다. 따라서 현종 재위 시절 당나라를 뒤흔든 반란 '안녹산의 난'을 반영하고 묘사하는 데 철두철미하게 집중한 시인은 오직 두보뿐이었다. 두보는 혼란한 시대에도 붓을 꺾지 않고 비참한 현실을 가슴으로 써 내려감으로써 이백과 다른 풍격을 보여주었다.

두보는 원대한 정치 포부를 지니고 있었다. 높은 지위에 올라 "임금을 요순보다 높이 이르게 하고 순박한 민풍을 세우고자" 다짐했다고 한다. 두보는 고생하며 실의에 빠질 때마다 이러한 의식을 더욱 확고히 다졌다. 두보의 시에서 그리는 가난과 근심, 걱정으로 괴로워하는 대상은 두보 자신이며 또한 민중이기도 했다. 때문에 두보의 시는 사람들의 마음을 아프게 하기도 하지만 고통 가운데 전율을 느끼게 하고 이로 인해 영혼이 승화되는 기분이 들게 해준다. 이백도 원대한 정치적 포부를 지녔지만 명성에 대한 집착은 두보에 미치지 못했다.

두보는 유랑 도중 동정호 근처에서 죽고 만다. 살아서 아픔을 노래한 두보는 죽어서도 편히 잠들지 못했다. 두보가 죽자 고향까지 시신을 옮길 비용이 없었다. 아들 두종무는 아버지의 관을 악주에 임시 매장하고 비용 마련에 나섰다. 이름 없는 가난한 선비인 두종무는 남은 인생을 아버지의 관을 악주에서 집안의 묘가 있는 낙양 동쪽의 언사까지 운반하는 비용을 마련하기 위해 분주했지만 결국 옮기지 못했다. 결국 두종무는 아들에게 할아버지의 관을 운구하라는 유언을 남긴다. 두종무의 아들도 이름 없는 선비였으나 가까스로 비용을 마련해 고향땅에 두보를 모셨다고 한다.

'이두'와 함께 성당 시절을 장식한 '시불' 왕유를 알아보자. "시 속에 그림이 있다"는 '시중유화'詩中有畵는 바로 왕유의 시에서 나왔다. 이처럼 왕유의 시는 예술성이 탁월하다. 왕유는 또한 수묵산수화水墨山水畵의 대가로, 그의 시 「산중」에 나타나는 회화적인 아름다움은 후세에 큰 공명을 불러일으켰다.

형계荊溪 시냇물 줄어 바다엔 흰 돌 드러나고
날씨 차가워 어느덧 붉은 단풍잎도 드물다.
한적한 산길에는 본디 비 내리지 않았건만
빈 산중의 짙푸른 녹음이 사람의 옷을 적실 듯하다.
 – 『왕유시전집』(현암사, 2008)

이 시는 안개와 구름이 자욱이 내려앉고 녹음이 우거진 산속의 경치를 배경으로 맑은 시냇물과 흰 돌, 단풍과 산길을 한 폭의 수채화처럼 그려낸다. 산중에서 짙푸른 구름과 안개에 젖는 가운데 세속을 벗어난 듯한 정취를 만끽하며 한가로이 유유자적하는 모습이다. 시인은 이처럼 산중의 색채와 사람의 정서가 조화로운 자연에서 진정한 삶의 즐거움을 느꼈다.

성당 시절 활동한 맹호연, 작삼, 왕지환, 왕창령, 고적 등도 '이두'에 비해 명성이 떨어질 뿐 일류 시인으로 평가받는다. 특히 왕지환의 「관작루에 올라」登鸛雀樓는 모택동의 애송시이자 중국인의 '국민 시'로 통한다.

하얀 해 서산으로 지고
누런 강물 바다로 향해 흘러 들어간다.
천리 밖까지 바라보려면
누대 한 계단 더 올라가야지.
 – 『당시, 황금빛 서정』(천지인, 2009)

석양이 산으로 넘어가는 광경은 누대에서 바라본 하늘 끝 광경이다. 또 강물이 바다로 흘러 들어가는 것은 누대에서 바라본 땅 끝 광경이다. 이제 더 보아야 할 그 무슨 경치가 남아 있을까. 그런데 여기서 "천리 밖까지 바라보려면 누대 한 계단 더 올라가야지欲窮千里目 更上一層樓"라는 시구는 현실의 경계가 한 단계 올라가는 순간이다. 현실에서 이상으로, 실제 경치에서 상상의 경계로 말이다. 더 높은 경지와 진취적인 삶을 추구하는 정신이 드러나는 구절이다.

이후 '안녹산의 난'을 거쳐 약 70년 동안을 '중당'이라 부른다. 당대 문화가 가장 융성한 성당의 시대를 지났기에 시에는 만개를 지난 꽃과도 같은 허전함이 깃들어 있다. 한유와 백거이 등이 대표적이다. 한유는 학자와 산문작가로서는 높이 평가받지만 시에는 한계가 있다는 지적을 받는다. 백거이는 시의 대중화에 기여한 인물이며 또 한 사람으로 요절한 천재 시인 이하가 있다.

끝으로 문종의 즉위에서 당의 멸망(836~907)에 이르는 약 70년을 '만당'이라고 한다. 사회적인 불안이 시인의 시심을 위축시켰는지 시인들은 말초적인 데 관심을 뒀다. 이상은 등이 보여준 표현주의와 두목의 탐미주의적인 시풍이 당시 사회 분위기를 대변한다. 탐미주의는 나라가 쇠퇴기에 접어들면 반드시 등장하는 사조라고 하겠다.

만당 시인으로 유명한 또 한 사람은 바로 '당송 100대 시인'에 포함된 신라의 학자 고운 최치원이다. 그가 지은 「추야우중」秋夜雨中은 12세에 중국으로 유학을 가서 18세에 빈공과에 합격하고 율수현위를 지내던 무렵에 쓴 것으로 알려진다.

가을바람에 오직 괴로이 시를 읊건만

세상엔 알아주는 벗이 없어라.

창밖엔 깊은 밤 비만 내리는데,

등불 앞 내 마음은 만 리 먼 곳에.

- 『새벽에 홀로 깨어 : 최치원 선집』(돌베개, 2008)

당나라 시인과 비교해도 손색이 없다. 중국의 『신당서』에 외국인으로는 유일하게 최치원의 문집 『계원필경』이 들어 있다. 당시는 당의 역사와 함께 그 영화와 빛이 사라져갔지만 오히려 이후 중국뿐만 아니라 조선과 일본에도 큰 영향을 미쳤다.

생은 사라질지라도
역사는 시 안에 영원하다

당시는 고사의 진원지이기도 하다. 두보의 할아버지인 두심언의 시 「증소미도」에서는 천고마비가 유래된 '추고마비秋高馬肥'를, 두보의 시 「곡강」에서는 인생 70세를 뜻하는 '고희古稀'를, 가도의 시 「이응의 외딴 집에서」에서는 문장을 다듬는 의미의 '퇴고推敲'를 만날 수 있다.

고희가 유래된 두보의 시 「곡강」曲江을 살펴보자.

> 조정서 돌아오면 봄옷을 잡혀
>
> 강가에서 실컷 취해 돌아가곤 하는 나날.
>
> 술빚은 예사라 도처에 있고
>
> 인생 칠십은 고래로 드물은 것(人生七十古來稀).
>
> — 『두보시선』(현암사, 2003)

가난과 좌절이 연속인 삶을 살았던 두보의 심정이 묻어난다. 그는 늘 술을 가까이 했는데 그로 인해 건강을 해치고 결국 고희에 한참 못 미친 59세에 세상을 떴다.

시인 가도가 쓴 「이응의 외딴 집에서」에서 퇴고가 유래된 예는 다음과 같다.

> 고요한 집 주위엔 함께할 이웃 드물고
> 무성한 풀 오솔길, 잡초 우거진 뜰로 들어간다.
> 새는 연못가 나무에서 잠들고
> 스님은 달빛 어린 대문을 두드린다(僧敲皐月下門).

가도는 대문을 '두드린다'敲로 할지 '밀고 들어간다'推로 할지 고민했다. 그러다 우연히 한유를 만나 상의했더니 한유는 '퇴'가 더 어울린다고 조언했다. 하지만 가도는 '퇴' 대신 '고'를 넣어 시를 완성했다. 이에 퇴고라는 말이 나왔다. 본래 뜻은 미는 것과 두드리는 것의 의미인데 시문을 지을 때 여러 번 생각하여 고치는 일을 뜻하게 되었다.

한편 대은大隱, 중은中隱, 소은小隱이라는 표현이 있다. 이 역시 당시에 나온다. 대은은 벼슬을 하며 조정이나 시가지에 사는 것, 중은은 한직에 있으면서 마음의 여유를 가지고 정신적으로 은거하는 것, 소은은 벼슬을 버리고 산림에 묻혀 은거하는 것을 말한다.

당대의 시인 백거이(772~846)는 대표적인 '중은'론자로 통한다. 이백이 죽은 지 10년, 두보가 죽은 지 2년 뒤에 태어났으며 같은 시대의 한유와 더불어 '이두한백'李杜韓白의 한 사람이다. 현종 왕이 양귀비를 잃은 슬픔을 노래한 서사시 「장한가」長恨歌로 유명하다. 백거이는 시를 통해 고위관료를 비판하다가 반감을 사서 좌천되기도 했다. 또한 장안에서

벌어지는 권력 다툼의 소용돌이를 피하기 위해 51세인 822년에는 자진
해서 항저우로 내려갔다. 이후 뤄양에 머무르다 71세 때 형부상서(재판
을 맡아보던 관아의 으뜸 벼슬)로 관직을 마쳤다. 그는 '북창삼우'北窓三友로도
유명한데 그가 친구로 삼은 술과 시, 거문고를 말한다.

> 대나무 사이 사립문 굳게 닫아걸고
> 소나무 아래 뜰마당 깨끗이 슬어낸다.
> 저녁 바람 앞에서 홀로 읊조리니
> 나의 이 기분을 누가 알리오.
> 산을 바라보며 하루 종일 앉아 있고
> 책을 베개 삼아 잠시 누워 잠잔다.
> 그 누가 나와 함께 노닐면서
> 한가로운 정취를 느껴볼까나?

백거이의 「한가한 생활이 좋아라」라는 시이다. 성당시대의 여유로움
이 그대로 전해지는 듯하다.
시필성당詩必盛唐, 즉 시는 반드시 성당시대의 것이라야 한다는 말이
다. 후대 시인들은 모두 당시를 최고의 지향점으로 삼았다. 송나라의 시
는 독자적인 시세계를 구축해 송사宋詞라고 불리지만 모두가 당시의 아
류를 벗어나지 못했다. 현종과 양귀비의 못다 한 사랑 노래 840자로 이
루어진 백거이의 아름다운 시 「장한가」만 봐도 알 수 있다. 연인들은 이
시로 사랑의 맹세를 대신했다고 한다. 다음 구절이 바로 사랑의 맹세를
읊는 구절이다.

> 칠월칠석 장생전 앞 깊은 밤중에

남몰래 임금님은 속삭였지요.

하늘에선 비익조가 되어지이다.

지상에선 연리지가 되어지이다.

장구한 천지는 다할 날 있겠지마는

이루지 못한 사랑의 한 그칠 날 없으리라.

오늘날에도 연인들이 사랑을 맹세할 때 이 시구를 읊조린다. '비익조'는 날개가 붙어 늘 함께 날아다니는 새이고, 연리지는 가지가 엉겨 붙어 하나의 몸이 된 나무라고 한다. 또 "장구한 천지는 다할 날 있겠지마는 / 이루지 못한 사랑의 한 그칠 날 없으리라"는 구절의 경우 무릇 천지가 영원하고 사랑은 유한한데 못다 한 사랑만은 그 한이 영원히 지속되기를 염원하는 표현이다.

백거이는 35세에 100년 전의 사람 현종과 양귀비의 사랑 이야기를 접하고 절대 권력을 지닌 황제조차도 사랑하는 여자 하나 보호하지 못하고 죽음으로 몰고 간 비통함을 노래한 것이다. 양귀비는 '안녹산의 난'을 일으킨 주범으로 몰려 장안을 떠나 피난을 가는 도중에 죽임을 당했다. 양귀비는 원래 현종의 며느리였지만 시에서는 이를 은폐해 처녀 양귀비의 모습을 형상화했다. 현종은 후궁과 비빈과 궁녀들이 가득해도 아무도 눈에 들어오지 않았다. 「장한가」는 이어 양귀비의 자태를 이렇게 묘사한다.

눈동자 굴리며 살짝 웃으며 온갖 아름다움 생겨나니

후궁의 미녀들 모두가 빛을 잃었네.

가히 경국지색이라 할 만한 미모인 것이다. 과도한 총애로 양귀비 가

족들의 신분이 급격히 상승하고 나라가 어지러워지자 안녹산의 반란이
일어났고 이에 양귀비가 죽음을 맞이하는 비극이 일어난다. 현종은 반
란이 평정된 뒤 장안으로 돌아와서도 그녀를 잊지 못해 결국 양귀비의
귀신을 초대한다. 신선의 술법을 지닌 방사가 봉래산의 선녀가 된 양귀
비 혼을 만나 전갈을 전하며 변치 않는 사랑을 확인한다. 그러나 그 사
랑은 이미 이승을 떠난 것이다. 그래서 몸이 뜨거울 때 여한 없이 사랑
하라는 말이 있다.

> 달팽이뿔 위에서 무엇을 다투는가
> 부싯돌 불꽃처럼 짧은 순간 살거늘
> 풍족한 대로 부족한 대로 즐겁게 살자
> 허허 웃지 않으면 그대는 바보
> — 이상 『당시, 황금빛 서정』

이는 백거이의 「술잔을 돌리며」對酌라는 시이다. 현대그룹 신화를 창
조한 고 정주영의 서재에 걸려 있었다고 알려진다. 달팽이뿔 위에서 다
툰다는 고사는 『장자』의 「칙양」 편에 나온다. 달팽이 왼쪽 뿔에 사는 나
라가 촉씨이고 오른쪽 뿔에 사는 나라가 만씨인데 두 나라는 수시로 땅
을 점령하기 위해 전쟁을 벌였다. 이에 죽어 나뒹구는 시체가 수만이나
되었다고 한다. 훗날 '만촉'蠻觸은 하찮은 것을 다툰다는 뜻으로 쓰였다.
　때로 삶이 팍팍할 때, 때로 인생이 뜻대로 풀리지 않을 때, 한 편의 시
가 마음을 편안히 해주고 인생의 행복을 전해주지 않을까.

『당시선』 읽는 법

유병례가 쓴 『당시, 황금빛 서정』(천지인, 2009)은 당시 40수를 소개하며 시인의 삶도 함께 들려준다. 추천하는 책으로는 이원섭의 『당시』(현암사, 1996)와 『두보시선』(현암사, 2003), 이병한과 이영주가 함께 쓴 『당시선』(서울대학교출판부, 2009), 손수가 쓰고 임동석이 옮긴 『당시삼백수 1, 2, 3』(동서문화사, 2010)을 권한다. 더 풍부한 당시를 접하고 싶다면 심덕잠이 쓰고 서성이 옮긴 『당시별재집』(소명출판, 2013)과 박삼주 역주의 『왕유시전집』(현암사, 2008) 등이 있다. 안병국 편역의 『당시사 연구』(에피스테메, 2009)도 참고로 볼 만하다.

| 참고문헌 |

1 손윤락, 「호메로스의 『일리아스』에서 왕과 영웅들의 수사」(외국문학연구 제47호), 2012

2 손윤락, 「호메로스의 『일리아스』에서 왕과 영웅들의 수사」(외국문학연구 제47호), 2012

3 변난수, 「호메로스의 페넬로페와 그녀의 여성성」(한국카프카학회, 제19집), 2008

4 호메로스, 천병희 옮김, 『오뒷세이아』, 숲, 2006

5 변난수, 「호메로스의 페넬로페와 그녀의 여성성」(한국카프카학회, 제19집), 2008

6 헤로도토스, 박수진 옮김, 『역사 : 신화와 전설을 역사로 바꾼 인류 최초의 모험』, 풀빛, 2009

7 윤진, 「헤로도토스의 『역사』에 나타난 문학적 장치로서의 신탁과 꿈」(서양고대사연구, 제17집), 2005

8 윤진, 「헤로도토스의 『역사』에 나타난 문학적 장치로서의 신탁과 꿈」(서양고대사연구, 제17집), 2005

9 서대원, 『주역강의』, 을유문화사, 2008

10 권일찬, 「궁극적 깨달음의 학문周易」(한국정신과학학회지 제15권 제2호)

11 최정묵, 「주역의 기본 논리에 대한 고찰」(유학연구, 제27권), 2012

12 서대원, 『주역강의』, 을유문화사, 2008

13 권일찬, 「궁극적 깨달음의 학문周易」(한국정신과학학회지 제15권 제2호), 2011

14 정병석, 「예언에서 조언으로 : 철학치료의 지평에서 본 『주역』」(철학연구, 제97집), 2012

15 정병석, 「예언에서 조언으로 : 철학치료의 지평에서 본 『주역』」(철학연구, 제97집), 2012

16 최정묵, 「주역의 기본 논리에 대한 고찰」(유학연구, 제27권), 2012

17 석지현, 『우파니샤드』, 일지사, 1997

18 박혜숙, 「프랑스 문화의 두 젖줄, 그리스 신화와 성서」(프랑스문화예술연구, 제28집), 2009

19 박혜숙, 「프랑스 문화의 두 젖줄, 그리스 신화와 성서」(프랑스문화예술연구, 제28집), 2009

20 이영희, 「신화에 나타난 폭력의 문제-그리스 신화를 중심으로」(헤세연구, 제28집), 2012

21 홍은숙, 「그리스 신화와 그리스 비극 : 디오니소스와 『바쿠스의 여신도들』」(고전르네상스영문학, 제15권 2호), 2006

22 정연희, 「아함경에 나타난 교육적 관계의 형성 과정」(교육원리연구, 7권 1호), 2002

23 김용환, 「붓다의 심리상담 연구」(종교와 문화, 제20호), 2011
   권경희, 「현대 상담심리학에서 본 중아함경에 나타난 붓다의 교화 사례 연구」(한국심리학회지, 제22호), 2010

24 김수동, 「『논어』에서의 '배려 실천' 고찰」(인격교육, 제5권), 2011

25 김종식, 「공자와 리더십」(한국행정사학지, 제12권), 2003

26 박홍규, 「『중용』과 세종의 정치 : 구경을 중심으로」(동양정치사상사, 제11권 제1호), 2012

27 최상용, 『중용의 정치사상』, 까치, 2012

28 황갑연, 「맹자 왕도정치론의 허와 실」(유학연구, 제27호), 2012

29 조원일, 『맹자의 철학사상』, 전남대학교출판부, 2012

30 푸페이룽, 정광훈 옮김, 『맹자 교양강의』, 돌베개, 2010

31 김인, 「교육과 올바른 삶 : 『국가론』의 관점」(도덕교육연구, 제8권 1호), 2006

32 김인, 「교육과 올바른 삶 : 『국가론』의 관점」(도덕교육연구, 제8권 1호), 2006

33 황필호, 「플라톤은 왜 시인을 추방했는가 : 『국가론』을 중심으로」(교육철학연구, 제12-1호), 1994

34 황필호, 「플라톤은 왜 시인을 추방했는가 : 『국가론』을 중심으로」(교육철학연구, 제12-1호), 1994

35 김인, 「교육과 올바른 삶 : 『국가론』의 관점」(도덕교육연구, 제8권 1호), 2006

36 조남진, 「플라톤의 『국가론』과 『법률론』에 나타난 계급분화와 철인교육」(교육연구, 제6권 2호), 1998

37 곽준혁, 「정치철학 다시보기」(2015 민음사 출간 예정), "플라톤 : 누가 다스려야 하는가?", 2013

38 조남진, 「플라톤의 『국가론』과 『법률론』에 나타난 계급분화와 철인교육」(교육연구, 제6권 2호), 1998

39 신득렬,《매일경제》,〈신득렬의 서양고전 이야기〉, "아리스토텔레스의 『니코마코스 윤리학』", 2013. 2. 23.

40 유영만,《전자신문》,〈유영만의 체인지體認知〉, 제457화 "데코룸한 브리꼴레르", 2013. 11. 5.

41 이디스 해밀턴, 정기문 옮김, 『고대 로마인의 생각과 힘』, 까치, 2009

42 안재원, 「무사, 카메나, 세이렌 : 오비디우스의 『변신 이야기』 읽기」(인간·환경·미래, 제6호), 2011

43 안재원, 「무사, 카메나, 세이렌 : 오비디우스의 『변신 이야기』 읽기」(인간·환경·미래, 제6호), 2011

44 안재원, 「무사, 카메나, 세이렌 : 오비디우스의 『변신 이야기』 읽기」(인간·환경·미래, 제6호), 2011

45 김동민, 「제자백가諸子百家의 성립과 분류에 관한 강유위康有爲 『공자개일반 논문 : 제고(孔子改制考)』의 접근법」(동양철학연구회, 제73호), 2013

46 아사노 유이치, 김성배 옮김, 『한 권으로 읽는 제자백가』, 천지인, 2012

47 변채민, 「T. S. 엘리엇의 『네 사중주』에 반영된 성 어거스틴의 시간관」(현대영미시연구, 제15호), 2009

48 변채민, 「T. S. 엘리엇의 『네 사중주』에 반영된 성 어거스틴의 시간관」(현대영미시연구, 제15호), 2009

49 변채민, 「T. S. 엘리엇의 『네 사중주』에 반영된 성 어거스틴의 시간관」(현대영미시연구, 제15호), 2009

50 신경진,《중앙SUNDAY》, 261호,〈술 한 말에 시 백 편, 이백, 관복 잡히고 외상술, 두보〉

51 신경진,《중앙SUNDAY》, 261호,〈술 한 말에 시 백 편, 이백, 관복 잡히고 외상술, 두보〉

52 안병국 편역, 『당시사 연구』, 에피스테메, 2009

이 책에 실린 인용문은 저작권 사용 허가를 받았습니다. 출간 당시 저작권자를 확인하지 못하여 부득이하게
허가를 받지 못한 인용문에 대해서는 추후 저작권이 확인되는 대로 적법한 절차를 진행하겠습니다.

서울대 권장도서로 인문고전 100선 읽기 ❶

초판 1쇄 발행 2014년 10월 21일 **초판 13쇄 발행** 2023년 10월 31일

지은이 최효찬
펴낸이 이승현

출판1 본부장 한수미
라이프 팀
디자인 윤정아

펴낸곳 ㈜위즈덤하우스 **출판등록** 2000년 5월 23일 제13-1071호
주소 서울특별시 마포구 양화로 19 합정오피스빌딩 17층
전화 02) 2179-5600 **홈페이지** www.wisdomhouse.co.kr

ⓒ 최효찬, 2014

ISBN 978-89-6086-704-8 04100
    978-89-6086-703-1 (세트)